UNDERSTANDING THE FINANCIAL SYSTEM

파이낸셜 시스템의 이해

최남진

박영사

머 리 말

　금융 시스템은 전반적인 금융을 이해함에 있어 매우 중요한 요소라 할 수 있다. 하지만 이런 중요한 요소임에도 금융 시스템(금융제도)에 대한 서적과 교재는 서점에서 찾아볼 수 없으며, 인터넷을 찾아봐도 가장 최근에 발행된 책이 2010년 초반이라는 점을 감안하면 사실상 단종된 상태라고 봐도 무방하다. 그렇다면 금융 시스템(금융제도) 관련 서적이 사라짐으로써 금융 시스템에 대한 사회적 관심도 사라져 버린 것일까?

　사실 그렇지는 않다. 현재 금융 시스템에 대한 내용은 별도의 교재나 책의 형태가 아닌 전문자격증 수험서 형태로 존재하고 있다. 그 이유에 대해서 명확히 밝혀진 바는 없으나 필자가 생각하기에는 용어에서 비롯된 오해 때문이 아닐까 생각된다. 즉, 이전에는 "금융제도론"이라는 표현을 많이 사용하였기 때문에 학문적, 규범적, 법률적 성격이 강할 것이라는 독자들의 생각이 반영된 결과라고 생각된다. 이와 함께 대학교 내에서도 금융 시스템에 대한 이론적 설명이 중요함에도, 많은 부분이 전문자격증 시험의 한 요소로 생각됨으로써 수험서 혹은 전문학원에서 다뤄져야 할 내용으로 여겨진 것이 아닐까 생각된다. 하지만 서두에 설명한 것과 같이 금융 시스템은 금융에 대한 전반적인 이해를 위해 꼭 필요한 요소임은 물론, 금융업을 준비하는 대학생 및 수험생들에게도 꼭 필요한 요소임을 강조하지 않을 수 없다. 특히 금융업에 종사했던 필자는 금융 실무에 있어서 일반 전공 내용보다 금융 시스템이 더 중요하게 다뤄져야 한다고 생각한다.

　이렇게 말할 수 있는 근거는 금융 시스템이 한 영역에 대한 제도만을 설명하는 것이 아니라 금융거래에 관한 일체의 체계와 규범을 총칭하는 개념으로서 금융거래가 이뤄지는 금융시장과 금융거래를 중개하는 금융기관, 금융거래가 원활히 이뤄질 수 있도록 하는 금융하부구조 등을 총체적으로 설명하기 때문이다. 이처럼 금융 시스템은 금융실무를 이해함에 있어 매우 중요한 요소이다. 본서는 국내 금융 시스템(금융제도)에 대한 최근 서적이 부재하다는 점과 기존 서적이 너무 어렵고 난해하다는 점 등 새로운 국내 금융 시스템(금융제도) 관련 서적에 대한 높은 요구에 의해 집필되었다.

금융 시스템은 과거에 정해진 제도에 머무르지 않고 사회, 경제 환경이 변화하면 지속적으로 변경되므로 이를 설명할 수 있는 적절한 교재가 꼭 필요하다. 예를 들어, 최근 예금보호제도하에서 20여 년 전에 채택한 예금자보호한도 5천만 원을 물가 상승률 등을 반영하여 1억 원으로 상향하자는 의견이 대두되고 있다. 또 해외 주식투자에 대한 개인 투자자들 인식이 변화하며 지급결제제도하에서 해외주식 소수단위 거래 서비스를 새롭게 지원하고 있다. 이와 같이 사회, 경제 환경이 변화하며 금융에 대한 제도 또한 각 분야에서 빠르게 변화하기 때문에 이들을 충분히 설명할 수 있는 새로운 교재가 꼭 필요한 실정이다.

금융 시스템은 앞서 설명한 것과 같이 금융거래의 총체적 개념으로 금융시장, 금융기관, 금융하부구조 등을 모두 포괄하고 있다. 즉, 내용이 상당히 광범위하다는 뜻이다. 따라서 필자는 독자들의 효율적 학습과 휴대성 등을 고려하여 금융 시스템을 두 부분으로 나눠 집필하게 되었다. 우선 첫 번째 파트인 1부는 금융제도의 정의, 한국 금융제도의 역사, 금융하부구조에 대해 정리하였으며 두 번째 파트인 2부는 금융기관과 금융시장에 대해 다루었다.

본서는 금융 시스템의 1부로서 다음과 같이 구성되어 있다. 우선 1장은 금융 시스템(금융제도)의 정의에 대해서 다루고 있다. 즉, 금융이란 무엇인가를 시작으로 금융 시스템의 의의, 금융제도의 유형별 구분, 글로벌 금융위기 이후 금융제도의 변화와 새로운 금융 환경인 핀테크에 대해서 설명하였다. 다음으로 2장부터 7장까지는 금융하부구조에 대해 설명하고 있다. 구체적으로 2장에서는 지급결제제도를 다루고 있으며 지급결제 시스템과 지급 수단, 그리고 이를 운영하는 기관들에 대해서 설명하였다. 이어서 3장에서는 거래소제도에 대해 다루고 있으며 우리에게 익숙한 한국거래소(KRX)의 주업무와 조직 등에 대해서 설명하고 있다. 해당 단원을 통해 주식시장, 파생상품시장 등에 규범과 체계에 대해 이해할 수 있다. 다음으로 4장에서는 예금자보호제도에 대해서 다루고 있으며 해당 단원에서는 예금보험공사의 조직과 주요 업무인 예금보험기금 관리 및 운영 등에 대해서 설명하고 있다. 특히 최근 화두가 되고 있는 예금자보호한도에 대한 변경된 규범과 한도 상향에 대한 의견 등을 설명하고 있다. 5장에서는 중앙은행제도인 한국은행에 대해 다루고 있으며 한국은행의 조직과 주요 업무인 통화신용정책, 발권, 지급결제, 외환정책, 국고 및 증권 등 금융 시스템에서 매우 중요한 부분을 자세히 설명하고 있다. 6장에서는 금융감독제도에 대해서 다루고 있으며 우리나라에 대표적인 감독기관인 금융위원회와 금융감독원의 조직 및 주요 업무 등에 대해서 설명하고 있다. 특히 금융은 일단 사고가 발생한 이후에는 피해 및 수습에 대한 비용이 매우 크게 발생하는 만큼 사전적 감시제도에 대한 내용을 해당 단원에서 자세히 설명하고 있다. 끝으로 7장에서는 신용평가사에 대한 주요 업무에 대해 설명하고 있다. 이렇게 2장부터 7장까지는 금융하부구조에 대해서 설명하고 있으며 마지막 8장에서는 한국의 금융제도 변천사에 대해서 자세히 소개하고 있다. 해당 단원에서는 한국의 금융제도 변화를 사회, 경제 환경이 크게 변화한 시점을 기준으로 모두 7단계에 걸쳐 자세히 설명하고 있다.

금융 시스템(금융제도)은 금융에 관한 규범, 규제 등을 설명하기 때문에 기존의 독자들에게 다소 생소하고 어려웠을 것이다. 특히 전공자가 아닌 일반인들 입장에서는 더욱 어렵게 느껴졌을 것으로 생각된다. 이에 본서는 이런 점들을 고려하여 많은 국내 실질 사례와 사진, 그래프 등의 자료들을 삽입하여 전공자가 아니더라도 쉽게 이해할 수 있도록 구성하였다. 특히 많은 사람들이 어렵다고 느낀 금융 프로세스 부분에 체계도 등을 삽입하여 누구나 쉽게 이해할 수 있도록 하였다. 더욱이 최근 바뀐 금융제도에 대해 해당 기관의 설명 자료집 등을 참고하여 쉽게 이해할 수 있도록 재구성하였다.

이 책이 국내 금융제도에 대해 알고자 하는 일반인, 경제·금융·경영 등을 전공하는 학생들, 금융자격증 등을 준비하는 수험생들에게 큰 도움이 되기를 간절히 바란다. 본서는 『한국의 금융제도(한국은행, 2018)』에 많은 도움을 받았으며, 『한국인의 경제학 기초(박영사, 제3판, 2024)』, 『한국인의 금융 기초(박영사, 2023)』와 더불어 국내 경제·금융의 기본서가 되기를 소망한다. 마지막으로 본서가 집필되기까지 도움을 주신 주변 교수님들과 연구원, 특히 삽화 작업을 해준 아내 이현아님과 아들 최혁 군에게 감사의 말을 전한다.

2024년 10월 원광대학교 연구실에서

최 남 진

차 례

제 **1** 장

금융 시스템의 이해

제1장

금융 시스템의 이해

1 금융이란?

　금융(finance)이란 자금을 필요로 하는 사람에게 여유자금이 융통되는 것을 말한다. 쉽게 말해서 여유자금이 있는 사람과 자금을 필요로 하는 사람 간 자금의 오고 가는 현상을 금융이라고 하는 것이다. 예를 들어 A라는 사람에게 현재 5천만 원의 여유자금이 있다고 가정해 보자. 그리고 때마침 A의 친한 친구가 커피숍을 창업하기 위해 5천만 원의 자금이 필요하다고 가정해 보자. 이때 A의 친구는 커피숍을 창업하기 위해 필요한 5천만 원을 A에게 빌려줄 것을 요청할 수 있으며 A가 이를 승낙할 경우 금융거래가 발생하게 되는 것이다. 보통 우리는 이것을 사적거래인 사채(私債)라고 부른다. 금융을 이해하기 위해 간단한 예를 들어 보았으나 실제로 대부분의 금융거래는 앞선 예와 같은 개인 간 거래가 아닌 금융 시스템하에서 이뤄진다.

　금융은 또한 경제 이론적 측면으로도 해석해 볼 수 있으며 이때 금융은 자금이 흑자 주체에서 적자 주체로 이전되는 것을 말한다. 이때 자금을 공급 받는 적자 주체는 자금을 공급 받는 대가로 이자를 지급하며 자금을 공급하는 흑자 주체는 자금을 공급하는 대가로 이자를 수취하게 된다. 여기에서 흑자 주체라 함은 여유자금이 있는 주체를 뜻하는 말로서 소득이나 이윤에서 지출, 비용 등을 차감하고도 여전히 자금이 남는 주체를 말한다. 따라서 흑자 주체는 소득에서 소비를 차감하고도 여유자금이 있는 가계(house hold)가 될 수도 있고 이익(profit)에서 비용(cost)을 차감하고도 여전히 여유자금이 있는 기업(firm)[1]이 될 수도 있다. 반면 적자 주체는 자금 수요자로서 자금을 공급 받는 주체를 뜻한다. 적자 주체는 소득보다 지출이 큰 가계가 될 수 있고 이익보다 비용이 큰 기업이 될 수도 있다. 또한 금액 이 큰 자산을 매입하거나 창업을 위해 목돈이 필요한 가계가 될 수 있으며 시설투자나 연구개발 (R&D) 투자를 확대하려는 기업이 될 수도 있다.

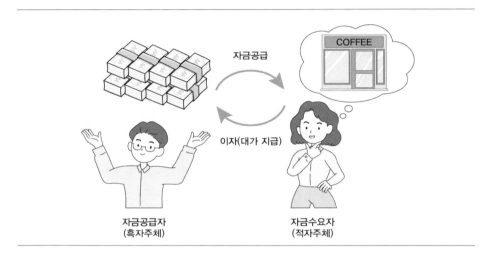

이런 금융 거래가 활발하게 일어나는 것은 시장경제의 기본 원리와 같다. 즉, 금융 거래가 성사될 경우 자금의 수요자인 적자 주체와 자금의 공급자인 흑자 주체 간 서로 이득을 취할 수 있기 때문이다. 여기서 서로 간의 이득이라 함은 우선 자금의 공급자인 흑자 주체의 경우 여유 자금을 대여 해줌으로써 추가적인 이자 소득을 취할 수 있고 자금의 수요자인 적자 주체는 공급 받은 자금으로 사업을 영위하거나 기존보다 효율적인 생산 시설을 갖춤으로써 추가 수익을 얻을 수 있음을 의미한다. 결과적으로 양자 간 이익[2]을 취할 수 있다는 말이다.

---

1 통상 기업은 재화와 서비스를 판매한 매출액(sales)에서 인건비, 마케팅 비용 등 총비용 (total cost)을 차감한 순수익(profit)을 주총결의 등을 통해 사내유보금(社內留保金)의 형태로 보유하고 있다.
2 이를 positive game이라고 한다. 이와 상반된 용어로 zero sum game이 있다.

파이낸셜 시스템의 이해

2 금융 시스템의 의의

앞서 금융에 대한 정의를 설명하면서 사채(私債)에 대한 예를 들었다. 즉, A의 친구가 필요로 하는 자금을 A가 제공하는 개인 간 금융거래가 성사된 것이다. 이런 사채는 통상 은행을 통한 금융거래보다 위험(risk)이 높다는 특징이 있다. 구체적으로 원금을 회수하지 못할 가능성이 높다는 말이다. 따라서 현대 사회에서는 통상 이런 사채보다 금융시장과 금융기관을 통한 제도권 내 금융거래, 즉 금융 시스템을 통해 금융거래를 하는 것이 일반적이다. 여기서 금융 시스템을 이용한다는 말은 제도권 내 금융 시스템을 이용한다는 뜻으로서, 금융소비자가 여유 자금을 은행에 예치하고 은행은 금융소비자가 예치한 예금을 기초로 A의 친구에게 대출을 해주는 일련의 과정을 뜻한다. 이 경우 A는 제도적으로 마련되어 있는 5천만 원[3]까지 예금자 보호를 받을 수 있기 때문에 원금 상환에 대한 위험을 현저하게 낮출 수 있고 A의 친구는 잘 계획된 사업 계획과 일부 담보물을 제공함으로써 보다 저렴한 이율로 대출을 진행할 수 있게 된다. 간단한 예를 통해 금융 시스템에 대해서 살펴보았지만 아직 명확하게 이해하기에는 부족함이 있으므로 하나씩 살펴보도록 하자.

금융 시스템(금융제도)의 이론적 정의는 금융거래에 관한 일체의 체계와 규범을 총칭하는 개념이다.[4] 금융 시스템은 금융 거래가 이뤄지는 금융시장(financial market)과 금융거래를 중개하는 금융기관(financial institution), 금융거래가 원활히 이뤄질 수 있도록 하는 금융하부구조(financial infrastructure) 등으로 구성된다.[5]

우선 금융시장은 자금의 수요자와 공급자가 만나서 거래하는 장소[6]를 말한다. 금융시장은 국민경제 내 자금의 수요와 공급을 직간접적으로 연결하고 금융자산 가격(금리, 환율, 주가 등) 변동을 통해 자금의 수요와 공급을 조절하는 역할을 한다. 이

---

3 2025년부터 1억 원으로 상향될 예정이다.
4 넓은 의미에서 금융제도는 금융 거래에 있어서 모든 구조나 형태를 포괄하는 핵심적인 경제제도이다.
5 본 「파이낸셜 시스템의 이해」 1부는 금융하부구조에 대한 설명이 주를 이루고 있으며 「파이낸셜 시스템의 이해」 2부에서 금융기관과 금융시장을 다룰 예정이다.
6 여기에서 장소라 함은 자금의 수요자와 공급자가 만나는 물리적 공간을 의미하지만 최근에는 정보통신의 발달로 시간과 공간을 초월한 포괄적 공간의 의미를 내포한다.

는 국민경제 내 효율적인 자금 공급을 통해 원활한 생산 활동을 지원하는 등 효율적인 자원배분을 기반으로 국민경제의 후생을 증진시킨다. 금융시장은 금융기관 중개기관 여부에 따라 직접금융시장, 간접금융시장, 만기에 따라 자금시장, 자본시장 등으로 구분한다.

▸ 재화시장의 가격 메커니즘

시장경제의 기본 원리인 가격 메커니즘은 어떤 외부의 통제 없이도 수요와 공급의 가격 메커니즘에 의해 사회적 최적 생산량을 달성함을 의미한다. 이는 임의의 재화에 대한 시장 수요가 증가할 경우, 가격이 상승하는 시그널을 통해 공급을 확대하는 경로를 따르고 시장 수요가 감소할 경우, 가격이 하락하는 시그널을 통해 공급을 시장 수요만큼 축소하는 경로를 따르게 하는 원리에 기초한다. 결과적으로 가격 메커니즘을 통해 외부적인 통제 없이도 시장의 수요만큼 최적의 생산량을 달성할 수 있다.

▸ 효율적인 자원배분을 통한 국민경제 후생 증진

한정된 금융 자원을 가장 효용 가치가 높은 곳에 투자함으로써 사회적 효용(SIC)을 극대화 시킬 수 있다. 이는 미시경제에 기초하며 한정된 자원을 사회적 니즈(needs)가 높은 곳에 집중 투자함으로써 사회전체 효용(utility)을 극대화할 수 있다는 이론에 기초한다. 예를 들어 한정된 100평의 땅에 감자와 고구마를 각각 50평씩 심고 있다고 가정해 보자. 감자와 고구마는 평당 10개씩 재배가 가능하고 사회적 니즈 또한 동일(개당 효용은 10이라고 가정)하다고 가정해 보자. 이 경우 경작자는 감자와 고구마를 반씩 경작할 수 있으며 사회 전체적인 효용은 감자와 고구마 효용의 합계(100×10=1,000)로 계산할 수 있다.[7] 이런 상황에서 환경이 다음과 같이 변했다고 가정해 보자. 감자에 대한 사회적 니즈가 증가(개당 효용이 20으로 증가)하여 감자 가격이 상승하였다. 이런 상황이 발생하게 되면 경작자는 상대적으로 가격이 낮은 고구마의 경작 면적을 줄이고 상대적으로 가격이 높은 고구마의 경작 면적을 늘리는 선택을 할 것이다. 극단적인 경우 100평의 밭에 전부 감자를 경작할 수도 있다. 이렇게 되면 사회적 후생은 2,000(20*100)으로 증가하게 된다. 이를 금융시장에 연계하여 생각하면 금융시장의 한정된 자금을 가장 효용(이윤)이 높은 곳에 투자함으로써 사회적 후생을 극대화 시킬 수 있음을 확인할 수 있다.

---

7 이 경우, 감자와 고구마의 재배 면적 비율을 어떻게 조정하더라도 전체 효용(1,000)에는 변화가 없다.

▶ 효율적인 자금 공급을 통해 원활한 생산 활동 지원

　기업들은 지속적으로 변화하는 고객의 니즈를 충족시키기 위해 계속적인 투자활동을 하는 주체로서 대규모 자금을 필요로 한다. 이런 자금은 금융시장을 통해 모집되며 가장 효용 가치가 높은 곳부터 자금이 효율적으로 공급된다. 즉, 흑자주체로부터 공급된 자금은 금융시장을 통해 기업의 시설 투자, 신규 투자, 연구개발 투자 등의 자금으로 투입되며 생산 활동을 지원한다. 이는 GDP 성장, 소득 증가, 소비 증가, 투자 증가 등 경제 성장의 선순환 구조를 만든다.

● 효율적인 자금공급 ⇨ 생산 활동 지원 ⇨ 투자 활성화 ⇨ GDP 성장 ⇨ 소득 증가 ⇨ 소비 증가

　다음으로 금융기관은 자금의 수요자와 공급자 간 거래를 성립시켜 주는 것을 목적으로 하는 사업체를 말한다. 흔히 우리가 알고 있는 금융기관으로는 은행, 증권사, 보험사 등이 있다. 금융기관은 자금 수요자와 공급자 탐색비용(search cost)을 낮춰주고 거리비용을 절감시켜 소규모 금융거래를 가능하게 함으로써 금융거래를 활성화 시킨다. 또한 금융기관은 불특정 다수로부터 거액의 자금을 모아 다양한 자산에 운영함으로써 소수, 소액의 투자자들에게 분산투자 효과를 누릴 수 있도록 해준다. 이와 더불어 금융기관은 금융 거래에서 나타날 수 있는 정보의 비대칭성 문제를 지속적, 반복적 거래를 통해 획득한 거래 정보를 분석하여 신용분석에 대한 노하우를 축적함으로써 정보의 비대칭성 문제를 완화, 금융거래를 활성화 시킨다.

은행	증권사	보험사

은행	증권사	보험사
신한은행 국민은행 NH농협 하나은행 우리은행 신협 MG새마을금고 IBK기업은행	KYOBO 교보증권 동양증권 대신증권 DB금융투자 LEADING 메리츠 MIRAE ASSET 미래에셋증권 IBK투자증권	SAMSUNG 삼성생명 KYOBO 교보생명 Cigna. 라이나생명 수호천사동양생명 DB생명 한화생명 Heungkuk Life Insurance ABL생명 MIRAE ASSET 미래에셋생명 신한생명 SHINHAN LIFE

▶ 탐색비용(search cost)을 낮춘다

통상 어떤 거래를 하기 위해서는 거래 상대방을 찾아야 한다. 이유는 매수자와 매도자의 쌍방 간 의도가 일치하여야 거래가 발생하기 때문이다. 탐색비용을 설명함에 있어 가장 많은 예로 거론되는 것이 바로 부동산 거래이다. 예를 들어 A가 강남에 원룸을 하나 구한다고 가정해 보자. 그럼 A는 당연히 공인중개사(복덕방)를 찾아가 원하는 원룸에 대해 전하고 공인중개사가 뽑아준 몇 집을 찾아가 그가 찾던 조건에 가장 부합하는 원룸을 계약할 것이다. 하지만 이 과정에서 만약 공인중개사가 없다면 어떻게 될까? A는 강남에 원룸을 가진 주인들을 일일이 조사하여 찾아가야 할 것이다. 때마침 원룸 주인이 집에 있다면 다행히 만날 수 있겠으나 만나지 못할 가능성이 더 크다. 따라서 하루에 1~2명의 집주인을 만나는 것조차 쉬운 일은 아니다. 더 큰 문제는 내가 원하는 조건(위치, 방 구조, 월세 조건, 관리비 등)들을 맞추기란 하늘의 별을 따는 것만큼 어려울 것이다.

이제 다시 공인중개사를 떠올려 보자. 그럼 공인중개사로 인해 얼마나 많은 시간과 노력을 절약(탐색비용을 낮출 수 있는지)할 수 있는지 확인할 수 있을 것이다. 금융도 마찬가지다. 내가 삼성전자 주식을 매수하고 싶은데 금융기관이 없다면 어떻게 해야 할까? 삼성전자 주식을 가지고 있는 주주들을 일일이 조사한 뒤 독자가 원하는 주식만큼을

원하는 가격에 팔 사람을 찾아야 한다. 이런 일은 거의 불가능에 가깝다.

▶ 분산투자 혜택

포트폴리오 이론(portfolio theory)은 성향이 다른 여러 자산에 나눠 투자할 경우, 수익률 변동성(위험)을 줄일 수 있다는 이론이다. 예를 들어 여름철에 우산과 아이스크림을 만드는 두 회사가 있다고 가정해 보자. 이때 분산투자 혜택은 한 회사에 모든 자산을 투자하는 것보다 두 회사에 절반씩 투자할 때 수익률의 변동성을 줄 일 수 있다는 말이다. 이는 모든 자산을 우산 회사에 투자할 경우 무더위가 지속되면 우산이 판매되지 않아 손실이 매우 커질 수 있는 반면 아이스크림 회사와 절반씩 투자하면 무더위가 지속되어 우산이 팔리지 않더라도 아이스크림이 많이 판매되어 우산 회사의 손실을 아이스크림 회사가 보전할 수 있기 때문에 손실의 폭을 제한할 수 있다는 뜻이다. 통상 이런 분산투자를 하기 위해서는 여러 자산을 매입하여야 하기 때문에 많은 자금을 필요로 한다. 따라서 소액의 개인투자자가 분산투자를 하기는 쉽지 않다. 반면 금융기관은 개인 투자자들의 자금을 펀딩하여(펀드 상품 등) 이런 분산투자를 간접적으로 할 수 있도록 도와준다.

▶ 정보의 비대칭 문제 완화

정보의 비대칭성(information asymmetry)은 시장에서 거래하는 주체들이 서로 다른 정보를 가지고 있는 상태를 말한다. 이는 판매자가 구매자보다 많은 정보를 가지고 있거나 그 반대의 경우도 성립될 수 있다. 통상 시장에서 정보의 비대칭성 문제가 발생하면 시장의 효율성을 저해하고 부정행위와 규제의 문제를 발생시킬 수 있다고 본다. 금융에서 정보의 비대칭성 문제의 대표적인 예는 채권자와 채무자 사이 발생하는 정보의 비대칭성이다. 통상 돈을 빌리는 채무자가 자신의 신용상태를 채권자에게 제공하고 이를 근거로 채권자는 채무자에게 돈을 빌려주며 적정 이자율을 산정한다. 하지만 채권자는 채무자가 제공한 정보 이외의 정보를 알 방법이 없으며 극단적인 경우 채무자가 채권자에게 거짓 정보를 제공하여 돈을 빌렸다면 정상적인 상환이 이뤄지기 어려울 것이다. 금융시장에서 이런 일이 반복되면 금융기관과 거래자 간 신뢰가 하락하여 거래가 줄어들고 대출금리가 상승함으로써 금융시장의 효율성을 저해하는 경로를 따르게 될 것이다. 금융기관은 이런 금융거래에 있어서의 정보의 비대칭 문제를 완화시켜 줄 수 있는데 그 이유는 금융기관이 오랜 기간 많은 차입자들의 신용정보를 분석하여 전문 노하우를 가지고 있기 때문이다.

마지막으로 금융하부구조는 금융시장의 거래준칙이나 금융기관 인가 및 경영, 재산권 보호 등을 규정하는 법률체계와 금융거래에 직접 참여하지는 않지만 금융거래와 금융기관 업무를 지원하고 감시하는 각종기구를 말한다.[8] 금융하부구조는 금융의 흐름에 직접관여하지는 않지만 금융 시스템이 원활이 작동할 수 있도록 지원하는 것을 말한다. 앞서 정보의 비대칭성 문제가 야기될 경우 불공정, 불건전 금융행위가 발생할 수 있으므로 이를 감시하고 금융기관의 과도한 위험추구행위를 제한하는 법률과 이들을 제대로 이행하고 있는지 감시하는 제도가 필요하며 이들을 행하는 금융하부구조 기관을 금융감독기관이라 한다. 이와 함께 금융하부구조에는 재화 및 금융의 원활한 거래를 위한 지급결제제도 이행 기관, 은행의 뱅크런(bank-run)[9] 등을 예방하여 금융 시스템 위험을 줄이는 예금보호 제도, 금융거래에 있어서 매매 당사자 간 결제 위험 등을 줄이는 거래소 제도, 금융시장 신용경색 시 최종대부자로서의 기능 및 정부의 은행으로서의 기능을 수행하는 중앙은행 제도 등이 있다.

▶ 금융기관의 과도한 위험추구 행위

실제로 금융기관은 과도한 위험추구를 할 유인이 있을까? 있다. 간단한 예로 상업은행[10](commercial bank)이 5%의 예금을 받아 대출업을 영위하고 있다고 해보자. 현재 상업은행은 재무 상태가 안정적인 차입자 A에게 7%로 대출 할 수 있으며 이보다 재무 상태가 불안정한 B에게 10%로 대출을 진행할 수 있다고 가정해 보자. 이런 상황하에서 상업은행이 재무구조의 안정성을 우선 생각한다면 A에게 대출을 진행하겠지만 개인 및 기관의 성과와 이익을 우선적으로 생각한다면 다소 위험이 있더라도 B에게 대출할 것이다. 실제로 과거 2011년 저축은행 사태 때 일부 저축은행들은 예대마진이 작은 개인대출을 줄이고 수익률이 높지만 리스크도 높은 부동산PF 대출을 늘림으로써 일시적인 이익 증대를 누렸었다. 하지만 이후 건설경기 침체가 발생하며 부동산PF 대출에 대거 부실이 발생하였고 이 때문에 많은 저축은행들이 파산에 이르게 되었다(제8장 첨부 참조).

---

8 "한국인의 금융제도", 한국은행, 2018
9 뱅크런은 은행 예금의 연쇄적 인출 현상을 말한다. 통상 뱅크런은 해당 은행의 자체 충격에 의해 발생하기도 하지만 국가 경제 위기 등 외부적인 충격에 의해서도 발생할 수 있다.
10 예금을 받아 상업자금을 대출하는 업무를 주업무로 영위하는 은행을 말한다.

최근에도 새마을금고가 부동산PF 대출을 크게 늘린 가운데 부동산 경기 침체가 발생하며 위기를 초래하기도 하였다.[11]

▶ 금융과 실물경제의 순환관계

금융과 실물경제는 상호 순환관계에 있다. 다음 그림은 금융과 실물경제의 순환관계를 아주 간단, 명료하게 표현하고 있으며 이에 대한 설명은 우리의 실생활에 적용해 보면 쉽게 이해할 수 있다.

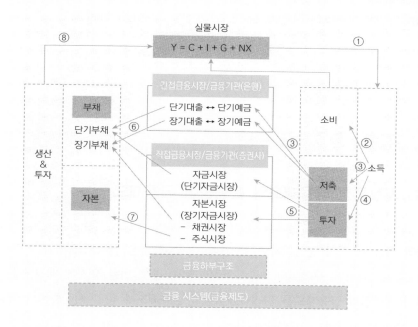

우선 가운데 색으로 구분되어 있는 영역은 금융시장 영역이고 이외 양 옆의 영역은 실물경제 영역이다. 통상 개인은 생산요소 시장(factor market)에서 노동(labor)을 제공하고 이에 대한 대가로 ①임금(소득)을 받는다. 가계(house hold)는 이렇게 얻은 소득을 일정한 생활을 유지하기 위해 ②소비활동을 하며 미래의 불확실성에 대비하기 위해 일정부분을 ③저축하거나 ④투자한다. 이때 저축은 상업은행에 예금, 적금 등을 하는 행위이고 투자는 증권사 등을 통해 ⑤주식이나 채권 등을 매매하는 행위로 구분된다. 우리나라의 경우 통상 제도권 금융을 대부분 이용(은행 계좌를 보유하고 있으며 거래하고 있음)하고 있기 때문에 은행을 통한 거래는 쉽게 이해한다. 이런 금융거래는 중간에 상업은행을 거치기 때문에 금융에서 간접금융시장이라고 부른다. 반면 투자는 어떤 회사나 정부에 직접적으로 자금을 공급하는 방법이기 때문에 직접금융시장이라고 부르며 대표적으로 주식(stock)과 채권(bond) 투자가 있다. 간접금융시장과 직접금융시장에서 조달된 자금은 자금을 필요로 하는 기업에게 전달되는데 이 또한 각각의 목적에 따라 달리 공급된다. 예를 들어 기업들은 장기 투자자금을 조달하기 위해 은행으로부터 ⑥대출을 하거나 직접금융시장을 통해 ⑦주식, 채권을 발행하기도 한다. 다만, 기업은 용도에 따라 이를 부채(debt, 일정 기간 동안 일정한 이자를 주고 빌려오는 자금), 자본(equity, 기업 내 자금) 등으로 사용하게 된다. 기업은 이렇게 조달한 자금을 바탕으로 ⑧생산 및 투자(시설투자, 대체투자, R&D투자 등)에 활용함으로써 실물경제 순환에 기여한다.

3 유형별 금융제도 구분

(1) 시장중심 금융제도와 은행중심 금융제도

금융제도는 은행을 중심으로 한 금융제도(bank-based financial system)와 시장의 자금수요자와 공급자가 직접 거래하는 시장중심 금융제도(market-based financial system)로 구분된다. 이는 각국의 정치, 경제, 법률, 역사적 배경[12]에 의존하며 은행중심의 금융제도를 간접금융시장의 금융제도라 하고 시장중심의 금융제도를 직접금융시장의 금융제도라 한다.

---

11 대부분의 금융기관들이 금융위원회와 금융감독원의 감독을 받는 것과는 달리 새마을금고는 행정안전부의 지휘아래 있어 감독의 사각지대에 있다는 의견이 있다.
12 각 국가들의 금융제도는 해당 국가의 역사적인 사건이나 배경에 의존하는 경우가 많으며 이를 "금융제도의 경로의존성"이라고 한다.

- 직접금융시장과 간접금융시장("한국인의 금융 기초, 박영사(인용)")

　　금융시장을 금융중개기관 여부에 따라 직접금융시장과 간접금융시장으로 나눈다. 우리는 은행이라는 금융중개관에 매우 익숙해져 있으므로 먼저 간접금융시장에 대해서 알아보도록 하자. 간접금융시장은 흑자주체에서 적자주체로 자금 흐름이 이어질 때 중간에 은행(상업은행)이 금융중개기관으로 삽입되어 있는 형태를 말한다(15페이지 그림 참조). 이 과정은 대표적인 상업은행 업무와 연관되어 있으며 독자들의 기본적인 금융 생활과도 관련 있다. 이해를 돕기 위해 다음 상황을 가정해 보자. 독자들이 소득에서 일정부분을 소비하고 남는 잉여자금을 이자 소득을 위해 은행에 예치하면 은행은 독자들에게 예금 통장을 개설해 준다. 반면 적자주체인 기업은 새로운 기술투자나 공장 증설, 상품개발을 위해 은행으로부터 자금을 차입하고 채무증서를 받는다. 이는 현재 독자들이 살고 있는 사회에서 지극히 현실적인 가정임을 명심하자. 또한 자금을 공급(예금)하거나 자금을 수요(차입)하는 행위 중간에 상업은행이 연계되어 있음을 독자들은 확인할 수 있을 것이다. 즉, 간접금융이라고 부르는 이유는 자금 공급자에서 수요자에게 자금이 직접 전달되지 않고 중간에 금융중개기관(상업은행)을 거치기 때문이다.

　　다음으로 직접금융시장은 자금의 수요자와 공급자 사이에 금융중개기관 없이 자금이 직접 전달되는 방식을 말한다. 이는 앞서 설명한 간접금융시장보다 독자들에게 생소하게 느껴질 수 있다. 이유는 우리나라 국민 중 주식거래를 하는 국민이 2021년 기준으로 전체 국민의 약 30%로 10명 중 3명뿐이기 때문이다. 즉, 실제로 직접금융시장을 경험한 사람이 드물기 때문에 그에 대한 이해도가 높지 않은 것이다. 반면 우리나라 제도권 금융 계좌를 소유하고 있는 국민은 90%를 상회하며 OECD국가 중에서도 상위권을 기록하고 있다. 이는 대부분의 국민이 은행 계좌를 개설하고 이용하고 있다는 뜻으로 간접금융시장에 대한 이해도가 높다는 것으로 해석해 볼 수 있다. 이해를 돕기 위해 다시 적자주체인 기업의 경우를 생각해보자. 기업은 새로운 투자나 시설 확충을 위해 자금이 필요할 것이다. 이에 기업은 은행에서 자금을 차입하는 방법도 있지만 주식(stock)이나 채권(bond)[13]을 발행하여 자금을 조달하는 방식도 있다. 주식이나 채권을 발행하기 위해서는 기본적으로 발행기업의 신용이 뒷받침 되어야 한다. 또한 주식이나 채권을 발행하기 위해서는 매우 전문적인 지식을 필요로 하기 때문에 이를 직접 발행하는 기업은 매우 드물다. 따라서 증권사(투자증권사)들이 전문지식을 바탕으로 주식이나 채권 발행 업무를

---

13 여기서 주식이나 채권을 본원증권(primary security)라고 부른다.

담당한다. 이 경우 언뜻 보면 증권사가 금융중개업자의 역할을 하고 있는 것처럼 보여질 수도 있지만 그렇지 않다. 직접금융시장에서 증권사는 단순 중개업무만 한다. 즉, 증권사는 주식이나 채권 발행을 위한 절차를 진행해 주고 일정수수료(commission)를 받기 때문에 거래 당사자로 참여한다고 볼 수 없다. 다시 말해 자금의 수요자인 기업은 본원증권을 발행하고 자금의 공급자인 가계는 본원증권을 수취하며 자금을 공급하는 역할을 하는 것이다.

직접금융시장과 간접금융시장의 의의에 대해서 알아보았는데 이 둘 사이에는 큰 차이점이 몇 가지 있다. 우선 위험(risk)에 대한 수용여부다. 우리에게 친숙한 간접금융시장은 위험을 금융중개기관인 상업은행이 부담하고 있다. 이는 독자들이 은행에 예금하면서 기대하는 것을 생각해보면 쉽게 이해할 수 있다. 독자들이 은행에 예금을 하는 이유는 안전하게 이자 소득을 얻을 수 있기 때문이라는 사실에 대해 어느 누구도 부인할 수 없을 것이다. 그렇게 생각하는 이유는 은행이 책임지고 원리금(원금과 이자)을 돌려줄 것이란 믿음이 있기 때문이다. 또한 은행은 불특정다수로부터 예금을 받아 그 자금을 기업에 대출해 준다. 만약 기업이 부도가 나거나 지급불능 상태가 된다손 치더라도 그 기업과 독자들 사이에는 직접적인 계약관계가 없으므로 은행은 독자들에게 약속한 예금과 이자를 지불할 것이다. 이처럼 간접금융시장에서 위험은 금융중개기관이 부담한다. 반면 직접금융시장에서 위험은 본원증권을 매수한 개인이 부담한다. 앞서도 언급했듯이 증권사는 단순 중개업자이므로 위험을 부담하지 않는다. 주식이나 채권을 발행한 기업이 부도나 지급불능에 빠지게 되면 그 위험은 주식이나 채권을 매수한 개인이나 투자자가 부담하는 것이다. 이렇게 위험을 개인이 부담하는 대신에 은행 금리보다 높은 수익률을 기대하게 되는 것이다.

다음으로 본원증권의 형태 여부에 따라 직접금융시장과 간접금융시장 간 차이가 발생한다. 우선 직접금융시장은 본원증권인 채권이나 주식을 자금 수요자가 직접 발행한다. 따라서 자금 수요자인 기업은 본인 회사의 명의로 된 본원증권을 발행하고 본원증권 형태 그대로 자금의 공급자에게 전달된다. 즉, 직접금융시장을 통한 본원증권은 형태가 변하지 않고 자금의 수요자가 발행한 형태 그대로 자금 공급자에게 전달된다. 직접금융시장에 대표적인 본원증권은 주식과 채권이다. 반면 간접금융시장의 경우 본원증권 형태가 금융중개기관에 의해 변형된다. 그 이유는 자금 공급자와 수요자가 각각 금융중개기관과 일종의 계약을 하기 때문이다. 우선 자금 공급자는 금융중개기관 신용도를 믿고 자금을 공급하는 것이기 때문에 거래 당사자는 자금 공급자와 금융중개기관이 된다. 이때 발행되는 증권이 간접증권이다. 간접증권의 형태는 독자들이 익숙한 예금통장이다. 예금통장에는 자금의 수요자에 대한 언급은 단 한마디도 없다는 사실을 독자들은 확인할 수 있을 것이다. 이 거래에서 자금 수요자는 거래 당사자가 아니기 때문이다. 다음으로 자금 수요자는 금융중개업자로부터 자금을 공급받을 때 본원증권이 발행되며 우리는 이것을 채무증서라고 한다. 채무증서 역시 자금공급자에 대한 언급은 어디에도 없다. 그 이유는 앞서와 마찬가지로 이 거래에서 자금 공급자는 당사자가 아니기 때문이다.[14]

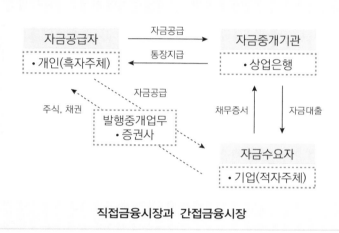

직접금융시장과 간접금융시장

시장중심의 금융제도와 은행중심의 금융제도는 표 1-1과 같이 구분해 볼 수 있다. 우선 금융시장의 형태는 은행중심의 금융제도인 간접금융시장과 시장중심의 금융제도인 직접금융시장으로 나뉜다. 다음으로 대출 위험은 은행중심 금융제도의 경우 은행이 부담하는 한편 시장중심의 금융제도 하에서는 투자자들이 부담한다. 이어서 차입자에 대한 정보에 대해서는 은행중심 금융제도의 경우 은행이 생산하게 되는 반면 시장중심 금융제도하에서는 전문기관이 객관화된 정보를 생산하게 된다. 또한 은행중심 금융제도 하에서는 심사기능을 사전심사와 중간감시, 사후감시 모두

---

14 이외에도 직접금융시장과 간접금융시장 간에는 수익률의 차이가 존재한다. 간접금융시장의 경우 위험을 금융중개기관이 감수하여 안정적이기 때문에 낮은 금리를 적용 받는다. 반면 직접금융시장의 경우 위험을 자금의 공급자가 직접 감수하기 때문에 금리보다 높은 기대수익률을 요구한다.

은행이 담당하는 반면 시장중심 금융제도하에서는 사전적 심사기능은 시장조성자가 담당하고 중간적 감시기능은 신용평가기관이 담당, 사후적 감시기능은 신용평가기관과 증권인수투자자가 담당한다. 이와 같이 심사기능이 상이한 이유는 은행중심 금융제도하에서는 은행이 심사기능을 모두 담당하는 것과 달리 시장중심 금융제도하에서는 시장조성자와 신용평가기관, 증권인수투자자들이 단계별로 모두 참여하여 증권(주식, 채권 등)을 발행, 거래하기 때문이다. 예를 들어 채권을 발행한다고 가정하였을 경우 사전적으로 증권위원회의 발행 기준을 충족하여야 하며 채권 수요를 시장에서 파악하여야 한다. 또한 해당 채권의 적정 이자율을 책정하기 위해 신용평가기관으로부터 채권의 적정 신용등급을 받아야 하고 발행 이후에도 일정기간 마다 신용평가등급을 갱신하여야 한다.

　다음으로 감시의 효율성 측면에서 은행중심 금융제도는 은행과 대출자 간 장기 거래를 바탕으로 축적된 정보를 이용하여 효율적인 감시 수행 및 정보의 비대칭성 문제를 완화할 수 있는 반면 시장중심의 금융제도하에서는 정보의 공공성으로 인해 정보생산 관련 무임승차(free-rider) 문제가 발생할 가능성이 있다. 다음으로 기업의 지불능력에 대해서는 은행중심 금융제도의 경우 대출자(기업)에 지급결제 서비스를 제공하여 기업의 현금흐름을 지속적으로 감시하는 반면 시장중심의 금융제도의 경우 공시제도에 의해 일정기간마다 발표되는 재무관련 공시자료 위주로 감시빈도와 정보범위를 제한하고 있다. 즉, 은행은 수시로 지불능력에 대한 감시를 진행할 수 있는 반면 공시는 분기, 반기, 연간 단위로 발표되는 자료에 의존해야 하기 때문에 감시 빈도가 낮을 수밖에 없다는 것이다. 하지만 기업 입장에서는 지속적으로 감시하는 은행중심의 금융제도가 자칫 경영 간섭으로 비춰질 수도 있다는 단점이 있다.

■ 표 1-1 은행중심 금융제도와 시장중심 금융제도 비교

구분	은행중심 금융제도	시장중심 금융제도
금융시장 형태	간접금융시장	직접금융시장
대출 위험 수용	은행	투자자
차입자 정보	은행생산	전문기관 생산

심사 기능	사전적 심사기능	은행	시장조성자
	중간적 감시기능	은행(모니터링)	신용평가기관
	사후적 감시기능	은행(모니터링)	신용평가기관, 증권인수투자자
감시 효율성		은행과 기업 간 장기거래를 바탕으로 효율적인 정보 생산과 정보의 비대칭성 완화	정보의 공공성으로 인해 정보 생산관련 무임승차 문제 발생 가능
지불능력 감시		지급결제 서비스를 제공하여 기업의 현금흐름을 추정, 지속적으로 감시	공시제도를 기반으로 일정기간마다 발표되는 재무관련 공시 위주로 감시빈도와 정보 범위 제한 * 공시는 분기, 반기, 연간

    국가별로 시장중심 금융제도가 발달한 나라는 미국, 영국, 싱가포르 등이 있으며 은행중심의 금융제도가 발달한 나라는 독일, 일본, 한국 등이 있다. 이렇듯 선진 국가에서도 금융제도가 나뉘기 때문에 어느 금융제도가 우월하다고 판단하기는 어렵다.[15] 하지만 금융시장이 잘 발달하지 못한 나라에서는 시장중심의 금융제도를 잘 활용할 수 없기 때문에 보편적으로 은행중심의 금융제도를 많이 선택하고 있다. 따라서 은행제도의 발전을 기반으로 점차 금융시장이 성숙단계에 진입하게 되면 자본시장의 기능이 확대되어 시장중심의 제도로 넘어서게 된다. 그렇다고 하여 은행중심 금융제도가 완전하게 사라지고 시장중심 금융제도로 재편되는 것은 아니며 금융시장이 성숙단계로 진입하게 되면 각각의 기업들 상황에 따라 금융제도가 효율적으로 배분된다는 의미다. 즉, 중소기업이나 소규모 벤처기업들은 규모면에서 투자자들에게 공개되기 쉽지 않으므로 은행과의 장기간 거래를 통해 정보의 비대칭성 문제를 완화하며 은행중심 금융제도를 활용하게 되고, 시장인지도가 높은 대기업 등은 회계정보 등이 잘 갖춰져 있으므로 시장중심 금융제도를 활용하게 되는 것이다.

---

15 실제로 금융제도에 대한 연구결과에 따르면 기업의 자금조달이나 경제 성장이 어떤 금융제도를 선택하였을 때 통계적 유의성을 갖는다고 확인되지 않았다. 연구에서는 금융제도의 선택보다는 금융하부구조의 효율성이 중요한 요소라고 주장하고 있다.

한 나라의 금융제도는 해당 국가의 역사적 배경인 산업의 특징, 경제력 집중에 대한 사회적 태도, 금융 위기의 경험 등에 의존한다. 이에 대한 대표적인 사례는 산업화 시기 영국과 독일이며 이 두 국가는 성장주도 산업 특징에 따라 금융제도가 달리 결정되었음을 보여주고 있다. 산업혁명이 최초로 일어난 영국은 산업화가 경공업 위주로 이어짐에 따라 대규모 외부자금 조달이 필요치 않기 때문에 영국의 은행은 장기대출보다 단기 무역금융에 특화하는 모습을 보였다. 반면 산업혁명의 후발 주자였던 독일은 영국과 달리 중공업 위주의 산업화가 진행됨에 따라 대규모 외부 자금이 요구되었기 때문에 독일의 은행은 장기투자자금을 공급하는 투자은행 업무를 수행하게 되었다.

이처럼 한 국가의 성장주도 산업 차이에 의해 금융제도가 결정되기도 하지만 같은 성장주도 산업을 선택하고 있더라도 경제력 집중에 대한 사회적 태도에 의해서 금융제도가 각기 달라지기도 한다. 실제로 미국과 독일은 각각 산업화의 후발 주자였고 중공업 위주의 산업화를 진행하고 있다는 점에서 동일한 산업의 특징을 보이고 있었으나 현재 미국은 시장중심의 금융제도를, 독일은 은행중심의 금융제도를 선택하여 각기 다른 행보를 보이고 있다. 이는 19세기 후반 경제력 집중에 대한 사회적 논의가 미국은 활발히 진행된 반면 독일에서는 없었던 사회적 현상에 기인한다. 미국은 건국 초기 알렉산더 헤밀턴(Alexander Hamilton, 1755~1804)의 주도하에 전국적인 지점망을 갖춘 대형은행들을 설립하였지만 경제력 집중에 대한 정치적 반대에 막혀 대형은행 설립이 어려워졌다. 이런 연유로 대형은행과는 대조적인 지역에 기반을 둔 소규모 은행들이 난립하게 되었다. 하지만 이런 소규모 지방은행들은 산업화로 인한 대규모 자금조달에 한계를 보였으며 더욱이 잦은 은행위기 발생으로 고객들의 신뢰를 잃게 되었다. 그 결과 기업들은 대규모 투자자금을 자본시장을 통해 조달함에 따라 투자은행(investment bank)이 활성화 되었다.

알렉산더 헤밀턴

● FDIC(Federal Deposit Insurance Corporation, 연방예금보험공사)에 따르면 현재 미국은 약 4,100개 이상의 상업은행이 존재한다. 이는 1930~1980년대 약 14,000개에 비해서는 크게 감소한 수치지만 국제적으로 비교하였을 경우 매우 높은 수치다.

금융제도는 각국의 법률체계에도 의존한다. 세계적으로 법률체계는 크게 영미법(보통법, common law)과 대륙법(시민법, civil law)을 따르고 있다. 보통법은 법의 원칙과 판례를 중시하는 반면 시민법은 법조문에 의존한다는 차이가 있다.

금융제도 측면에서 보통법을 따르는 국가의 법원은 특수한 상황을 해결할 수 없는 경우 법을 만들어 낼 수 있는 권리가 있기 때문에 투자자 보호와 관련된 분쟁이 발생할 경우에 효과적으로 대응할 수 있어 투자자인 주주의 권리와 채권자의 권리를 더 잘 보호하는 것으로 알려져 있다. 이런 연유로 보통법을 따르는 국가들은 주식이나 채권으로 유입되는 자금이 상대적으로 풍부하며 시장중심 금융제도가 발달할 가능성이 높다. 반면 시민법을 따른 국가는 법조문을 보수적으로 해석하는 경향이 강하므로 투자자들 분쟁 발생시 법원이 분쟁을 효과적으로 해결하지 못하는 경향이 있다. 따라서 법원은 이런 문제점을 해결하고 계약을 집행하기 위한 기관으로 은행이 등장하였다. 이렇게 등장한 은행은 투자자산 관리 및 기업의 감시 역할을 수행하는 등 많은 부분 은행의 역할이 확대되어 은행중심 금융제도가 발달할 가능성이 높다. 하지만 최근에는 영미법과 대륙법 간 상호작용으로 인해 보통법 국가와 시민법 국가 간 금융규제 차이가 미미해지고 있다.

(2) 전업주의와 겸업주의

금융기관의 업무영역을 제한하는 정도에 따라 전업주의 금융제도(specialized banking)와 겸업주의 금융제도(universal banking)로 구분된다. 구체적으로 전업주의는 한 금융기관이 은행, 증권, 보험, 투자업, 신탁 등 여러 금융 서비스를 함께 취급할 수 없으며 해당 금융업에 대해서만 업무를 수행할 수 있는 금융제도를 말한다. 반면 겸업주의는 한 금융기관에서 앞서 언급한 서로 다른 금융업을 취급할 수 있는 금융제도를 뜻한다. 이는 근본적으로 금융기관 업무범위에 대한 규제 형태에 달려 있다.

역사적으로 경제가 완만히 성정하는 시기에는 겸업주의에 대한 우호적인 입장이 지배적인 반면 경제위기 혹은 금융위기가 발생한 시점에는 겸업주의에 대한 규제가 강화되는 등 경제상황에 따라 금융제도가 변경되는 경우를 종종 볼 수 있다. 실제로 미국은 1930년 대공황 이후 1933년 은행업과 증권업의 겸업을 금지하는 글래스스티걸법(Glass-Steagall Act)을 제정하여 전업주의로 금융제도를 전환하였다. 이는 미국의 대공황 이전 은행업과 증권업을 겸업함에 따라 이해상충 문제(첨부 확인)를 심화시켜 1930년 금융공황으로 발전, 미국 대공황에 지대한 영향을 미쳤다고 판단한 것에 근거하고 있다. 이와 함께 2008년 발생한 글로벌 금융위기(서브프라임 모기지 사태, sub-prime mortgage crisis)도 겸업주의로 인해 발달한 금융공학이 금융규제의 사각지대에서 확장됨에 따라 발생한 글로벌 경제 충격임으로 겸업주의를 규제하는 볼커 룰(Volcker Rule)을 도입하게 된 것이다.

이렇듯 경제적 배경에 따라 겸업주의에 대한 규제가 완화되거나 강화되는 이유는 겸업주의에 대한 장점과 단점이 명확하기 때문이다. 우선 겸업주의에 대한 장점은 다음과 같다. 첫째, 정보 생산의 우월성이다. 이는 겸업을 하는 금융기관이 다양한 금융서비스[16]를 고객사에 제공할 수 있어 거래사와 폭넓고 지속적인 관계가 유지됨에 따라 거래사의 경영실태를 정확히 파악할 수 있기 때문에 정보의 비대칭성 문제를 완화할 수 있다는 것이다. 이런 금융기관과 고객사와의 관계는 자본조달

---

16 여기서 다양한 금융서비스라 함은 대출, 주식이나 채권 발행, CP 발행, 신탁, 파생상품을 이용한 헤징(hedging) 등을 말한다.

파이낸셜 시스템의 이해

에 대한 종합적인 행태에 대해서도 파악이 가능하다는 장점이 있다. 즉, 기업은 기업 설립에서 성숙기에 이르기까지 다양한 자본조달 형태에 의존하게 되는데 이에 대한 정보를 금융사가 파악하여 고객사에 부응하는 자본조달 형태를 제공할 수 있다는 것이다. 실제로 사업 초기에는 외부 인지도가 낮기 때문에 내부유보금이나 은행대출 등 간접금융 경로에 의존하게 되는 반면 성숙 단계에서는 인지도가 상승하게 되므로 회사채나 주식 등 직접금융 경로에 의존하는 경향이 높다. 이에 겸업주의를 추구하는 금융기관은 직접금융 경로와 간접금융 경로를 모두 취급하기 때문에 기업의 설립 초기부터 성숙기까지 모든 금융서비스를 제공할 수 있다는 장점이 있다. 두 번째 겸업주의 장점은 금융에서 범위의 경제(Economies of scope)를 실현할 수 있다는 것이다. 여기서 범위의 경제란 제품의 다양성이 증가하면 평균 총비용이 감소한다는 경제 이론으로 금융기관에 적용할 경우 여러 업무를 한 금융기관에서 취급 시 업무 취급 비용을 절감할 수 있다는 의미다. 겸업주의 범위의 경제는 금융기관과 금융소비자 입장에서 각각 생각해 볼 수 있다. 우선 금융기관 측면에서 범위의 경제는 정보취득에 대한 범위의 경제가 있다. 예를 들어 A회사가 금융기관으로부터 대출을 받고 유가증권을 매도하였다면 금융기관은 이에 대한 사후 관리로 해당 기업에 대해 경영실태조사를 진행하여야 한다. 만약 전업주의하에서 앞선 상황이 진행된다면 대출을 진행한 금융기관과 유가증권을 매입한 금융기관이 각각 경영실태조사를 하여야 하지만 겸업주의하에서는 한 금융기관이 대출과 유가증권 매입 업무를 동시에 할 수 있으므로 중복되는 비용을 절감할 수 있다. 또한 겸업을 하는 금융기관은 한 지점에서 여러 금융서비스를 동시에 제공함으로써 고정비용을 절감할 수 있고 새로운 상품이나 서비스 출시될 때 기존 지점망을 이용하여 마케팅 비용을 절감할 수도 있다. 다음으로 금융소비자 측면에서 범위의 경제는 탐색비용(search costs) 절감이 대표적이다. 이는 금융소비자가 예금은 은행, 펀드는 증권사, 보험은 보험사 등을 방문하여 가입하여야 하지만 겸업이 가능한 금융사 지점에서는 모든 서비스를 제공 받을 수 있으므로 탐색비용을 절감할 수 있다.

금융의 전업주의와 겸업주의 비교

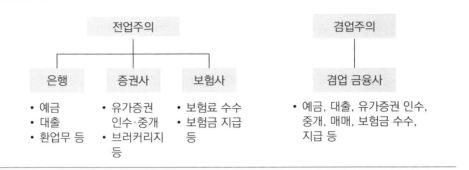

▶ 범위의 경제와 규모의 경제

범위의 경제(Economies of scope)와 규모의 경제(Economies of scale)는 용어에서 느껴지는 뉘앙스가 비슷하여 의미를 자주 착각하는 사람들이 많다. 경제학을 전공한 학생들조차 이 둘에 대한 의미를 바꿔 설명하는 경우를 종종 볼 수 있다. 따라서 이 둘의 의미를 간단하게 살펴보는 것이 학습에 도움이 될 것으로 생각된다.

우선 규모의 경제는 생산의 규모가 커질수록 단위당 생산비용이 하락하는 것을 의미한다. 이런 규모의 경제는 보통 경제 성장을 논의할 때 많이 등장한다. 즉, 경제 성장을 위해서는 노동 생산성 증가가 요구되며 노동 생산성 증가를 위한 하나의 축으로 규모의 경제를 설명하는 것이다.[17] 그렇다면 어떻게 생산규모가 커질 때 단위당 생산 비용이 하락하는 것일까? 그 이유는 생산량이 증가할수록 고정비용이 분산되어 단위당 생산비용이 감소하기 때문이다. 예를 들어 자동차를 생산하기 위해 고압 프레스가 필요하며 구매 가격은 100억 원이라고 가정해 보자. 해당 장치가 없이는 현대식 자동차를 만들 수 없다고 가정하면, 생산량이 큰 기업이든 작은 기업이든 모두 고압 프레스를 구매하여야 한다는 전제가 성립된다. 여기서 A기업은 연간 10만 대의 생산 및 판매능력이 있고 B기업은 연간 100대의 생산 및 판매능력 있다고 가정할 경우, 고압 프레스에 대한 고정비용은 A기업이 대당 10만 원인 반면 B기업은 대당 1억 원이 발생함을 확인할 수 있다. 통상 규모의 경제가 성립되는 산업으로 반도체, 자동차 등이 있다.

다음으로 범위의 경제는 제품의 다양성이 증가하면 평균 총비용이 하락하는 것을

---

17 "한국인의 경제학 기초", 3판, 박영사, 최남진 저, 2024

파이낸셜 시스템의 이해

의미한다. 앞서와 같이 자동차를 통해 예를 들자면 A자동차 기업은 소형, 준중형, 대형 자동차 생산 라인업을 보유하고 있고 B자동차 기업은 준중형 자동차만을 특화하여 자동차를 생산하고 있다고 가정해 보자. 만약 시장에서 준중형 자동차에 대한 인기가 증가할 경우, B자동차 기업은 새로운 라인을 증설해야만 생산량을 증대시킬 수 있는 반면 A자동차 기업은 소형이나 대형 자동차 생산 라인을 준중형 생산라인으로 전환하여 생산량을 증대시킬 수 있으므로 총비용을 절감할 수 있다.

▶ 금융 겸업으로 발생할 수 있는 이해상충 문제

이해상충(conflict of interest)[18]이란, 한 개인이나 집단이 두 가지 상충하는 이해를 동시에 충족해야 하는 상황에 놓이게 되었을 경우 한 가지 이해를 위해 다른 이해를 포기하거나 무시해야 하는 상황을 말한다. 금융업에서 이해상충은 각각의 다른 집단의 이익 관계가 상충할 경우 한 쪽의 이익을 위해 다른 한 쪽의 이익을 포기해야 하는 상황을 의미한다.

만약 금융기관이 투자자문업과 증권인수업을 겸업할 경우 해당 금융기관은 주식투자를 원하는 고객에게 객관적으로 유망한 종목이 아닌 금융기관이 인수한 주식을 추천할 수 있다. 이는 투자자와 금융기관 간 이익 관계가 상충할 때 금융기관의 이익을 위해 투자자의 이익을 포기한 결과로 해석해 볼 수 있다. 다음으로 금융기관이 신탁업무와 증권인수업무를 겸업할 경우 금융기관이 인수한 유가증권이 매각되지 않을 시 금융기관이 운영 중인 신탁자산에 해당 유가증권을 편입시킬 수 있는데, 이 또한 투자자와 금융기관 간 이익 관계가 상충하는 문제로 금융기관의 이익을 위해 신탁 가입자의 이익을 포기하는 이해상충 문제로 볼 수 있다. 이어서 금융이관이 대출업무와 증권인수업무를 겸업할 경우 금융기관이 대출자에게 대출 연장여부나 대출 금리 인상 등의 지위를 이용하여 대출자에게 금융기관이 보유한 유가증권 매입을 강요할 수 있다. 이는 실제로 속칭 '꺾기'라는 행태로 대출 금리를 인하거나 연장해 주는 대신 수수료가 높은 펀드에 가입시키거나 대출금리가 높은 신용대출 가입 강요, 금리가 낮은 예금 가입 강요 등이 있다. 마지막으로 금융기관과 외부투자자 간의 이해상충 문제가 있다. 이는 대출업무와 유가증권발행을 겸업할 수 있는 금융기관이 대출기업의 경영 혹은 재무적 부실을 알고 있는 상황임에도 불구하고 유가증권 발행을 유도하여 해당 자금으로 대출을 상환하도록 하는 것으로

---

18 이상상충, 이해충돌, 이해갈등 등으로 해석되기도 한다.

서 금융기관의 위험을 외부투자자에게 전가하는 형태다. 즉, 금융기관의 이익을 위해 외부투자자의 이익을 포기한 이해상충문제인 것이다. 실제로 우리나라에서는 과거 '동양CP 사태'가 있었으며 이는 동양그룹의 부실 상황을 이미 예견하고 있던 금융기관이 동양CP를 대량 발행하여 개인투자자들에게 이를 전가시킨 사례다.

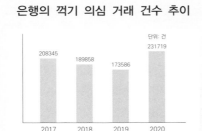

은행의 꺾기 의심 거래 건수 추이

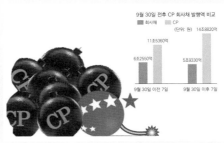

동양 CP 사태

4 글로벌 금융위기 이후 금융제도 변화

(1) 글로벌 금융위기 이후 세계금융제도

세계금융제도는 글로벌 금융위기를 기점으로 크게 변화되었다. 우선 글로벌 금융위기를 기점으로 이전, 즉 1980년대 이후에는 대다수 국가에서 규제완화, 금융자유화가 적극적으로 추진되었다. 이는 금융 산업에 가해졌던 각종 규제가 경쟁을 제한함으로써 금융기관의 혁신을 제약, 금융시장의 전반적인 효율성을 저해하고 있다는 판단에 근거하고 있다. 이런 금융자유화를 바탕으로 금융혁신이 활발하게 전개되며 신종금융상품 등이 등장하게 되었다. 이와 함께 금융 겸업화의 진행으로 금융시장 통합화, 금융 국제화, 금융기관의 대형화 등이 실현되었다. 또한 각국의 정책당국도 증권화, 자산유동화, 파생상품의 유용성 등을 강조하며 해당 시장의 성장을 이끌었다. 실제로 당시에는 다양한 상품과 경로를 통해 대규모 자본조달이 가능하게 되었으며 이를 통해 대규모 투자가 진행 되는 등 기술혁신 가능성이 증대되었다.

그러나 금융자유화는 앞선 긍정적인 효과와 더불어 급격한 자산 버블, 금융공학의 발달로 복잡해진 금융상품, 평가기관의 도덕적 해이, 시스템 리스크 확산 등 부작용을 발생시키며 글로벌 금융위기를 촉발하였고 이를 계기로 세계금융제도는 큰 변화를 겪었다. 실제로 미국, 영국 등 금융 선진국을 중심으로 거시 건전성 및 금융안정, 금융소비자 보호 등에 대한 중요성이 인지되었고 이에 따라 금융규제 완화 기조를 점검하고 시스템 리스크를 예방하기 위해 금융규제 강화 방안 등이 마련되었다.

1) 거시건전성 정책 도입

거시건전성 정책(macro-prudential policy)이란 외부 충격에 의해 발생한 위험이 시스템 리스크(system risk)[19]로 전이되는 것을 억제하기 위해 건전성 정책을 설계, 도입하여 실시하는 것을 의미한다.[20] 이는 글로벌 금융위기를 계기로 개별 금융기관에 대한 감독 등을 실시하는 미시건전성 수단만으로는 금융안정성을 보장하기 어렵다는 인식이 확산되며 중요성이 부각되었다. 따라서 글로벌 금융위기와 같은 큰 충격을 예방하기 위해서는 자산 가격 등 거시경제적 요인과 금융 거래의 상호연계성에 대한 종합적인 모니터링에 대한 필요성이 확인된 것이다. 이에 따라 주요 선진국들은 거시건전성 정책을 수행하기 위해 감독체계 개편 등 시스템 리스크 대응체계를 구축하였다. 실제로 미국, 영국 등은 금융관련 기관 간 정책 공조를 통한 시스템 리스크의 효과적인 예방 및 대응이 필요함을 근거로 거시건전성 정책 총괄기구를 설치하였다. 이렇게 설치된 거시건전성 정책 총괄기구는 재무부나 중앙은행 내 운영되고 있는데 미국, 프랑스, 독일 등의 경우에는 재무부 주도의 협의체를 구성하고 있으며 영국은 중앙은행 내 의사결정기구를 설치하여 운영하고 있다. 또한 주요 국가들은 거시건전성 정책에 있어 정보공유의 중요성을 인지하고 이에 대한 체계를 마련하였는데 미국, 캐나다는 별도의 기구(미국은 1979년 연방금융기관검사협의회(FFIEC), 캐나다는 1987년 금융기관감독위원회(FISC)를 각각 설치 운영)를 활용하여 감독정

---

19 시스템 리스크란 한 곳에서 발생한 위험이 다양한 곳으로 전이되는 현상을 말한다.
20 "한국의 거시건전성 정책", 한국은행, 2015

보를 공유하고 있으며 기타 국가들은 금융안정망 참여기구 간 양해각서(MOU) 또는 이사회 교류 등을 통해 정보를 교류하고 있다.

거시건전성 정책수단으로서는 크게 시계열(time series) 차원(거시적)의 시스템 리스크에 대응하는 수단과 횡단면(cross sectional) 차원(미시적)에서 시스템 리스크에 대응하는 수단으로 구분할 수 있다.[21] 시계열 차원에서의 리스크는 호황 국면에서 경제주체의 과도한 쏠림현상과 경기순응성(procyclicality)으로 인해 실물경제 규모보다 과도하게 공급된 유동성이 침체 국면에서 급격하게 회수되면서 발생하는 리스크를 말한다. 구체적으로 경기 사이클은 호황이나 과열, 수축, 침체 등으로 구분할 수 있으며 경기가 장기평균을 상회하는 호황이나 과열 국면에서 경제주체들은 경기순응성을 보인다. 즉, 경기가 장기 평균을 상회하게 되면 경제주체들은 앞으로도 계속 좋아질 것이란 기대가 형성되며 많은 투자와 신용이 발생하게 되고 이는 시장에 막대한 유동성을 공급함으로서 과열 국면으로 진입하게 된다. 이후 과열된 경기를 안정시키기 위해 정책당국과 통화당국이 긴축정책을 실시하게 되면 자산 가격이 하락하게 되고 부실 발생을 우려한 금융기관들은 기존 대출을 회수하고 추가대출을 중단함으로써 신용경색이 발생하게 된다. 이는 기업들의 연쇄 파산 등 침체를 가속화시켜 위험을 확대시키는 역할을 하게 된다. 따라서 이런 현상을 방지하기 위해 경기대응완충자본, 자본보전완충자본, 레버리지 비율 조정 등 거시건전성 수단을 활용하게 되며 이와 같은 거시건전성 수단들은 경기 침체 발생 시 신용경색으로 급격하게 발생할 수 있는 유동성 위기를 해소할 수 있는 방안들이 된다. 다음으로 횡단면 차원에서의 시스템 리스크는 금융기관 간 공통 익스포져(exposure)[22], 리스크 집중(risk clustering), 상호 연계성 및 의존성 등으로 인해 한 부분에서 발생한 위기가 여타부분(금융기관, 경제주체, 국가 등)으로 전이, 확산될 수 있는 위험을 의미한다. 즉, 국가, 금융기관, 경제주체 등이 금융수단 등으로 연계되어 한 곳에서 발생한 위험이 다른

---

21 시계열과 횡단면은 통계적 용어이며 시계열은 한 종류의 변수가 시간의 흐름에 따라 변화하는 데이터로 주로 거시경제 변수들이 시계열 데이터(time series data)를 이루는 경우가 많다. 또한 횡단면은 복수의 데이터를 어느 한 시점에서 바라 본 관측 값들로 이뤄져 있으며 주로 미시경제 변수들이 횡단면 데이터(cross sectional data)를 이루는 경우가 많다.
22 금융에서 익스포져(exposure)는 리스크에 노출되어 있는 금액을 뜻한다. 익스포져는 크게 시장 익스포져와 신용 익스포져로 나뉜다.

곳으로 전이되어 연쇄적 부실이 발생할 수 있음을 뜻한다. 횡단면 차원에서 시스템 리스크에 대한 주요 정책수단으로서는 시스템적으로 중요한 금융기관에 대한 추가자본 규제, 장외파생상품의 중앙청산 및 거액 익스포져 규제 등이 있다.

그림 1-1	경기순환 모형

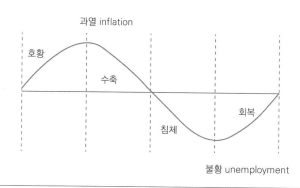

2) 중앙은행의 역할 확대 및 금융감독 체계 변경

글로벌 금융위기를 기점으로 금융기관에 대한 관리 감독 강화 필요성 및 거시건전성 정책 마련 등이 심도 있게 논의되며 주요국을 중심으로 금융감독 체계에 대한 변경이 진행되었고 이 과정에서 금융시장에 영향력이 큰 중앙은행의 역할이 이전보다 강화되었다. 중앙은행은 금융위기 전만 하더라도 물가안정과 거시경제 안정을 최우선 목표로 업무를 수행한 반면 금융안정은 사후 수습에만 중점을 두고 있었다. 즉, 중앙은행은 금융위기 발생 시 신용경색을 막기 위해 은행의 은행 역할인 최종대부자로의 기능 정도만 수행하는 것으로 인식되어 지고 있었다는 것이다. 하지만 금융위기 발생 이후 주요국을 중심으로 금융감독 체계에 대한 개편이 이뤄졌고 이에 중앙은행의 역할에 대한 논의가 시작되었다. 이런 논의는 금융안정을 중앙은행의 주요 역할로 인식할 수 있도록 바꿔 놓았으며 실제 감독기능을 강화하는 방향으로 전개되었다. 이렇게 변경된 주요국 중앙은행의 역할과 감독체계는 다음과 같다.

우선 미국은 중앙은행, 연방예금보험공사, 통화감독청 및 저축기관감독청 등 다수의 감독기관이 존재하는 가운데 금융위기 이후 감독기구의 통합 논의가 있었으나 결국 통합 감독기구는 출범하지 못했다.[23] 다만 2010년 재무부, 중앙은행, 감독기구 등이 참여하는 금융안정감시협의회(FSOC, Financial Stability Oversight Council)를 신설하여 금융 시스템의 잠재리스크 포착 및 대응전략 마련, 시스템적으로 중요한 금융기관 및 거래행위 지정, 중요 지급결제시스템 및 활동내용 지정 등의 기능을 수행하도록 하고 있다. 또한 미연방준비제도는 FSOC에서 승인된 정책을 집행하는 역할을 담당하며 종전보다 확대된 금융감독 권한을 수행하게 되었다. 구체적으로 시스템적으로 중요한 금융기관에 대한 건전성 규제기준을 제정하고 필요시 주무 감독기관에 조치를 취할 것을 권고할 수 있도록 하였다.

다음으로 영국은 2009년 은행법(Banking Act 2009)을 통해 영란은행에 금융안정 책무를 부여하였으며 2012년, 2016년에는 금융서비스법(Financial Services Act 2012, 2016)을 제·개정하여 금융감독 기능을 중앙은행으로 일원화하였다. 구체적으로 중앙은행 내에 금융안정 정책결정 기구인 FPC(Financial Policy Committee) 및 금융감독 정책결정 기구인 PRC(Prudential Regulation Committee)를 도입하였다. 또한 기존의 통합감독기구(FSA)를 해체하고 미시건전성 감독을 담당하는 PRA(Prudential Regulation Authority)를 중앙은행의 내부조직에 두었다. 한편 금융행위감독원(FCA, Financial Conduct Authority)을 독립기구로 신설하여 영업행위 규제, 금융소비자보호 기능을 별도로 수행하도록 하였다.

이어서 EU는 금융위기 이후 유럽 금융 시스템의 안정성을 높이고자 2014년 11월 유럽금융감독시스템(ESFS, European System of Financial Supervision)을 출범시켰다. 거시건전성 감독은 유럽시스템리스크위원회(ESRB, European Systemic Risk Board), 미시건전성 감독은 유럽은행감독당국(EBA, European Banking Authority), 유럽보험연금감독당국(EIOPA, European Insurance and Occupational Pension Authority), 유럽증권시장감독당국(ESMA, European Securities and Markets Authority) 및 회원국 개별 금융감독 기구가 담당한다. 또한 유럽중앙은행(ECB, European Central Bank)은 유로지역의 시스템적으로 중요한 은행에 대한 감독을, 회원국 감독당국은 중요도가 낮은 회원국 소재

---

23 "한국의 금융제도", 한국은행, 2018

은행들에 대한 감독을 담당하고 있다.

우리나라 역시 2011년 「한국은행법」을 개정하였으며 이는 한국은행이 금융안정 역할을 강화하는 방향으로 전개되었다. 개정안은 매년 2회 이상 거시 금융안정 상황에 대한 평가보고서를 작성하여 국회 제출하도록 하였으며 비은행금융기관에 대한 자료제출 요구권을 부여하고 공동검사 이행 의무기관을 대통령에 명시하도록 하여 감독의무를 강화하였다.

(2) 글로벌 금융규제 강화

글로벌 금융위기는 미국의 서브프라임 모기지 사태로 촉발한 충격이 유럽, 중동, 아시아 등 전 세계적으로 확대, 전이되는 모습을 보였다. 이에 G20 정상들은 이런 충격의 재발을 막기 위해 국제적 차원에서 금융규제 개혁이 필요하다는 데 의견을 모았다. 즉, 최근 각 국가 간 금융시장 및 금융기관 간 상호연계성이 높아져 한 국가에서 발생한 리스크가 시공간을 초월하여 이웃 국가들로 확대될 경우 어느 국가도 이 위험에서 자유로울 수 없다는 데 의견이 일치한 것이다. 이에 G20 정상들은 2009년 4월 기존의 금융안정포럼(FSF, Financial Stability Forum)을 확대·개편하여 금융안정위원회(FSB, Financial Stability Board)를 설립하고 규제개혁의 추진에 있어 주도적 역할을 하도록 임무를 부여하였다. 또한 동 규제개혁 가운데 은행과 관련된 규제는 바젤은행감독위원회(BCBS, Basel Committee on Banking Supervision)가 맡아서 추진하도록 하였다.

1) 국제결제은행(BIS)

국제결제은행(BIS, Bank for International Settlements)은 국제금융 안정을 목적으로 각 나라 중앙은행의 관계를 조율하는 국제 협력기구다. 세계 각 나라가 금융기관의 안정성을 측정하는 지표로 사용하는 BIS 자기자본비율(BIS capital adequacy ratio)을 정해 발표하는 곳이기도 하다. 국제결제은행은 제 1차 세계대전 패전국인 독일의 배상문제를 처리하기 위한 중앙은행 간의 국제금융기구로서 1930년 스위스 바젤에서 설립되었다. 이후 국제 금융협력기구로서 중추적인 역할을 하며 업무 범위가 확대되어 국가 간 금융협력 증진, 금융거래 중개, 국제통화 및 금융안정, 국제금융거래의 편의 제공, 국제결제와 관련된 수탁자 및 대리인 역할 등을 수행하고 있다. 현재 국제결제은행은 고도의 전문적 조직 및 네트워크의 운영을 통해서 현대의 금융시장을 만드는데 중요한 역할을 담당하고 있다.

① BIS조직과 위원회

BIS는 주식회사 형식을 취하고 있기 때문에 주식회사의 운용형식을 따르고 있다. 따라서 이사회 의장 예하에 사무총장을 두고 있으며 자금운용국, 총무국, 통화경제국, 금융안정연수원, 아시아 – 태평양 사무소, 미주 사무소, 금융안정 위원회 등의 부서를 두고 있다. 또한 통화경제국 예하에는 은행 규제를 담당하는 바젤은행감독위원회를 두고 있다.

그림 1-2 | BIS 조직

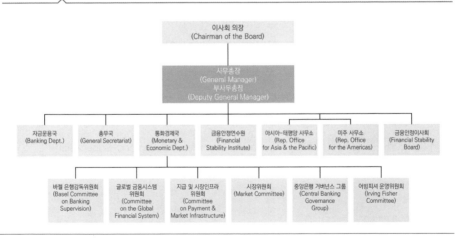

② BIS 자기자본 규제

국제결제은행은 BIS 자기자본 비율을 정하는 곳으로 잘 알려져 있다. 자기자본비율은 아래의 수식에서 볼 수 있는 것과 같이 자기자본을 위험가중자산으로 나눈 비율을 나타낸 지표이다.

$$BIS\ 자기자본\ 비율\ =\ \frac{자기자본}{위험가중자산}\ \times\ 100$$

BIS 자기자본 비율이 높다는 것은 위험가중자산이 작거나 자기자본이 많다는 의미로 상대적 재무 안정성이 높다는 의미를 나타내며 BIS 자기자본 비율이 낮다는 것은 위험가중자산이 높거나 자기자본이 작다는 것으로 재무 안정성이 낮음을 뜻한다. 구체적으로 자기자본은 자본금, 이익 잉여금, 자본 잉여금의 합계이며 위험가중자산은 전체대출과 투자의 합계로 산정한다. 여기서 위험가중자산에 대한 산정 시 대출 혹은 투자 기관별로 다음과 같은 가중치를 달리 부여하고 있다.

- 위험 가중자산에 대한 가중치: 중앙정부 0%, 공공기관 10%, 은행 20%, 주택담보대출 50%, 기타대출 100%

국제결제은행은 은행의 자기자본비율(BIS 자기자본 비율) 8%를 1988년 최초로 발표하였다. 이는 은행업을 영위하는 금융기관의 경우 위험자산 대비 자기자본 비율을 최소한 8% 유지하여야 한다는 국제적 기준(guide-line)을 마련한 것이다. 당시 발표된 BIS 자기자본 비율을 "바젤 I"이라고 부르며 우리나라는 1997년부터 이 제도를 의무화하고 있다.

2) 바젤은행감독위원회와 은행의 규제 감독

바젤은행감독위원회(BCBS, Basel Committee on Banking Supervision)는 국제결제은행 산하 은행의 규제, 감독을 이행하는 기관이다. 세계화가 진척되던 시기 자금흐름이 자유화되고 정보통신기술의 발달로 인해 금융시장 간 상호연계성이 높아짐에 따라 한 곳에서 발생한 위험이 전 세계로 전이되는 시스템 리스크에 대한 우려가 크게 확대된 반면 감독체계는 개별국가의 국별 체계에 의존하고 있었기 때문에 국제적 금융거래의 안정성이 크게 위협받고 있었다. 이에 1980년대 중반 세계 각국의 감독당국들은 공통적으로 적용할 수 있는 자본 적정성 규제 마련에 동의하였고 이에 따라 바젤은행감독위원회는 은행 영업행위에서 노출될 수 있는 리스크 요인을 식별하고 측정하는 방법 등을 제시하는 "바젤 I"을 발표하였다. 당시 바젤 I

은 은행 규제, 감독에 대한 표준제도를 마련하였다는 점에서 큰 의의를 갖는다.

바젤 I 발표에 이어 새로운 은행 규제 방안인 "바젤 Ⅱ"를 2004년에 발표하고 2008년 전면 시행에 들어갔다. 이후 2010년 "바젤 Ⅲ"를 발표하며 진보된 은행 규제 방안을 제시하였다. 바젤 Ⅲ에서는 BIS 자기자본비율을 8%로 유지하는 대신 위험가중자산 산정방식을 변경하거나 완충자본에 대한 세부안이 마련되었다. 또한 최저 자기자본 비율과 보통주 자본 비율을 상향하는 등 은행의 건전성 기준을 강화하였다(표 1-2 참조). 2017년 12월 바젤 Ⅲ의 최종안이 마련된 후 2022년 1월 1일에 이행할 것을 회원들에게 권고하였지만 코로나 팬데믹이 발생하며 사태의 효율적인 대응을 이유로 바젤 Ⅲ의 시행시기를 2023년 1월 1일로 연기하였다.

그림 1-3 │ 국내은행들의 BIS 비율

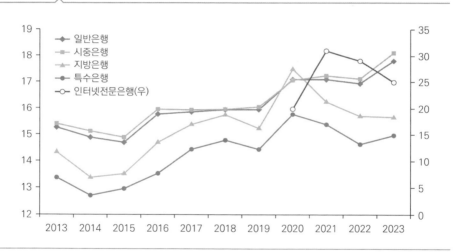

* 일반은행: 시중은행 + 지방은행 + 인터넷전문은행, 시중은행(국민, 신한, 우리, 하나, 한국 스탠다드차타드, 한국씨티은행), 지방은행(경남, 광주, 대구, 부산, 전북, 제주은행), 인터넷전문은행(카카오뱅크, 케이뱅크, 토스뱅크), 특수은행(농협은행지주, 수협은행, 중소기업은행, 한국산업은행, 한국수출입은행)

* 해당항목들은 금융통계정보시스템(https://fisis.fss.or.kr/fss/fsiview/indexw.html) 혹은 은행통계정보시스템(http://bss.kfb.or.kr/)에서 확인 가능

■ 표 1-2 바젤 III와 바젤 II 간 보통주자본 규제 비교

	바젤 III		바젤 II
	G-SIB	비G-SIB	
완충자본	경기대응완충자본 (0~2.5%)		
	G-SIB 추가자본 (1.0~2.5%)	경기대응 완충자본 (0~2.5%)	
	자본보전 완충자본 (2.5%)	자본보전 완충자본 (2.5%)	
최저 자기자본	보통주 자본 (4.5%)	보통주 자본 (4.5%)	보통주 자본 (2.0%)

그림 1-4 ┊ 바젤은행감독위원회

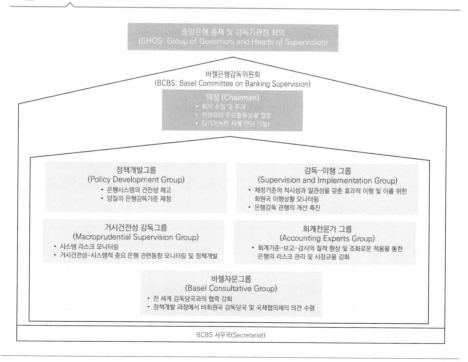

중앙은행 총재 및 감독기관장 회의
(GHOS: Group of Governors and Heads of Supervision)

바젤은행감독위원회
(BCBS: Basel Committee on Banking Supervision)

의장 (Chairman)
• 회의 소집 및 주재
• 위원회의 주요활동상황 점검
• 임기3년(한 차례 연임 가능)

정책개발그룹
(Policy Development Group)
• 은행시스템의 건전성 제고
• 양질의 은행감독기준 제정

감독-이행 그룹
(Supervision and Implementation Group)
• 제정기준의 적시성과 일관성을 갖춘 효과적 이행 및 이를 위한 회원국 이행상황 모니터링
• 은행감독 관행의 개선 촉진

거시건전성 감독그룹
(Macroprudential Supervision Group)
• 시스템 리스크 모니터링
• 거시건전성-시스템적 중요 은행 관련동향 모니터링 및 정책개발

회계전문가 그룹
(Accounting Experts Group)
• 회계기준-보고-감사의 질적 향상 및 조화로운 적용을 통한 은행의 리스크 관리 및 시장규율 강화

바젤자문그룹
(Basel Consultative Group)
• 전 세계 감독당국과의 협력 강화
• 정책개발 과정에서 비회원국 감독당국 및 국제협의체의 의견 수렴

BCBS 사무국(Secretariat)

3) 시스템적으로 중요한 금융기관에 대한 규제

글로벌 금융위기 이전에는 금융산업에 대한 범위의 경제, 정보생산의 우월성 등이 강조되며 금융기관의 대형화가 이뤄졌다. 하지만 글로벌 금융위기가 발생하며 대형 금융기관들의 도산으로 금융 시스템 리스크가 확산되며 실물시장 위축까지 확대되는 등 전방위적인 경기침체가 현실화 되었다. 더욱이 이 과정에서 금융 시스템 리스크 확산 방지 및 개인 금융자산 보호를 위해 많은 공적자금이 금융기관에 투입되었고 이는 대마불사(大馬不死, too-big-to-fail)[24]에 대한 문제를 심화시켰다. 즉, 위기의 근원이 된 금융기관들이 개인 금융자산을 방패삼아 공적자금을 투입 받고 살아남으면서 책임을 회피하게 된 것이다. 더욱이 책임을 져야 할 대형 금융기관의 책임자들은 전 국민이 납부한 세금으로 오히려 성과급을 지급 받게 됨으로서 경제적 비용을 납세자들에게 전가시킨 모양새가 되었다. 이와 같이 대형 금융기관이 파산할 경우 금융시장 및 실물경제에 미치는 파급력이 매우 크기 때문에 금융위기 이후 바젤 III와 더불어 시스템적으로 중요한 금융기관(SIFIs, Systemically Important Financial Institutions)에 대한 국제적 논의가 빠르게 진행되었다.

SIFIs는 규모가 크고 다른 금융기관 간 연계성이 높은 금융기관이 도산할 경우 금융 시스템 리스크를 초래할 수 있기 때문에 일반금융기관보다 강력한 규제를 적용해야 한다는 것이 핵심 취지다. 이를 위해 SIFIs들에게 추가 자기자본을 부과하여 도산 가능성을 낮추고 주주 책임을 확대하여 손실을 납세자들에게 전가하는 것을 예방하고자 하였다. 또한 SIFIs가 생존 가능성이 없는 경우 질서 있게 정리하여 개인투자자들과 납세자들의 부담을 경감시키고자 하였다. SIFIs에 대한 세부 규제 변화 과정은 다음과 같다.

---

24 대마불사는 바둑 용어로서 경제학에서는 거대 기업이나 금융기관이 도산할 경우, 수많은 이해관계자가 피해를 볼 수 있고 실물경제에 미치는 파급효과가 크기 때문에 정부가 구제해야 한다는 의미로 쓰인다.

2010년	2011년	2015년
• FSB는 BCBS와 공동으로 SIFIs 규제 강화를 위한 종합적인 체계 일정을 수립하고 세부과제 추진 • 시스템적으로 중요한 글로벌 은행(G-SIBs, Global Systemically Important Banks) 및 시스템적으로 중요한 국내 은행(D-SIBs, Domestic Systemically Important Banks)에 대한 평가방법 및 추가자본 부과 방안 • 효과적인 정리 체계 권고안 • SIFIs 감독강화 권고안	• G-SIBs 명단 매년 공표 • 선정된 G-SIBs는 시스템적 중요도 점수구간에 따라 1.0%~3.5%의 보통주 자본을 추가로 적립 의무 **2013년** • 시스템적으로 중요한 글로벌 보험사(G-SIIs, Global Systemically Important Insurers)에 대한 평가방법 및 정책수단 공표 • 매년 G-SIIs 명단을 발표	• G-SIB가 도산할 경우 주주 및 투자자에게 우선적으로 손실을 부담시키기 위한 총 손실흡수력(TLAC, Total Loss-Absorbing Capacity) 규제안 공표 – 2019년부터 위험가중자산의 16%에 해당하는 손실흡수력 수단(규제자본 및 적격 부채)을 의무적으로 보유해야 하는 것으로 2022년부터는 18%로 상향조정

4) 비은행 금융중개 규제

비은행 금융중개(NBFI, Non-Bank Financial Intermediation)는 과거 "그림자 금융(shadow banking)"에 대한 대체 용어로서 2018년 금융안정위원회(FSB)가 사용하기 시작하였다. NBFI는 비은행 신용부문 중 만기 및 유동성 전환, 레버리지 확대 등을 통해 금융 시스템 리스크를 초래할 가능성이 높은 금융기관 및 금융상품을 뜻한다. 이를 좀 더 쉽게 설명하자면 은행과 유사한 금융중개 기능을 수행하지만 은행과 같은 엄격한 규제(BIS 자기자본비율 등)를 받지 않는 금융기관 및 금융상품을 말한다.[25] 이에 대표적인 금융상품으로는 MMF, RP, ABCP 등이 있다(구체적인 설명은 다음 페이지 참조). 이런 NBFI는 전통적인 은행이 제공하지 못하는 금융상품 및 서비스 제공을 통해 신용 접근성을 확대하여 금융부분의 효율성을 제고할 수 있지만 레버리지가 높고 예금자 보호 등 공적 보호 장치가 배제되어 있어 시장 여건 악화 시 대규모 인출 발생 등으로 시스템 리스크를 유발할 가능성이 높다.

---

25 이런 곳들은 은행은 아니지만 대출과 비슷한 구조의 업무를 통해 신용을 창출할 수 있는 금융기관 및 금융상품을 말한다.

이에 2010년 11월 G20 정상회의에서 비은행 금융중개에 대한 규제강화 권고안을 마련하도록 요청함에 따라 FSB는 2011년 11월 비은행 금융중개 규제강화방안을 G20에 보고하였다. 이 보고서에서는 비은행 금융중개 규제강화방안을 은행을 통한 간접규제, MMF 규제, 여타 비은행 금융중개기관 규제, 자산유동화 규제, 증권금융 규제의 5개 범주로 구분하였다. FSB는 매년 글로벌 비은행 금융중개(舊그림자금융) 모니터링 보고서를 공표하고 있다.[26]

RP에 대한 구조	ABCP에 대한 구조

● 증권사가 채권을 담보로 단기 차입
* 채권을 담보로 신용을 일으켜 대출을
   확대시키는 역할
	● 자산을 근거로 CP를 발행하여 유동화
	* 자산을 담보로 신용을 일으켜 대출을
	   확대시키는 역할

* 첨부) 중국의 그림자 금융

중국 경제의 핵폭탄, '그림자 금융' 문제 본격화되나?

중국 그림자 금융, GDP 대비 63.4%로 사상 최대
투명성 · 규제 미흡으로 금융 불안 우려
중국 당국, 부동산 대출 기관 종즈(ZEG) 조사 시작

  중국의 '그림자 금융' 규모가 사상 최대를 기록하며 중국 경제를 뒤흔들 핵폭탄이 될 위험이 있다는 경고가 나왔다. 그림자 금융은 은행을 제외한 금융기관이나 비금융 기관을 통해 이루어지는 금융 활동으로 은행과 달리 정부의 통제와 감독에서 벗어나 있고, 고위험 · 고수익 상품을 판매하는 경우가 많아 금융 불안을 초래할 수 있다. 위험 수준도 정확히 파악하기 어려워 부실이 발생할 경우, 정부 지원도 받을 수 없어 큰 손실을 입을 수 있다. 그림자 금융이 문제가 되는 것은 투자 대상이 대부분 부동산이라는 점이다. 2020년 그림자 금융을 기반으로 했던 헝다그룹 파산 사태가 그림자 금융의 위험을 알리는 대표적인 사례다.

26 한국은행, "한국의 금융제도", 2018

파이낸셜 시스템의 이해

중국의 그림자 금융은 2011년 이후 급격하게 증가해 왔다. 이는 중국 정부의 금융 규제 강화로 인해 은행 대출이 줄어든 반면, 기업들의 자금 수요는 증가한 데 따른 것으로 분석된다. 문제는 그림자 금융의 위기로 그치지 않는다는 데 있다. 그림자 금융은 금융 시스템의 일부를 차지하고 있어, 부실이 발생하면 금융 시스템의 안정성이 위협받을 수 있다. 중국 국가통계국은 2023년 3분기 말 중국의 그림자 금융 규모가 약 6조2149억 달러로 전년 동기 대비 12.6% 증가했다고 발표했다. 이는 중국의 국내총생산(GDP) 대비 63.4%에 해당하는 천문학적 규모다. 이에 중국의 그림자 금융이 금융 불안을 초래할 수 있다는 우려가 계속 제기되고 있다.

* 출처: 글로벌이코노믹

(3) 금융소비자보호 강화

금융자유화 및 혁신 등으로 금융공학이 발달함에 따라 다양한 금융상품이 출시되었으나 상품 구조가 복잡해지며 금융소비자들이 이해하는 데 어려움을 겪게 되었다. 더욱이 금융기관들이 이윤 극대화를 목적으로 무분별하게 금융상품을 판매함으로써 금융소비자보호 강화 필요성이 증대되었다. 특히 금융위기를 기점으로 정보의 비대칭성 문제가 대두되며 금융정보 열위에 있는 금융소비자 보호에 대한 목소리가 커졌다. 또한 금융소비자 보호가 가계 리스크 관리를 통해 금융시장의 효율성 및 금융안정에 기여할 수 있다는 인식이 커지며 단순 사후관리 피해보상에서 확대되어야 한다는 의견이 대두되었다.

현재는 금융소비자 보호를 위해 금융상품 및 서비스에 대한 충분한 정보 제공, 불건전한 영업행위 금지, 불완전판매 행위 규제, 규정위반 금융업자에 대한 제재 등을 시행하고 있다. 국제적으로는 2010년 G20에서 FSB와 OECD에 금융소비자보호 강화 방안을 마련해 줄 것을 요청하였으며 이에 FSB는 금융소비자 보호 방안을 발표하였고 OECD는 금융 소비자보호를 위한 원칙을 발표하였다. 이를 근거로 각국에서는 금융소비자 보호를 위한 기구 개편 및 규제 방안 등이 마련되었다.

은행들, 직원도 잘 모르는 '홍콩ELS' 판매?... '완전대책' 시급

금융소비자 보호를 위한 주요국의 이행안은 다음과 같다. 우선 미국은 여러 기관에 산적해 있던 금융소비자 권한 및 책임 등을 금융소비자보호국(CFPB, Consumer Financial Protection Bureau)을 신설하여 통합하였다. 현재 CFPB는 연준이사회 산하에 설립되어 독립적으로 운영되고 있다. CFPB는 금융소비자 보호와 관련된 규제를 독자적으로 부과할 수 있는 권한이 있으며 금융기관이 금융소비자에게 불리한 관행을 행사하였을 경우 해당 금융기관에 신속한 조치를 요구할 권한도 보유하고 있다. 다음으로 영국은 금융기관의 영업행위를 규제하고 금융소비자의 권익을 보호할 수 있는 금융행위감독원(FCA, Financial Conduct Authority)을 설립하여 운영하고 있다. FCA는 금융기관의 정보공시, 판매 절차, 금융상품 설계 및 지배구조를 감시할 수 있으며 만약 금융상품에 문제가 있을 경우 규제를 부과하거나 극단적인 경우 판매를 금지시킬 수도 있다. 또한 특정 금융기관에 경고조치를 내릴 경우 이를 금융소비자들이 알 수 있도록 공시할 수 있는 권한도 있다. 금융소비자들이 오해할 수 있는 내용을 금융상품 판매 활동에 사용한 경우 이에 대해 조치할 수 있으며 그 세부 내용을 금융소비자들이 인지할 수 있도록 공표할 수 있는 권한도 가지고 있다.

* 출처: 논객닷컴

Consumer Financial Protection Bureau

Financial Conduct Authority

(4) 금융기관 겸업 제한

금융의 국제화 및 자유화가 시작된 1990년대 이후 각국은 자국의 금융경쟁력 강화를 위해 겸업주의를 적극 추진하였다. 전통적으로 전업주의를 표방하던 미국, 영국, 일본 등이 업무범위 제한을 완화하는 등 적극적인 겸업주의를 시행하였다. 아래 표 1−4에서 보는 바와 같이 주요국들은 법과 규정을 제정하여 겸업주의를 추진하였다.

■ 표 1−4 글로벌 금융위기 전 각국의 겸업주의 추진 현황

국가	겸업주의 추진 현황
영국	• 1986년 빅뱅(Big Bang)*을 통해 일찍이 은행의 증권사 인수를 허용 * 위상을 잃어가던 영국 런던증권거래소의 증권거래제도를 대개혁하면서 세계적인 거래소로 바꿔 놓음 − 원래 '빅뱅'은 우주를 탄생시킨 대폭발을 의미하는 단어
일본	• 1993년 금융개혁 관련 법률 시행을 통해 은행의 증권자회사 취득을 허용 • 1998년 금융지주회사법을 도입하여 금융겸업화 도입
미국	• 1999년 금융서비스현대화법(Gramm − Leach − Bliley Act)을 제정하여 1933년 은행·증권 겸업을 금지한 글래스−스티걸법을 폐지 − 이를 통해 금융지주회사가 은행 이외에 증권회사를 자회사 둘 수 있게 함
독일	• 1990년대 자본시장 진흥법을 정비하여 투자자보호와 자본시장의 투명성을 높임
한국	• 2000년 금융지주회사법을 제정하여 금융지주회사를 통한 금융겸업화를 추진

그러나 2008년 글로벌 금융위기가 발생하며 겸업에 대한 개정 논의가 전개되었다. 실제로 미국은 겸업은행들이 예금자보호제도 및 정부의 지원 기대를 바탕으로 과도한 리스크 추구행위를 할 유인이 발생하였으며 실제로 과도한 리스크 추구행위[27]로 인해 투자은행(Investment Bank)[28]의 위험이 상업은행(Commercial Bank)[29]

---

27 제도적으로 개인 금융소비자의 일정 예금한도를 보장하고 경제, 사회적 파장을 고려해 통화당국 및 정부가 금융기관을 암묵적으로 지원할 경우, 금융기관은 이익을 극대화하기 위해 과도한 리스크 추구행위를 할 수 있다.
28 유가증권 발행, 인수, 주선, 거래 등을 주업무로 하는 은행을 말하며 우리나라에서는 증권회사가 해당 업을 영위하고 있다.
29 예금, 대출 등 상업금융자금을 취급하는 은행을 말하며 우리나라에서는 은행이 해당 업

으로 전이되는 등 겸업은행들의 파산이 발생하였다. 즉, 겸업주의로 인해 시스템 리스크가 크게 확대되는 등 겸업주의 부작용이 노출되며 이에 대한 제한이 본격 논의되었다. 글로벌 금융위기 이후 주요 국가들은 아래 표 1−5와 같이 겸업주의를 축소하였다.

■ 표 1−5 글로벌 금융위기 이후 각국의 겸업주의 축소 추진 현황

국가	겸업주의 축소 추진 현황
미국	• 2010년 7월 도드−프랭크법(Dodd−Frank Wall Street Reform and Consumer Protection Act) 제정으로 은행 · 은행지주회사 및 계열 자회사가 고객서비스와 관련 없는 자기자본거래(proprietary trading), 헤지펀드 및 PEF 투자 등의 투자은행업무의 겸업을 원칙적으로 금지하는 '볼커 룰(Volcker Rule)' 도입
영국	• 2011년 9월 은행개혁위원회(Independent Commission of Banking)가 겸업 은행에서 소매금융부분을 독립된 이사회와 별도의 자본금을 보유하도록 조치하여 여타 부문과 엄격히 분리하는 방안 발표 • 이를 바탕으로 제정된 은행개혁법(The Financial Services (Banking Reform) Act 2013)에서는 예금수취를 별도 자회사를 통해 수행하며 해당 자회사는 자기명의 투자 등 배제업무 수행을 금지
EU	• 2014년 은행부문 구조개혁안(Structural Reform of the EU Banking Sector)을 통해 대형 예금수취기관들의 자기계정거래를 금지하고 고위험 트레이딩 사업부를 분리

을 영위하고 있다.

파이낸셜 시스템의 이해

5 핀테크의 등장

(1) 핀테크의 정의

핀테크(Fintech)는 금융(Finance)과 기술(Technology)의 합성어로서 금융과 정보통신기술(ICT, Information and Communications Technologies)의 융합을 통해 새롭게 등장한 금융산업 및 서비스를 말한다.[30] 이런 핀테크의 등장 배경에는 글로벌 금융위기로 인한 강화된 금융 규제가 자리 잡고 있다. 실제로 글로벌 금융위기 이후 금융시장에 대한 규제가 강화됨에 따라 금융업계의 이익률이 하락하였고 이를 타개하기 위한 방안으로 금융업계는 IT 업계와 손잡고 금융거래를 전산화함으로써 비용을 감축하고 고객을 확보할 수 있는 핀테크를 선택하게 된 것이다. 또한 금융소비자들의 금융 디지털화 진전과 금융서비스의 편의성 제고 및 비용 절감에 대한 기대가 상승하며 핀테크에 대한 요구가 증가하였고 이와 함께 디지털 기기에 익숙한 밀레니얼 세대의 증가가 핀테크에 대한 수요를 더욱 확대시켰다. 결국 핀테크와 빅테크(Bigtech)는 금융 규제가 강화되는 가운데 정보통신기술이 발달하며 새로운 방식의 금융서비스 요구에 부응하며 등장하게 된 것이다.

▶ 핀테크와 빅테크의 차이

언론에서 핀테크와 빅테크를 혼용하여 사용하기 때문에 자칫 두 용어가 같은 의미를 갖는다고 생각할 수 있지만 실제로는 다음과 같이 각각 다른 의미를 가지고 있다. 우선 핀테크는 기업이 ICT 기술을 바탕으로 금융서비스를 보다 효율적으로 제공하는 신생기업을 말한다. 반면 빅테크는 기술, 자본, 신뢰도에서 우위를 가지고 금융서비스를 제공하는 거대 ICT 기업을 뜻한다. 대표적인 핀테크 기업은 토스(Toss), 8%, 펀다 등이 있으며 빅테크 기업은 네이버, 다음, 아마존, 구글, 알리바바, 텐센트 등이 있다.

---

30 금융안정위원회(FSB)는 핀테크를 새로운 사업모델, 업무처리, 금융상품, 금융서비스 등의 창출을 통해 금융시장, 기관 및 서비스에 실질적인 영향을 미치는 기술 기반의 금융혁신이라고 정의하였다.

(2) 주요 사업 분야

핀테크는 지급결제, 단순 송금을 시작으로 영역을 점차 확대하고 있으며 현재는 크라우딩 펀드, 암호자산, 금융데이터 분석, 인터넷전문은행 등이 대표적인 사업 영역으로 분류된다. 이런 핀테크는 앞으로도 정보통신의 발달에 기초하여 다양한 금융 서비스를 개발 하는 등 금융 소비자의 편의성을 증진 시킬 것으로 기대된다.

1) 지급결제 및 송금

지급결제와 송금은 핀테크 산업에서 가장 먼저 발달하기 시작한 영역으로 스마트폰 보급이 급속도로 확대되며 빠르게 성장하였다. 핀테크의 지급결제와 송금은 미국의 페이팔(Paypal)과 중국의 알리페이(Alipay)가 대표적인 기업으로 해당 서비스를 제공하고 있다.

페이팔의 지급결제 구조

자료: 산업은행, 한국투자증권

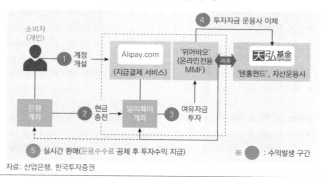

알리페이의 지급결제 구조

자료: 산업은행, 한국투자증권

2) 크라우드펀딩과 P2P 대출[31]

크라우드펀딩(crowdfunding)은 금융기관을 통한 자금조달이 어려울 경우 불특정다수의 일반 투자자들로부터 자금을 조달하는 금융서비스를 말한다. 최근에는 정보통신기술이 발달하며 온라인 플랫폼(platform)을 통한 새로운 방식의 금융 서비스 모델이 개발되었으며 대표적인 모델로 P2P 대출(Peer to Peer Lending) 등이 있다. P2P 대출은 전통적인 금융거래 방식인 은행, 투자증권사, 종합금융사 등을 통하지 않고 대출자와 투자자가 직접 온라인상에서 거래하는 방식을 말한다. 흔히 P2P 대출을 온라인 쇼핑몰로 비유하여 설명하는 경우가 많은데 이는 투자자가 온라인 플랫폼을 통해 공개된 대출자의 리스트를 보고 온라인 쇼핑에서 물건을 구매하듯 직접 투자를 선택할 수 있기 때문이다.

P2P 대출의 당사자는 크게 대출자, 투자자, 플랫폼 등으로 구분된다. 우선 대출자는 자금의 수요자로서 대출에 필요한 제반서류를 제출하고 대출이 실제로 실행된 이후로는 정기적으로 대출원금과 이자를 상환할 의무가 있는 자를 말한다. 다음으로 투자자는 자금의 공급자로서 대출 자금을 제공하고 투자금액에 대한 이자와 원금을 받을 권리가 있는 자이며 대출자의 채무불이행 시 투자손실 위험을 부담하는 자를 말한다. 마지막으로 플랫폼은 자금의 수요자와 공급자를 연결해 주는

---

31 "금융과 경제", 박영사, 최남진 저, 2018

역할을 하며 대출자의 정보를 받아 자체 신용평가 프로그램 실행을 통해 대출자의 기본정보와 신용평가 정보를 공시함으로써 투자자를 모집하는 역할을 한다. 또한 대출이 실행되면 대출자로부터 원리금을 회수하여 투자자에게 배분하는 업무도 수행한다.

■ 표 1-6 P2P 대출 주체들 및 역할

구분	주요 역할	비용 및 수익	참여자
대출자	자금조달	원리금 납부	개인, 개인사업자, 중소기업
투자자	자금공급	원리금 수취	개인, 전문투자자, 기관투자자
플랫폼	대출자와 투자자 연결	수수료	핀테크, 스타트 업

* 출처: 금융과 경제(최남진, 박영사, 2018)

그림 1-5 | P2P 대출 프로세스

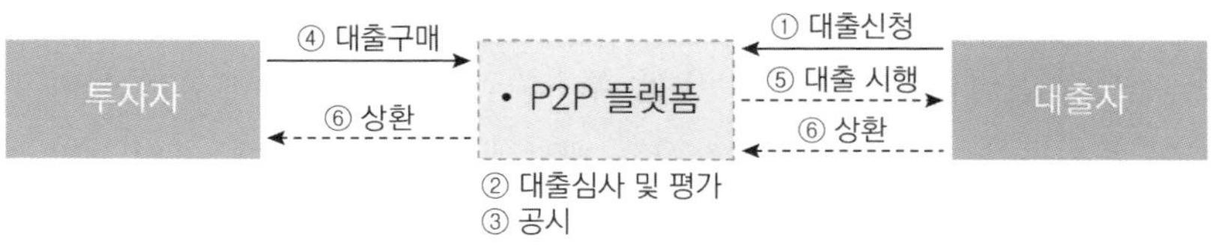

* 출처: 금융과 경제(최남진, 박영사, 2018)

국내에서 P2P 대출은 2006년 머니옥션을 시작으로 출발하였으나 크게 관심을 받지는 못하였다. 하지만 2015년 이후 급성장하여 2016년 5월 말을 기준으로 현재 국내에는 33개의 업체가 업을 영위하고 있다. 국내 대표적인 P2P 대출 업체로는 에잇퍼센트(8%), 테라펀딩, 빌리, 렌딧, 투게더앱스, 루프펀딩, 펀다, 어니스트펀드, 코리아펀딩, 펀듀 등이 있다. 현재 국내에서 운영 중인 P2P 대출은 투자자와 대출자 간 직접대출 방식이 규제상 불가능하기 때문에 대부분의 P2P 대출 사업자는 플랫폼 사업 이외에 여신회사와 제휴하거나 여신회사를 별도로 등록하여 간접대출 형태로 서비스를 제공하고 있다.

파이낸셜 시스템의 이해

3) 암호자산

암호자산(crypto-assets)은 분산원장기술(distributed ledger technology) 및 블록체인 (Block Chain) 기술을 기반으로 물리적 형태 없이 온라인상으로만 존재하는 자산의 형태를 말한다. 통상 암호자산은 암호화폐(Crypto-currency)로 많이 알려져 있으나 2018년 G20 재무장관·중앙은행 총재 회의에서 암호화폐가 화폐로서의 특성이 결여되어 있는 상태에서 통화(currency)라는 표현을 사용하면 오해의 소지가 있다는 점을 감안하여 암호자산이라는 표현을 쓰고 있다.

암호자산의 대표적인 자산은 비트코인(BTC, Bitcoin)으로 2009년 발행되어 현재도 유통되고 있다. 비트코인은 사토시 나카모토라는 익명 제보자의 9페이지짜리 논문[32]을 통해 처음 제안되었다. 해당 논문은 2008년 글로벌 금융위기를 겪으며 중앙 집권적인 중앙은행 시스템이 적절하게 반응하지 못함으로써 위험성을 키웠기 때문에 이에 대한 대안으로 블록체인 기술을 이용, 개인 간 원장을 활용한 새로운 통화 시스템을 제안한 것이다. 블록체인 기술은 간단하게 ① 일정시간 동안 발생한 모든 거래정보를 블록 단위로 기록하여 ② 모든 구성원들에게 전송하고 ③ 블록의 유효성이 확보될 경우 ④ 기존의 블록에 추가 연결하여 보관하는 방식이다.

블록체인 금융거래

현재 금융거래　　블록체인 금융거래

국내 비트코인 결제

자료: 임명환(2016)

---

32 "Bitcoin: A Peer-to-Peer Electronic Cash System"

암호자산은 한때 대안 투자자산으로서 인기를 누렸으나 여전히 화폐로서의 특성이 결여되어 가치에 대한 변동성이 매우 심하다. 하지만 블록체인 시스템을 적용하고 있다는 점과 지급결제, 송금(국제) 수단으로서 여전히 효용성이 높다는 점, 또한 미국 증권거래위원회(SEC, Securities and Exchange Commission)가 현물 상장지수펀드(ETF, Exchange Traded Funds)를 승인했다는 점 등에서 새로운 평가가 진행되고 있다.

4) 인터넷전문은행

인터넷전문은행(internet only bank)이라 함은 점포 없이 온라인과 모바일로 계좌를 개설할 수 있으며 예금 및 적금, 대출, 결제 등의 업무를 수행하는 은행을 말한다. 인터넷전문은행은 2018년 K-bank와 카카오뱅크 등 2개사가 개설되었으며 2021년 10월 토스뱅크가 개설됨에 따라 현재는 모두 3개의 인터넷전문은행이 업을 영위하고 있다. 정책당국은 향후 은행산업 발전과 국민들의 효용증진을 위해 인터넷전문은행을 확대할 방침이다.

인터넷전문은행과 시중은행의 가장 큰 차이점은 점포의 유무이다. 인터넷전문은행은 시중은행과 달리 점포가 없기 때문에 점포 운영에 소요되는 임대료, 시설비, 인건비 등을 절약하여 시중은행보다 높은 예·적금 금리와 낮은 대출금리를 제공할 수 있다는 장점이 있다. 이는 인터넷전문은행의 강한 경쟁력이라 할 수 있다.

다만, 개인신용도를 평가하는 빅데이터 분석시스템과 비대면으로 이뤄지는 시스템상의 해킹 문제 등은 점차 개선해야 할 것으로 보인다.

■ 표 1-7 시중은행과 인터넷전문은행 비교

	인터넷전문은행	시중은행
영업시간	365일 24시간	평일 9시 ~ 16시
주요채널	(비대면) 스마트폰/ATM	(대면) 지점
계좌개설	본인 계정 스마트폰, 신분증	지점 방문/공인인증서
신용평가	금융권 신용평가 + 빅데이터	금융권 신용평가

대출심사	스마트폰	대면심사
적용금리	상대적 예·적금금리↑ 대출금리↓	상대적 예·적금금리↓ 대출금리↑
결제	모바일결제	체크/신용카드 이용

* 출처: 금융과 경제(최남진, 박영사, 2018)

그림 1-6 ┊ 국내 인터넷전문은행

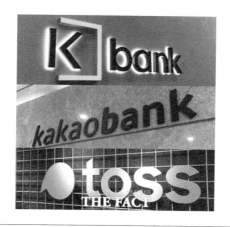

1. 금융(finance)의 정의에 대해서 설명해 보시오.

2. 금융 시스템은 금융 거래가 이뤄지는 (   )과 금융거래를 중개하는
   (   ), 금융거래가 원활히 이뤄질 수 있도록 하는 (   ) 등으로
   구성된다.

3. 금융시장에 대한 설명으로 틀린 것은?
   ① 금융시장은 자금의 수요자와 공급자가 만나서 거래하는 장소를 말한다.
   ② 금융자산의 가격 변동을 통해 자금의 수요와 공급을 조절하는 역할을 한다.
   ③ 금융시장은 중개기관 여부에 따라 직접금융시장과 간접금융시장으로 나뉜다.
   ④ 금융시장은 탐색비용을 낮춰 거래비용을 절감시켜 준다.

4. 금융기관에 대한 설명으로 틀린 것은?
   ① 금융기관은 자금의 수요자와 공급자 간 거래를 성립시켜 주는 것을 목적
      으로 하는 사업체를 말한다.
   ② 은행, 증권사, 보험사 등을 금융기관이라 한다.
   ③ 금융기관은 탐색비용을 낮춰 거래비용을 절감시켜 금융거래를 활성화 시킨다.
   ④ 금융기관은 소액 투자만 가능하므로 분산투자를 어렵게 한다.

5. 금융하부구조는 금융시장의 (   )이나 금융기관 인가 및 경영, 재산권
   보호 등을 규정하는 (   )와 금융거래에 직접 참여하지는 않지만 금융
   거래와 금유기관 업무를 지원하고 (   )하는 각종기구를 말한다.

6. 시장중심 금융제도와 은행중심 금융제도의 대출 위험 수용 여부에 대해서 각각 설명하고 심사기능을 사전, 중간, 사후적 관점에서 설명해 보시오.

7. 전업주의 금융제도(specialized banking)와 겸업주의 금융제도(universal banking)에 대해서 설명해보고 각각의 특징에 대해서 설명해 보시오.

8. 다음 중 겸업주의의 장점이 아닌 것은?
   ① 정보 생산의 우월성
   ② 금융에서의 규모의 경제
   ③ 겸업을 통한 마케팅 비용 등 절감
   ④ 겸업을 통한 탐색비용 등 절감

9. 금융겸업으로 발생할 수 있는 이해상충의 문제는 어떤 것들이 있는지 설명해 보시오.

10. 거시건전성 정책(macro-prudential policy)을 시행하게 된 계기가 무엇인지 설명해 보시오.

11. 시계열 차원에서의 리스크는 호황 국면에서 경제주체의 과도한 쏠림현상과 경기순응성(procyclicality)으로 인해 실물경제 규모보다 과도하게 공급된 유동성이 침체 국면에서 급격하게 회수되면서 발생하는 리스크를 말한다. 이를 방지하기 위한 거시건전성 수단은 어떤 것들이 있는지 설명해 보시오.

12. BIS자기자본 비율에 대해서 설명해 보고, 현재 국내 자기자본 비율에 대해서 조사해 보시오.

13. 바젤은행감독위원회(BCBS, Basel Committee on Banking Supervision)에서 시행하고 있는 바젤 I, 바젤 II, 바젤 III가 무엇인지 각각 설명해 보시오.

14. 비은행금융중개(NBFI, Non-Bank Financial Intermediation)는 과거 "그림자 금융(shadow banking)"에 대한 대체 용어이다. 비은행 금융중개의 장점과 단점에 대해서 설명하고 대표적인 금융상품은 어떤 것들이 있는지 설명해 보시오.

15. 글로벌 금융위기 이후 겸업주의가 축소되었는데 주요국들은 어떤 과정을 통해 겸업주의를 축소하였는지 설명해 보시오.

16. 핀테크의 정의와 핀테크가 등장한 배경에 대해서 설명해 보시오.

17. P2P 대출 프로세스에 대해서 설명해 보시오.

18. 암호자산(crypto-assets)은 (   )(distributed ledger technology) 및 (   )(Block Chain) 기술을 기반으로 물리적 형태 없이 온라인상으로만 존재하는 자산의 형태를 말한다.

19. 인터넷전문은행의 특징과 장점, 한계점 등에 대해서 설명해 보시오.

제 **2** 장

───────

지급결제제도

제 2 장

지급결제제도

1 지급결제제도 정의

    지급결제(payment and settlement)란 경제주체들의 지급수단을 이용하여 각종 경제활동에 따라 발생한 채권, 채무 관계를 해소하는 행위를 말한다. 지급결제는 우리 일상에서 많이 쓰는 표현이기 때문에 다른 금융제도 용어에 비해 익숙함이 느껴질 것이다. 하지만 신기하게도 정확한 의미를 알고 있는 사람은 드물다. 이렇게 자주 쓰는 표현인데도 말이다. 그렇다면 언제 우리가 지급결제에 대한 표현을 많이 사용하는지 상기하여 이를 이해해 보도록 하자. 우리가 일상생활에서 지급결제라는 용어를 가장 많이 사용할 때는 아마도 재화나 서비스를 구매할 때일 것이다. 예를 들어 독자가 친구를 만나서 식사를 한다고 가정해 보자. 식사를 마치고 계산을 위해 나서려는 찰나에 친구가 "내가 결제했어."라고 말했고 이에 둘은 식당 문을 나섰다고 해보자. 앞선 예는 누군가와 식사를 하면서 언제든 일어날 수 있는 행위다. 그럼 앞선 일련의 과정을 통해 지급결제에 대해서 확인해 보자. 우선 독자와 친구는 식당에 들어가 음식을 주문하고 맛있게 먹었다. 여기까지 상황에서 식당 주인과 독자와의 채권, 채무 관계는 다음과 같다. 우선 독자는 식당 주인이 내준 음식을 섭취하였고 이로써 식당 주인은 독자로부터 식대를 받을 권리가 발생하였기 때문에 채권자가 된다. 반면 독자는 식당 주인에게 식대를 지급할 의무가 있기 때문에 채무자가 된다. 즉, 현재까지 시점으로 식당 주인은 채권자, 독자는 채무자가 된 것이다. 지금까지의 상황이 이해가 되었다면 이후를 살펴보자. 친구는 분명 결제했다고 말했다. 그리고 둘은 식당 주인의 제재 없이 식당을 나섰다. 이를 통해 식당 주인과 독자와의 채권, 채무 관계가 종결되었음을 짐작할 수 있다. 즉, 친구가 결제를 했다는 의미는 어떤 행위를 통해 식당 주인과의 채권, 채무 관계를 종결시켰다는 의미를 내포하고 있는 것이다. 앞선 예에서 언급하지 않았지만 보통 우리는 현금 혹은 신용카드 등의 수단을 이용하여 지급결제 행위를 한다.

정리하자면 아래 그림과 같이 우리는 일상생활에서 재화 및 서비스의 구매행위를 하며 그 과정에서 채권, 채무관계가 형성되고 지급결제를 통해 이를 해소한다.

그림 2-1 지급결제 구조

① 구매자 A는 판매자 B로부터 재화 및 서비스를 받는다. 이 순간 A는 채무자가 되고 B는 채권자가 된다.
② 현금, 카드 등 지급수단을 이용하여 A가 B에게 지급결제하게 되면 채권, 채무 관계는 종결된다.

지급결제는 앞서 영문 표기법에 나타나 있는 것과 같이 실제로 지급(payment)과 결제(settlement) 각각의 의미를 다음과 같이 지니고 있다. 지급은 현금, 수표 또는 카드의 제시나 계좌이체를 통해 정당한 수취인에게 화폐 청구권을 이전하는 행위를 뜻하며 결제는 비현금 지급수단 사용으로 발생한 금융기관 간 채권과 채무를 상계[1]하고 상계 후 남은 차액을 각 금융기관의 한국은행 내 당좌예금 계좌 간 이체를 통해 처리하는 것을 뜻한다. 지급과 결제는 경제주체가 경제활동에 따른 채권과 채무 관계를 종결시킨다는 면에서 같은 의미를 갖지만 그 과정이 다르다는 점을 알 수 있다.

---

1 상계(set-off)는 채권자와 채무자가 서로 다른 종류의 채권, 채무를 가질 경우에 그 채권과 채무를 대등액에 있어서 소멸케 하는 의사표시를 말한다(시사경제용어).

하지만 현대에는 이 둘을 같이 묶어 지급결제라는 하나의 의미로서 사용하고 있다.

지급결제제도는 경제주체들의 경제활동 및 금융거래에서 발생하는 지급결제가 원활히 이루어지도록 하는 금융시스템의 하부구조로 지급수단, 참여기관, 지급결제 관련 법규 및 금융시장인프라 등으로 구성된다.

▶ **결제를 위한 금융기관 간 상계의 이해**

A금융기관은 B금융기관에 500만 원 채무가 있고 B금융기관은 A금융기관에 300만 원 채무가 있다면 둘 간의 채무 관계를 상계하고 A금융기관이 B금융기관의 한국은행 당좌계좌에 200만 원만 입금시킴으로써 채권, 채무관계를 종결시킬 수 있다.

지급결제를 위한 참여기관은 다음과 같다. 우선 지급 서비스를 제공하는 대표적인 금융기관으로는 은행, 우체국, 금융투자회사, 신용카드회사 등이 있으며 최근에는 핀테크², 빅테크 업체 등이 참여하고 있다. 구체적으로 우선 은행은 계좌이체, 수표, 현금 등의 업무를 통해 지급결제에 참여하고 있으며 우체국은 우체국예금의 금융업무 시스템을 통해 지급결제에 참여하고 있다. 또한 금융투자회사는 CMA(종합자산관리계좌) 등을 통해 지급 서비스에 참여하고 있으며 신용카드사는 신용카드, 직불카드 등을 통해 참여하고 있다. 다음으로 청산과 결제를 담당하는 금융인프라 운영기관은 금융결제원, 한국거래소, 한국예탁결제원, 외환결제관련 운영기관 등이 있다. 마지막으로 한국은행은 거액결제시스템의 운영기관인 동시에 화폐발행, 최종 결제서비스 제공, 최종대부자로서의 지원, 지급결제제도에 대한 감시 및 개선, 확충 등 지급결제의 중추적인 역할을 담당하고 있다.

지급결제제도가 안전하고 효율적으로 운영되기 위해서 지급 서비스를 제공하는 금융기관이나 금융시장인프라 운영기관 등이 준수하여야 할 법규, 규정 및 표준적인 절차가 필요하다. 따라서 이런 규정은 중앙은행이 지급결제제도의 감시자로서 정하고 있으며 개별 금융기관과 금융시장인프라 운영기관의 감시자로서 금융감독 기관이 정하고 있다. 글로벌 금융위기 이후 지급 및 시장인프라위원회(CPMI, Committee

---

2   제1장 "금융 시스템의 이해" 참조

on Payment and Market Infrastructures)와 국제증권감독기구(IOSCO, International Organization of Securities Commissions)는 위기대응 능력을 제고하고 금융환경 변화에 대응하기 위해 기존 3대 국제기준(① 시스템적으로 중요한 지급결제시스템의 핵심원칙(Core Principles for Systemically Important Payment Systems, CPMI, 2001) ② 증권결제시스템에 관한 권고(Recommendations for Securities Settlement Systems, CPMI-IOSCO, 2001) ③ 중앙거래당사자에 관한 권고(Recommendations for Central Counterparties, CPMI-IOSCO, 2004))을 통합한 "금융시장인프라에 관한 원칙(PFMIs, Principles for Financial Market Infrastructures)"을 2012년 4월 제정·공표하였다.

지급결제제도는 실물경제 활동에 수반되는 자금 결제가 원활히 이루어지도록 하는 중요한 금융하부구조다. 하지만 예기치 못한 사정으로 결제가 예정대로 이뤄지지 않을 경우 금융시장 불확실성이 증대되고 실물경제를 위축시킬 수 있다. 이를 결제위험(settlement risk)[3]이라고 한다. 결제위험은 신용 위험(credit risk), 유동성 위험(liquidity risk), 시스템 위험(systemic risk), 법률 위험(legal risk), 위·변조 위험(fraud risk), 운영 위험(operational risk) 등으로 나뉜다. 여기서 신용 위험은 상대 금융기관의 파산 등으로 결제가 이행되지 않을 위험을 뜻하며 유동성 위험은 일시적인 자금부족으로 결제가 이행되지 않을 위험을 말한다. 시스템 위험은 특정 금융기관 결제불이행으로 촉발된 위험이 연쇄적으로 다른 금융기관 결제 불이행을 촉발하여 지급결제제도 전체 기능이 마비되는 위험을 뜻한다. 법률 위험은 법률체계가 미흡하여 결제가 예정된 시간에 이뤄지지 않는 위험을 뜻하며 위·변조 위험은 결제 과정에서 위조, 변조, 절도 등으로 발생할 수 있는 위험을 말한다. 운영 위험은 지급결제제도를 구성하고 있는 물리적 하부구조(전산설비, 건물, 전기설비 등)에 이상이 발생하여 예정된 시간에 결제가 이뤄지지 않는 위험을 뜻한다.[4] 신용 위험, 유동성 위험, 시스템 위험 등의 위험을 금융위험이라고 하며 법률 위험, 위·변조 위험, 운영 위험 등을 비금융 위험이라고 한다.

---

3 결제위험은 예기치 못한 사정으로 결제가 예정대로 이루어지지 않을 가능성 또는 이로 인하여 야기되는 손실발생 가능성을 뜻한다.
4 지난 2022년 10월 카카오 데이터 센터에 화재가 발생하며 모든 금융 결제서비스가 마비되는 운영 위험이 발생하였다.

그림 2-2 ┊ 지급결제 단계

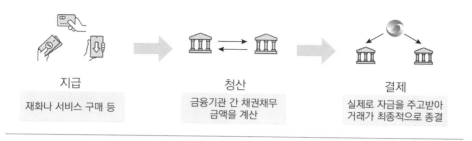

지급
재화나 서비스 구매 등

청산
금융기관 간 채권채무
금액을 계산

결제
실제로 자금을 주고받아
거래가 최종적으로 종결

* 출처: 한국은행

2 지급 수단

지급 수단은 크게 현금과 비현금으로 구분된다. 여기서 비현금 지급 수단은 장표의 지급 여부에 따라 장표방식 지급수단과 전자방식 지급수단으로 나뉜다. 여기서 장표방식 지급수단은 어음, 수표, 지로 등 실물지급 수단을 이용하는 방식을 말하며 전자방식 지급수단은 신용, 직불, 선불카드 및 계좌이체 등 전자금융망을 이용하는 방식을 말한다. 최근에는 정보통신기술이 발달함에 따라 장표방식 지급수단보다 전자방식 지급수단이 확대되고 있는 추세이며 핀테크 등을 이용한 모바일 지급수단이 새롭게 등장하여 지급수단으로서 한 축을 형성하고 있다.

(1) 현금

현금은 소액거래에서 가장 보편적으로 이용되는 지급수단으로서 지폐와 주화가 있다. 현재 우리나라 지폐는 5만 원권, 1만 원권, 5천 원권, 1천 원권이 발행되고 있으며 주화는 5백 원, 백 원, 5십 원, 십 원 등이 발행되고 있다. 또한 현재 우리나라의 화폐발행은 지폐가 대부분을 차지하고 있으며 그 중에서도 5만 원권 비중이 높다. 지급결제 시스템이 발달함에 따라 현금의 사용량은 점차 줄어드는 추세에 있으나 초고령화 사회가 급격히 진행되고 있는 우리 사회에서 여전히 중요한 지급수단으로서 자리 잡고 있다.

▶ 한국은행의 현금 없는 사회사업

한국은행은 현금 없는 사회의 일환으로 2017년 동전 없는 사회사업을 시행하였다. 현금 없는 사회란 동전과 지폐를 사용하지 않고 신용카드, 모바일 지갑 등 비현금 지급수단을 약 90% 이상 사용하는 사회를 뜻한다. 정보통신기술의 발달함에 따라 현금 사용이 크게 감소한 데 따른 조치로 국제적인 추세와도 무관치 않다. 실제로 덴마크, 스웨덴, 네덜란드 등은 이미 현금 사용량이 크게 감소하였으며 이로 인해 현금 없는 사회를 진행 중에 있다. 우리나라를 포함 여러 나라들이 현금 없는 사회사업을 진행하는 이유는 현금이 없다면 누릴 수 있는 화폐, 주조 비용 절감, 보안강화, 탈세·뇌물 등 범죄 예방, 편리함과 안정성 증대 등 장점이 명확하기 때문이다. 반면 국민들의 현금 접근성 약화, 취약계층의 금융소외 및 소비활동 제약, 시스템 마비 및 해킹 시 대체 지급수단 부재, 사회생활 침해 논란, 지급결제 업무에 대한 독과점 등 단점도 명확하기 때문에 아직 현금 없는 사회를 완벽하게 시현하고 있는 나라는 없다. 우리나라 역시 일부 현금 없는 사회사업을 시행하고 있으나 현금 사용에 대한 장, 단점이 명확하고 사회적으로 급격한 고령화 사회가 진행되고 있어 완전한 현금 없는 사회가 되기는 당분간 어려울 것으로 보인다.

(2) 어음, 수표

어음, 수표는 발행자가 정해진 날짜에 일정한 금액을 지급하기로 약속하거나 그 지급을 위탁하는 증서로 과거에 대표적인 기업의 자금결제 수단이었다. 하지만 어음은 발행업체 부도 시 발행업체에 납품하는 중소업체들까지 연쇄적인 부도로 이어질 수 있다는 단점이 있다. 실제로 외환위기 당시 완제품 업체인 대기업들의 부도가 발생하며 중소 납품업체들의 연쇄 부도가 일어나기도 하였다. 이런 부작용으로 인해 2000년에 기업구매자금대출제도가 실행되었으며 2001년에는 전자방식 외상매출채권 담보대출제도가 시행되었다. 해당 제도들은 어음의 신용기능을 대체하는 전자방식 결제수단으로서 원청업체 부도 발생 시 리스크 전이를 차단하는 효과가 있다. 현재는 정보통신기술의 발달 및 고액권 사용 등으로 인해 어음과 수표의 이용규모는 점차 감소하는 추세에 있다.

그림 2-3 어음결제 시스템

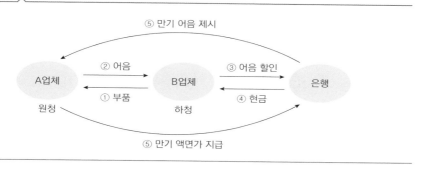

- 원청업체인 A업체와 A업체에 부품을 납입하는 B하청업체, 그리고 은행이 있다. B하청업체는 부품을 생산하여 A업체에 납품하고 자금결제를 3개월짜리 어음으로 받는다. 어음을 받은 B하청업체는 추가적인 생산을 위해 현금이 필요하므로 은행에 어음할인*을 한다. 이를 통해 B하청업체는 어음 액면가를 은행이 제시한 금리로 할인하여 현금을 지급받게 되며, 은행은 3개월 후 액면 금액을 A업체로부터 지급받게 된다. 이런 구조는 A업체의 부도 발생 시 하청업체인 B뿐만 아니라 어음할인을 진행한 은행까지도 위험이 전가될 수 있다.
  * 어음할인은 어음 만기 때 발생할 액면 가치를 현재 가치화(현금화) 하는 것을 말한다.

그림 2-4 : 수표결제 시스템

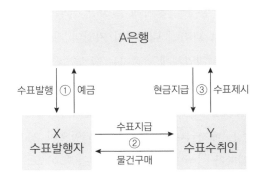

- 수표발행자 X가 A은행에 수표발행을 의뢰하는 경우 A은행은 수표를 발행해 주고 이를 별단예금 계정에 예치한다. X는 Y의 자금결제를 수표로 제시할 수 있으며 수표를 받은 Y는 A은행에 이를 제시하고 현금을 지급받을 수 있다. 수표가 지급을 위탁하는 의미로 사용되는 이유는 이런 일련의 과정을 의미하는 것이다.

  * 출처: 한국인의 금융기초(최남진, 박영사, 2022)

(3) 계좌이체

계좌이체는 지급인과 수취인 간에 지급수단을 직접 교환하지 않고 계좌 간 자금이체로 지급이 이뤄지는 것을 말한다. 계좌이체가 지급되는 채널(channel)로는 은행창구, CD/ATM, 인터넷 뱅킹, 모바일 뱅킹 등이 있다.

ATM/CD 기기	모바일 뱅킹

(4) 지급카드

자금결제의 수단으로서 지급카드는 신용카드, 선불형 카드, 직불형 카드 등이 있으며 각각의 구조는 다음과 같다. 우선 신용카드의 당사자는 가맹점, 신용카드사, 신용카드 발급인 등으로 구분된다. 여기서 신용카드사는 가맹점 확보 등과 같은 일정 조건을 갖춰야 하며 이를 바탕으로 신용카드를 발급할 수 있다. 이때 신용카드의 발급 기준은 발급 신청자의 신용상태나 미래소득이 근거가 된다.[5] 신용카드 발급인은 신용카드를 통해 재화, 서비스를 신용구매[6] 할 수 있으며 현금서비스와 카드론 등의 대출서비스를 받을 수 있다. 다음으로 선불형 카드는 이용고객이 일정 금액이 충전되어 있는 카드를 발급자로부터 구입하여 사용하는 지급수단이다. 선불형 카드는 재화와 서비스 구매 시마다 충전 금액이 차감되며 모두 소진 시 재충전하여 사용하기도 한다. 선불형 카드의 대표적인 형태는 버스카드, 스타벅스 카드 등이 있다. 마지막으로 직불형 카드는 재화와 서비스 구매와 동시에 직불형 카드와 연계된 예금계좌에서 판매자의 예금계좌로 자금이 자동이체 되는 지급수단이다. 직불형 카드는 카드 소지자의 계좌 내 금액에서만 결제가 가능하다는 점이 신용카드와 다르다.

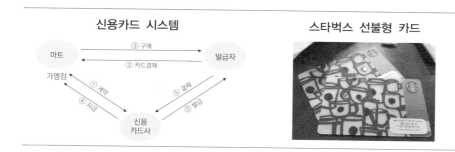

5 지난 2000년 초 신용카드사들은 이익률 증대를 목적으로 상환 능력과 구매 자제력이 부족한 대학생들을 상대로 대거 신용카드를 발행하였다. 이는 "신용카드 사태"를 불러일으켰으며 이로 인해 제도가 정비되어 현재는 일정한 신용상태와 상환 능력을 기준으로 신용카드를 발급하고 있다.
6 신용구매라 함은 단기대출을 의미하는 것으로 신용카드 발급자는 현금 없이도 신용카드사가 정한 한도 내에서 지급수단으로 재화와 서비스를 구매할 수 있다. 이후 신용카드사가 매월 정한 날짜에 이를 한 번에 납입하게 되는데 이 구조는 신용카드사와 발급자와의 단기대출 구조와 같다.

(5) 모바일 지급결제

최근에는 정보통신기술의 발달과 스마트폰의 대중화를 통해 모바일 중심의 지급결제가 크게 확대되고 있다. 실제 시장에서는 핀테크 기업의 출현으로 기존 은행들이 모바일 중심의 뱅킹 서비스 확대에 집중하는 가운데 2017년에 인터넷전문은행이 출범하며 모바일 중심의 지급결제 경쟁이 심화되고 있다. 이와 같은 환경은 모바일 지급결제 이용자 수를 급격히 증가 시켰으며 이와 더불어 온라인 쇼핑이 보편화되고 소액 송금이 확산됨에 따라 핀테크 및 빅테크 기업들이 제공하는 간편결제 및 간편송금 서비스의 이용 역시 크게 증가하고 있다.

그림 2-5 | 결제 형태별 비중 추이 및 간편결제 서비스 일평균 이용금액 추이

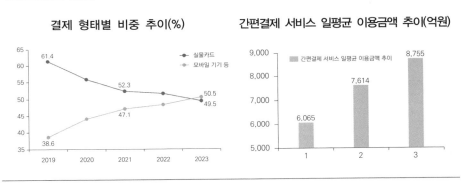

* 출처: 한국은행

■ 표 2-1 인터넷뱅킹 서비스 및 이용자 현황

		2014	2016	2018	2020	2022	2023
등록고객	개인	968.2	1,147.5	1,373.8	1,635.7	1,942.5	2,104.6
	기업	63.3	77.8	91.7	108.1	127.8	135.4
조회		219.3	289.2	395.8	766.0	761.3	823.2
자금이체	건수	23.1	28.5	37.3	53.6	71.8	82.5
	금액	1,344.6	1,538.3	1,727.9	2,141.7	2,743.7	2,948.0

대출신청	건수	599	906	4,544	7,504	12,942	14,699
	금액	1,344.6	1,538.3	1,727.9	2,141.7	2,743.7	2,948.0

* 단위: 등록고객(십만 명, 십만 개), 조회(억 건), 자금이체(억 건, 십조 원), 대출신청(천 건, 십조 원)

* 출처: 한국은행

3 지급결제 시스템

(1) 거액 결제시스템

국내 거액 결제시스템(large-value funds payments system)은 1994년 12월에 가동한 한은금융망(BOK-Wire)이다. 현재는 한은금융망의 결제 규모가 커지고 금융기관 일 중 결제처리업무가 급격히 증가함에 따라 실시간총액결제방식(RTGS, Real Time Gross Settlement)에서 혼합형결제시스템을 가미한 새로운 한은금융망(BOK-Wire+)을 도입하여 사용하고 있다. 한은금융망은 한국은행과 금융기관 간 전자시스템을 상호 연결하여 금융기관 간 거액의 자금이체를 실시간으로 처리할 뿐만 아니라 소액결제시스템에서의 금융기관 간 채권, 채무를 지정한 시점에 최종 결제하는 등 우리나라 지급결제 시스템에 중추적인 역할을 담당하고 있다. 이와 더불어 증권대금 동시결제 및 외환 동시결제와 연계하여 증권 및 외환 결제에 있어서 결제리스크를 줄이는데도 크게 기여하고 있다.

한은금융망의 지급결제는 거액과 소액의 처리 방법에 있어서 다음과 같이 각각 다르게 적용된다. 우선 금융기관이 일중에 신청하는 거액의 자금이체거래는 접수 즉시 처리하지만 금융결제원에서 다자 간 차액결제금액을 산출하여 의뢰하는 차액결제업무와 상환기일이 명시된 콜자금[7]의 상환, 금융기관이 수납한 국고자금 회수 등은 특정 시점을 선정하여 처리한다.

---

7 콜자금은 금융기관 간 지급준비금 과부족으로 발생한 자금을 서로 대출해주거나 대출하는 자금을 말한다.

■ 표 2-2 자금 종류별 한은금융망 결제금액(단위: 백조원)

		2015	2017	2019	2021	2022	2023
일반자금이체		315.9	315.6	314.5	484.6	502.2	500.8
	증권거래자금	89.9	104.4	98.9	127.9	116.1	117.9
	외환거래자금	39.5	40.4	28.7	28.2	32.5	38.5
	콜거래자금	0.24	0.05	0.02	0.02	0.03	0.01
증권대금동시결제		196.6	303.9	431.3	513.3	550.9	623.5
외환동시결제		6.2	6.7	7.2	7.8	9.0	8.6
오전차액*		42.0	41.1	44.7	64.5	67.8	66.3
국고금수급		12.7	15.3	19.3	23.6	25.7	22.6

* 오전차액(지로, CD공동망, 타행환공동망, 직불카드공동망, CMS공동망, 지방은행공동망, 전자화폐공동망, 전자금융공동망, B2C, B2B, 전자어음, 전자정보교환자기앞수표, 전자정보교환어음, 실시간자기앞수표정보교환, 어음교환(오전), 국가 간 ATM공동망)

* 출처: 한국은행

그림 2-6 ┆ 거액 결제시스템

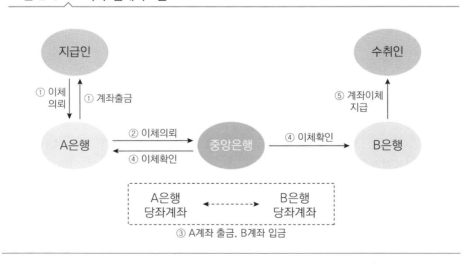

(2) 소액 결제시스템

소액 결제시스템(retail payments system)은 소액의 결제를 다수 처리하기 때문에 주로 차액결제방식(net settlement system)을 이용한다. 이는 금융기관의 대고객 거래 결제 방식으로 주로 개인이나 기업 간 거래가 이에 해당한다. 소액 결제시스템에는 어음교환시스템, 지로시스템, 금융공동망, 전자상거래 지급결제시스템 등이 있다.

1) 어음교환

어음교환은 다수의 은행이 일정한 시간에 어음교환소에 모여 타은행이 수납한 어음 중 자기 은행을 지급지로 하는 어음과 자기은행이 수납한 어음 중 타은행을 지급지로 하는 어음을 서로 교환하고 대금을 결제하는 방식이다(그림 2-7 참조). 여기서 어음은 약속어음, 환어음 외에 당좌수표, 가계수표 및 자기앞수표 등도 포함하는 포괄적 어음을 의미하며 어음교환소는 금융결제원 본부, 9개 지역본부 및 41개 지부에서 해당 역할을 해왔다. 하지만 어음에 대한 실물 교환 규모가 지속적으로 감소함에 따라 어음교환소는 2011년 1월까지 차례로 폐쇄되었으며 현재는 서울어음교환소에서만 어음교환 업무를 수행하고 있다. 이후 정보통신기술의 발달 및 「전자어음의 발행 및 유통에 관한 법률」(2000년 5월) 시행 등으로 수납장표 전자정보교환제도(truncation)에 대한 도입을 추진하여 2009년에는 전국에서 실물 이동 없이 전자정보의 이동만으로 어음·수표의 교환업무가 가능하게 되었다. 마지막으로 어음교환에 참가한 은행들 간 발생한 교환차액에 대해서는 한국은행에 개설된 한국은행의 당좌예금계좌를 통해 대차 결제되는 방식으로 처리된다.

그림 2-7 | 어음교환 시스템

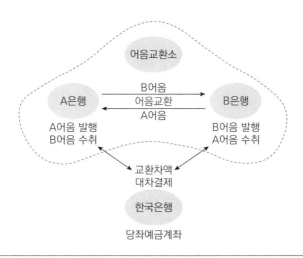

2) 지로시스템

지로시스템(GIRO system)은 지로를 통한 계좌이체가 지급결제중계센터에서 일괄처리 되는 지급결제 제도다. 지로는 통상 전기, 수도, 가스 요금 등 공과금 납입에 많이 사용되며 물품 판매대금 및 대량의 수납 등의 지급거래의 편리한 지급수단이 된다.

> ▸ 지로의 역사
>
> 지로의 어원은 회전이라는 의미의 희랍어 guros이며 원시적 형태의 지로는 기원전 4세기경 고대 이집트 및 바빌론에서 영주 또는 군주의 창고에 곡물을 보관한 농민이 자신의 곡물 한도 내에서 곡물반출청구서를 발행하여 채무변제의 수단으로 사용한 데서 유래되었다.

그림 2-8 ┆ 지로

① 지로를 이용하기 위해서는 금융결제원으로부터 거래승인을 받아야 한다.

② 거래승인 시 7자리의 지로번호를 부여받게 되며 이를 통해 자금이체를 일괄처리 한다.

* 지로업체의 기관명, 대표자, 거래은행, 계좌번호, 예금주명, 주소 등을 대신하는 7자리 숫자가 이용업체별 고유번호다.

3) 금융공동망

금융공동망은 금융결제원과 금융기관의 전자시스템을 연결하여 고객에게 각종 금융거래서비스와 거래정보를 제공하는 지급결제시스템이다. 현재 운영 중인 금융공동망은 현금자동인출기(CD)공동망, 타행환공동망, 전자금융공동망이 있다. 독자들이 계좌를 개설한 은행이 아닌 타은행에서 현금을 인출하거나 이체할 수 있는 것도 금융공동망을 활용한 것이며 편의점에 설치된 ATM기에서 현금을 인출할 수 있는 것 또한 금융공동망 때문이다.

4) 전자상거래 지급결제 시스템

전자상거래 지급결제 시스템은 인터넷상의 전자상거래에서 이용되는 지급결제시스템이다. 이는 거래 상대방에 따라 기업 간 거래인 경우 B2B(Business to Business), 기업 – 소비자 간 거래인 경우 B2C(Business to Consumer)라 한다. 최근 국내 소셜커머스 확대 및 중국, 일본, 미국 온라인 쇼핑몰의 국제화 등으로 전자상거래 지급결제는 점차 확대되고 있는 추세다.

■ 표 2-3 주요 소액결제시스템 결제대상 및 도입연도

구분		결제대상	도입연도
어음교환시스템		어음·수표 및 제증서	1910
지로시스템		판매대금, 보험료, 전화료, 공과금 등 수납, 급여이체	1977
금융공동망	CD공동망	예금인출, 계좌이체, 신용카드 현금서비스	1988
	타행환공동망	금융기관 영업점 창구를 통한 송금	1989
	직불카드공동망	직불카드 사용대금 이체	1996
	CMS공동망	대량자금 입·출금 이체	1996
	전자화폐공동망	전자화폐 사용대금 이체	2000
	전자금융공동망	홈뱅킹(인터넷, 모바일 및 스마트폰 뱅킹), 펌뱅킹 이체	2001
	지방은행공동망	지방은행 영업점 창구를 통한 송금	1997
전자상거래	B2C지급결제 시스템	기업·개인 간 소액 전자상거래 사용대금 이체	2000
	B2B지급결제 시스템	기업 간 전자외상매출채권을 이용한 지급결제	2002

* 출처: 한국은행

(3) 증권결제시스템

증권결제는 증권시장에서 주식 또는 채권 등을 거래함에 있어 발생하는 매도자와 매수자 간 채권, 채무 관계를 증권인도(delivery)와 대금지급(payment)을 통해 종결시키는 행위다. 이 과정에서 매매체결 내역 확인, 오류자료 수정 및 차감을 거쳐 결제 자료를 산출하는 청산(clearing)과 청산과정을 통하여 산출된 결제 자료에 따라 최종적으로 증권과 대금을 교환하여 증권거래에 따른 채권, 채무 관계를 해소하는 결제(settlement)도 포함한다.

이와 같은 증권결제를 가능하게 하는 증권거래의 매매확인, 청산, 결제 및 증권보관을 포함하는 일련의 시스템을 증권결제시스템이라고 한다. 증권결제의 특성상 증권의 인도와 대금결제가 같이 이뤄져야 하기 때문에 어느 한쪽이 계약을 이행하지 않을 경우 결제불이행 리스크가 발생하게 된다. 따라서 이와 같은 리스크를 축소하기 위하여 증권의 인도와 대금결제가 동시에 일어나는 증권대금동시결제(DvP, Delivery versus Payment) 방식을 채택하고 있다. 증권대금동시결제는 다음과 같이 3가지 유형으로 세분화할 수 있다.

① DvP1 방식: 증권과 대금결제를 거래 건별로 총액기준 동시 처리하는 방식
② DvP2 방식: 증권은 결제일 중에 거래 건별로 총량 거래되는 반면 대금은 증권인도 종료 시점에서 참가 기관별로 차감하여 결제하는 방식
③ DvP3 방식: 증권과 대금 모두 다자간 차감한 이후 잔액으로 동시 결제하는 방식

우리나라 증권결제시스템은 청산기관, 중앙예탁기관 및 결제은행 등으로 구성되어 있다. 청산기관은 매매확인과 거래당사자간 증권과 대금의 결제내역을 산정하는 업무를 담당하는 기관이다. 현재 우리나라는 장내시장의 경우 한국거래소가 이를 담당하고 있으며 장외시장은 한국예탁결제원이 업무를 수행하고 있다.[8] 또한 일부 청산기관은 중앙거래당사자(CCP, Central Counterparty) 기능을 수행하고 있다. 이는 증권거래가 체결된 경우 담당기관이 증권 매도자에 대해서는 매수자 역할을, 증권 매수자에 대해서는 매도자 역할을 수행하는 것을 말한다. 중앙거래당사자는 이를

---

8 우리나라와 달리 미국은 청산 업무만 담당하는 청산소가 별도의 기관으로 운영되고 있다.

통해 결제유동성을 절약하는 한편 결제이행보증 서비스를 제공하여 참가 기관의 리스크관리 부담을 경감시키는 역할을 한다. 현재 우리나라 중앙거래당사의 기능은 장내거래의 경우 한국거래소가, 장외거래인 경우 한국예탁결제원이 수행하고 있으며 원화 이자율스왑(IRS, interest rate swap)에 대해서는 한국거래소가 해당 기능을 수행하고 있다.

다음으로 중앙예탁기관(CSD, Central Securities Depository)은 고객으로부터 증권을 집중예탁 받아 증권의 양도나 질권설정 등의 권리이전을 실물증권의 인도가 아닌 예탁자계좌부상의 기재에 의해 처리하는 기관을 말한다. 예를 들어 독자가 장내시장에서 삼성전자 주식을 매수하였다고 가정해 보자. 이 경우 주식에 경험이 없는 사람이라면 실제 삼성전자 주식을 어디서 받아야 하나 고민하는 사람도 있을 것이다. 하지만 주식 거래를 한 번이라도 해본 사람이라면 실물을 교부 받지 않아도 권리행사를 할 수 있다는 것을 알 것이다. 이는 장내시장에서 삼성전자를 매수하게 되면 중앙예탁기관에 예탁되어 있는 삼성전자 주식 명부에 독자 명의로 기재됨으로써 권리를 행사할 수 있기 때문이다. 또한 삼성전자에서 분기배당을 할 경우, 독자가 직접 삼성전자나 담당 증권사를 찾아가 권리행사를 하지 않더라도 중앙예탁기관에서 이에 대한 권리를 행사하여 배당금을 독자 계좌에 입금시켜주게 되는 것이다. 현재 우리나라의 중앙예탁기관은 한국예탁결제원이 담당하고 있다.

이어서 결제은행은 증권거래에 따른 대금을 결제해주는 금융기관이다. 우리나라의 장내시장 및 장외 증권거래의 대금결제는 한은금융망을 이용하고 있지만 장내·외 파생상품 대금결제는 상업은행(신한, 우리, 국민, 농협 등)의 예금계좌를 이용하고 있다(표 2-4 참조).

증권결제시스템은 한국거래소와 한국예탁결제원이 운영하는 유가증권시장 결제시스템, 코스닥 및 코넥스시장 결제시스템 그리고 한국예탁결제원이 운영하는 채권기관투자자 결제시스템 및 주식기관투자자 결제시스템 등이 있다.

■ 표 2-4 증권결제시스템 구조

운영	결제시스템		절차
한국거래소, 한국예탁 결제원	유가증권시장, 코스닥시장, 코넥스시장		• 증권 거래 시 청산을 통해 증권회사별로 결제일에 수수할 증권과 대금을 확정하면 증권은 한국예탁결제원의 예탁계좌에서 계좌대체방식으로, 결제대금은 지정은행에 개설된 한국예탁결제원 계좌를 통해 자금이체 방식으로 동시결제
한국예탁 결제원	기관 투자	채권 기관투자	• 증권 거래 시 건별로 한국예탁결제원이 청산하며 증권수수는 한국예탁결제원 계좌에서 대체, 결제대금은 한국은행에 개설된 한국예탁결제원 계좌를 통해 증권과 동시결제
		주식 기관투자	• 증권 거래 시 거래상대방별로 한국예탁결제원이 청산하며 증권수수는 한국예탁결제원 계좌에서 대체, 결제대금은 한국은행에 개설된 한국예탁결제원 계좌를 통해 증권과 동시결제

■ 표 2-5 증권시스템 개요

증권결제시스템	대상증권	거래채결	결제			
			청산	증권결제	동시결제	자금결제
유가증권시장 결제시스템	국채 등	한국거래소	한국예탁결제원		차감 후 DvP1*	한국은행
	주식, RP				DvP3	신한, 우리
	일반채권					
코스닥시장 결제시스템	주식					한국은행
코넥스시장 결제시스템	주식					
파생상품시장 결제시스템	선물, 옵션			–	–	신한, 우리, 국민, 농협, 외환, 부산
장외파생상품 결제시스템	IRS**			–	–	신한, 우리, 외환, 부산

채권기관투자자 결제시스템	국채 등 채권, CD, CP 등	거래 당사자	한국예탁결제원	DvP1	한국은행
주식기관투자자 결제시스템	주식	한국 거래소		DvP2	
기관 간 RP결제시스템	RP (채권, CP)	거래 당사자		DvP3	
전자단기사채 결제시스템	전자단기사채				

* 증권과 대금을 참가기관·종목별로 차감 후 차감된 건별로 동시결제를 실행하는 방식

** IRS(Interest rate swap): 금리스왑

그림 2-9 ┆ **증권결제시스템**

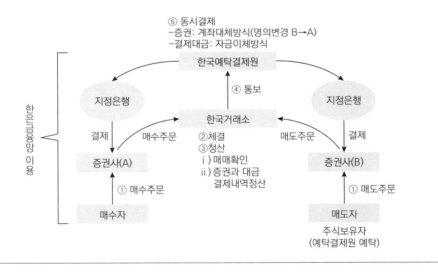

 파이낸셜 시스템의 이해

(4) 외환결제시스템

외환결제는 외환거래에서 발생하는 채권·채무 관계를 서로 다른 통화의 이전을 통해 해소하는 것을 말한다. 외환거래는 거래 당사자별로 은행 간 거래와 대고객 거래로 구분하며 거래소 유무에 따라 장내거래와 장외거래로 구분한다. 우리나라 장내·외 거래는 은행 간 거래를 기본으로 하며 장내거래와 장외거래는 다음과 같이 구분한다.

① 장내거래: 조직화된 거래소에서 외환 거래가 이뤄지는 것을 장내거래라 하며 우리나라에서는 서울외국환중개, 한국자금중개를 통해 장내거래가 이뤄진다. 장내거래는 중개회사가 실시간으로 제공하는 시황정보를 파악하여 직통전화로 거래가 주문·체결되는 전화주문 방식이나 중개회사의 전자중개시스템(EBS, Electronic Brokering System)을 통해 거래가 채결되는 전자주문방식에 의해 이루어진다.

② 장외거래: 장외거래는 거래 당사자 간 직접 금액, 가격 등 거래조건을 설정 하여 외환거래를 하는 방식이다. 장외거래는 주로 이터단말기의 딜링 머신 등을 통해 딜러 간 거래조건을 결정하는 점두거래(店頭去來)* 형태로 이뤄진다.

　* OTC(Over The Counter market)

외환거래 단말기	외환거래 직통전화

외환결제는 크게 전통적인 환거래은행을 통한 결제와 외환동시결제방식인 CLS (Continuous Linked Settlement)은행 방식이 있다. 우선 환거래은행의 외환결제 방식은 SWIFT(Society for Worldwide Interbank Financial Telecommunication)망[9]을 통해 자신의 환거래 은행에 매도통화의 지급을 지시하면 환거래은행이 해당 통화의 지급 결제시스템을 통하여 거래 상대방의 환거래은행에 자금을 이체함으로써 외환이 결제되는 시스템이다. 이는 은행 간 외환거래에 있어 가장 일반적인 방식이기는 하나 매도통화와 매입통화의 결제 시점이 서로 달라 외환결제리스크에 노출된다는 단점이 있다. 다음으로 CLS은행 방식은 전세계 상업은행들 간 외환동시결제방식(PvP, Payment versus Payment)을 통한 외환결제방식이다. 외환동시결제방식은 환거래은행의 외환결제리스크를 감축할 수 있는 방안에 대해서 각국의 중앙은행들과 국제결제은행(BIS)이 연구한 끝에 복수통화 결제서비스를 제공하는 민간결제기구 설립을 통해 구현하게 되었다. 이에 CLS은행을 설립하게 되었고 2002년 9월부터 CLS시스템을 가동하게 되었다. 우리나라는 2004년 원화가 CLS 결제적격통화로 지정된 이후 한은금융망과 CLS은행을 연결하는 CLS연계시스템을 가동하고 금융결제원에 CLS공동망을 구축하여 2004년 12월부터 CLS은행을 통한 원화·외화 간 및 외화 간 거래에 대해 동시결제를 할 수 있게 되었다.

---

9 세계 은행 간 금융데이터 통신협회(society for worldwide interbank financial telecommunication) 의 약칭이다. 국제 간 송금과 추심·신용장 및 자본거래와 같은 외국환거래를 위해 국제적인 데이터통신망을 구축하기 위한 국제협회로, 은행 간 국제통신협정이라고도 한다(두산백과).

그림 2-10 ┊ 우리나라 지급결제시스템 구조

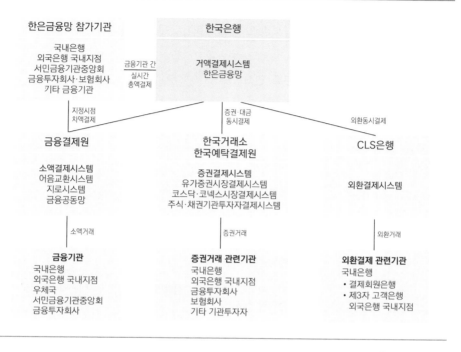

* 출처: 한국은행

4 금융시장 인프라 운영기관[10]

(1) 금융결제원

1980년대 중반 각 은행별로 운영되던 전산망의 금융시스템 효율성 향상을 위해 네트워크를 연결하고자 금융결제원 설립이 추진되었다. 초기에는 어음교환과 지로 업무를 각각 전담하여 수행하던 전국어음교환관리소와 은행지로관리소를 통합하여

---

10 한국은행과 한국거래소도 금융시장 인프라 운영기관에 포함되나 해당 기관은 별도로 다루기 때문에 본 장에서는 제외한다.

1986년 6월 「민법」상 비영리 사단법인으로 설립 운영하였다. 이후 아래 표에서 보는 바와 같이 CD공동망 가동, 지방은행공동망 가동, 전자금융공동망 가동, CLS 공동망 가동, 스마트폰 모바일서비스 등을 차례로 구축하였다.

■ 표 2-6 금융결제원 서비스 구축 연혁

연도		내용
1980년대	1986	설립
	1988	CD공동망 가동
	1989	ARS공동망 및 타행환공동망 가동
1990년대	1996	신용카드 및 직불카드 관련 부가통신사업 실시, 자금관리 서비스 (CMS)공동망 가동
	1997	지방은행공동망 가동
2000년대	2000	인터넷지로서비스 실시, 전자화폐공동망 가동, 주택청약업무 및 공인인증업무 실시
	2001	전자금융공동망 가동
	2002	금융ISAC업무 실시
	2004	CLS공동망 가동
	2005	전자어음업무 및 퇴직연금기록관리업무 실시
	2009	어음발행정보 등록 · 조회서비스 실시
2010년대 이후	2010	스마트폰 모바일뱅킹서비스 실시
	2014	뱅크월렛카카오서비스 실시
	2016	계좌통합관리서비스(account info) 실시
	2017	국고보조금 지급중계업무 서비스 실시
	2018	모바일 웹브라우저 지원 바이오인증서비스 실시
	2019	오픈뱅킹 실시, 제2금융권 계좌이동서비스 실시
	2020	휴면예금 조회 · 지급서비스 실시

2021	금융권 공동 데이터 플랫폼 서비스 실시
2022	은행권 공동창구업무 서비스 실시
2023	개인신용 대출이동업무 실시

* 출처: 한국은행, 한국금융결제원

1) 조직 및 참여기관

한국금융결제원은 5본부 21개 부서(실)로 구성되어 있으며 사원들의 장(표 2–7의 참여기관 내 사원의 장들을 의미)으로 구성된 총회(최고의사결정기구), 금융결제원장, 전무이사 및 비상임이사 8인으로 구성된 이사회 등이 있다.

한국금융결제원의 참여기관은 크게 사원, 준사원, 특별참여기관으로 구분되며 한국은행과 「은행법」상 은행은 사원, 준사원, 특별참여기관이 될 수 있다. 또한 은행이 아닌 기관으로서 금융업 또는 금융관련 업을 영위하는 기관은 최고의사결정기구인 총회의 승인을 얻어 특별참가기관이 될 수 있다. 2023년 말 현재 사원 10개, 준사원 13개, 그리고 특별참여기관 122개 기관이 참여하고 있다.

■ 표 2–7 **금융결제원 참여기관**(2023년 말 기준)

구분	기관	특징
사원(10)	한국은행, 한국산업, NH농협, 신한, 우리, SC, 하나, 기업, 국민, 한국씨티	대형 시중은행 등
준사원(13)	한국수출입, 수협, 대구, 부산, 광주, 제주, 전북, 경남, 케이뱅크, 카카오뱅크, 토스뱅크, 신용·기술보증기금	특수은행, 지방은행, 인터넷전문은행 등
특별참여기관 (122)	우정사업본부, 수산업협동조합, 농협중앙회, 새마을금고중앙회, 신용협동조합중앙회, 한국주택금융공사, 한국증권금융, 외국계은행 국내지점, 금융투자회사 및 보험사, 카드사, 저축은행 등	서민금융회사(7) 외국계은행(13) 공공기관(3) 금융투자회사(34) 보험사(34) 기타(30)

* 출처: 금융결제원

2) 주요 업무

금융결제원은 금융공동망, 어음교환시스템, 납부시스템, 지급시스템, 금융정보, 인증 등 우리나라 대부분의 소액결제시스템을 운영한다. 이와 더불어 참여기관들과 신규 지급결제시스템을 개발하는 업무를 수행하기도 한다.

우선 금융공동망(inter-banking network)은 금융결제원과 금융회사의 전산시스템을 상호 연결하여 자금결제 및 정보교환 서비스를 제공하는 사업이다. 즉, 금융소비자가 거래하는 금융기관이 금융공동망 네트워크를 이용하고 있다면 해당 거래은행에 가지 않고도 현금인출, 계좌이체, 송금 및 금융거래정보 조회, 국가 간 ATM망 연계서비스 등 각종 지급결제서비스를 이용할 수 있다. 금융공동망에는 CD공동망, 타행환공동망, 전자금융공동망, 오픈뱅킹공동망 등이 있다. 오픈뱅킹공동망은 하나의 앱에서 통합뱅킹 서비스를 제공하는 등 다양한 금융 서비스를 구현하는 개방형 금융결제 플랫폼이다.

다음으로 어음교환(checks clearing)은 금융회사들이 당일 수납한 어음(수표 및 제증서 포함) 중 지급지가 타 금융회사인 어음을 서울어음교환소에서 전자방식으로 교환하고 자금을 결제하는 사업이다. 과거에는 전국에 약 50개의 어음교환소에서 실물교환을 하였으나 현재는 서울교환소 1개만 운영되며 전자방식으로 교환이 이뤄지고 있다. 어음교환에는 전자어음 등록관리, 전자 채권 등록관리, 전자방식 외상매출채권등록관리, 지류 온누리상품권 정보교환 등이 있다.

> ▶ 지류 온누리상품권 정보교환
> 지류 온누리상품권은 「전통시장법」에 의거 전통시장 등 지류 가맹점에서 현금처럼 사용 가능하도록 중소벤처기업부 장관이 소상공인시장진흥공단에 위탁하여 발행하고 참가기관이 판매하는 유가증권으로, 금융결제원은 참가은행의 온누리상품권 판매 및 수납내역 등의 정보를 등록·관리하고 있다.

이어서 납부(billing service)는 지급인과 수취인이 일상거래에서 발생하는 각종 대급결제를 현금이나 수표 대신에 금융회사의 계좌를 이용하여 결제할 수 있도록 하는 사업이다. 납부에는 지로와 CMS공동망이 있으며 지로시스템은 장표지로, 전자지로, 인터넷지로 등이 있다. 지로시스템은 금융결제원이 수취인 또는 지급인의 계좌로 지로 자금이 입·출금될 수 있도록 지급결제중계센터로서 금융기관과 지로 이용기관 및 고객 간 처리센터 역할을 수행한다.

> ▶ CMS공동망서비스
>
> CMS(Cash Management Service)공동망은 많은 금융회사와 거래하는 기업 등이 각종 자금의 수납·지급 업무를 신속하고 효율적으로 수행할 수 있는 네트워크이다. CMS공동망서비스에는 다수의 고객 계좌에서 기업 등의 수납 계좌로 이체해 주는 출금이체, 기업 등의 지급 계좌에서 다수의 고객 계좌로 이체해 주는 입금이체, 실시간 계좌실명조회·등록 서비스 등이 있다.

지급(smart payment)은 고객이 가맹점에 실시간 계좌이체 혹은 현금·신용카드 등의 수단으로 물품 및 서비스 구매대금을 지급할 수 있도록 가맹점과 금융회사를 연계하는 사업이다. 지급에는 전자상거래 지급결제중계, 현금카드공동망, 기타 부가서비스 등이 있다.

금융정보(financial information)는 금융회사가 정부, 고객 등과 공동으로 사업을 추진하거나, 금융회사 간 정보 공유가 필요한 사업을 대상으로 금융공동망 등을 활용하여 수행하는 사업이다. 금융정보에는 자동이체정보 통합관리, 계좌통합관리, 마이데이터 중계, 온라인투자연계금융업(P2P) 중앙기록관리, 대출이동공동, 금융표준화 업무 등이 있다.

> ▶ 온라인투자연계금융업(P2P) 중앙기록관리 서비스
>
> 온라인투자연계금융은 온라인플랫폼을 활용해 투자자와 차입자를 직접 연결하는 금융서비스이다. 금융결제원은 온라인투자연계금융업 및 이용자 보호에 관한 법에 따른 온라인투자연계금융업 중앙기록관리기관으로서, 온라인투자연계금융업자로부터 대출정보, 투자정보 및 차입자와 투자자에 관한 정보를 제공받아 기록·관리하고 있다.

인증(authentication)은 디지털 금융거래가 간편하고 안전하게 이루어질 수 있도록 금융, 전자상거래 및 공공 등 다양한 분야에서 활용 가능한 인증 서비스를 제공하는 사업이다. 인증에는 전자인증, 모바일 신분증 검증, OTP(One-Time Password), 디지털 OTP, 바이오 정보 분산관리 등이 있다.

> ▶ **전자인증 서비스**
> 전자인증서비스는 전자거래에서 거래당사자의 확인, 거래 사실의 부인방지 및 전자문서의 위 · 변조 방지 등을 제공하는 서비스다. 금융결제원은 개인, 법인 · 단체 등을 대상으로 금융 · 공동인증서를 발급하고 있으며, 인증서를 활용한 본인확인 및 전자서명 기반의 부가 서비스들을 제공하고 있다. 현재 금융 · 공동인증서는 인터넷 · 모바일뱅킹, 전자계약, 전자정부 등 다양한 비대면 채널에서 사용되고 있으며, 금융회사의 전자문서시스템 등으로 이용 영역이 확대되고 있다. 2020년 12월 금융결제원은 방송통신위원회로부터 본인확인기관으로 지정받았으며, 개정된 전자 서명법에 따라 매년 정부로부터 전자서명인증사업자 운영기준 준수 사실을 평가 · 인정받고 있다.

표 2-8 : **지급결제 통계**

단위(천건, 십억원)

구분	2019		2020		2021		2022		2023	
	건수	금액	건수	금액	건수	금액	건수	금액	건수	금액
어음교환	181,682	3,623,652	287,750	4,393,409	269,624	6,144,748	189,599	4,369,696	203,178	4,534,847
지로	1,217,254	737,377	1,201,884	750,194	1,176,912	837,171	1,167,754	929,345	1,150,181	913,014
금융공동망	12,024,706	31,970,045	15,951,554	36,051,291	21,803,690	40,433,335	28,488,175	45,216,455	32,050,703	47,520,981
부가목적 및 지원사업	3,095,304	158,688	2,986,463	158,518	2,901,008	164,585	2,926,029	180,577	2,942,311	186,120
총계	16,518,946	36,489,762	20,427,651	41,353,412	26,151,234	47,579,839	32,771,557	50,696,073	36,346,373	53,154,962

* 출처: 금융결제원

(2) 한국예탁결제원

한국예탁결제원은 우리나라 유가증권 예탁결제기관이다. 1970년대 초 증권시장 규모가 확대되고 거래량이 급증하자 실물 유통에 따른 분실 및 도난이 발생하는 등 증권시장 확대에 따른 문제점들이 표면화되기 시작하였다. 따라서 이런 문제점을 해결하고 나아가 매매거래 결제업무 간소화 및 효율화 등을 도모하기 위해 1973년 「증권거래법」을 개정하여 집중예탁 및 대체결제 업무 영위에 관한 사항을 신설하고 증권거래소가 동 업무를 영위할 수 있도록 하면서 증권예탁결제제도가 도입되었다. 이를 계기로 1974년 한국증권대체결제(주)가 설립되었으며 1975년 증권거래소가 동 업무를 위임함에 따라 본격적인 증권예탁결제업무를 시작하였다. 이후 1994년에는 「증권거래법」에 의한 중앙예탁기구(CSD, Central Securities Depository)가 됨에 따라 증권예탁원으로 개원하였고, 2005년 증권예탁결제원을 거쳐 2009년 현재의 한국예탁결제원으로 명칭이 변경되었다.

■ 표 2-9 한국예탁결제원 서비스 연혁

연도		내용
1970년대	1974	한국증권대체결제(주) 설립
	1975	유가증권 보호예수업무, 주식명의개서대행업무, 유가증권 매매결제업무 개시
	1977	유가증권발행업무 인가
1980년대	1983	유가증권 집중예탁 본격 실시
1990년대	1990	해외증권관련주식 예탁업무, 기관결제업무 개시
	1991	주권일괄예탁제도 및 의결권 대리행사제도 도입
	1994	증권예탁원으로 변경, 외화증권 예탁·결제업무 개시
	1995	증권대차업무 개시
2000년대	2000	제3시장 결제업무 개시
	2005	증권예탁결제원으로 사명 변경

	2008	통합 SAFE시스템 오픈
	2009	한국예탁결제원으로 사명 변경
2010년대	2012	사채관리업무 개시
	2015	퇴직연금플랫폼(Pension Clear) 구축
	2016	전자증권등록업 허가
	2017	증권대차 담보거래 서비스 개시
	2018	외화증권 대여서비스 개시
2020년대	2021	해외주식 소수단위 거래 서비스 개시
	2022	국내주식 소수단위 거래 서비스 개시

* 출처: 한국예탁결제원

1) 조직

한국예탁결제원은 7본부(경영지원본부, 전자등록본부, 증권결제본부, 글로벌본부 등) 1단(Next KSD 추진단), 26부로 구성되어 있다. 의사결정기구는 사장, 감사, 전무이사 각 1명과 비상임이사 4인으로 구성된 이사회가 있다.

2) 주요 업무

한국예탁결제원은 중앙예탁기구로서 유가증권의 집중예탁, 청산·결제 등의 업무를 주로 수행한다. 이외에도 발행시장 지원 서비스(주식·채권 전자등록, 단기사채 등록, 파생결합증권, 국내주식 소수단위 등), 유통시장 지원 서비스(보호예수, 주식·채권 권리관리, 유동화증권 통합정보시스템 등), 글로벌 서비스(해외증권예탁결제, 해외DR 원주관리, KDR 발행, 해외주식소수단위 거래지원 서비스 등)의 업무를 수행하고 있다. 2022년 말 기준으로 한국예탁결제원의 관리자산 총액은 5,872조 원으로 일평균 25조 원 이상의 증권결제 금액을 처리하고 있다. 또한 외화증권 예탁 잔량은 767억 달러에 달한다.

① 증권예탁 및 결제업무

증권예탁이란 증권의 보관과 권리행사를 위임하는 행위로서, 일반투자자가 예탁자(증권회사 등 금융기관)에 증권을 맡기면 한국예탁결제원은 증권의 보관, 매매 거래에 따른 결제, 보관 중 발생하는 권리행사 등을 처리한다. 보관 및 관리 효율성 제고를 위해 예탁증권을 예탁자별로 구분하지 않고 종목별로 혼합보관하며 예탁자 계좌부에 예탁자의 명칭과 주소, 증권의 종류 및 수량, 수량의 증감원인 등을 기록하는 방식으로 권리관계를 명확히 한다.

그림 2-11 ┊ 증권예탁

- 투자자가 보유한 증권을 예탁자에 예탁하면 예탁자는 그 내역을 투자자계좌부에 기재한 후 이를 다시 한국예탁결제원에 예탁하는 구조로 증권이 보관·관리된다.
- 예탁된 증권은 계좌부에 기재되어 증권의 이동 없이 소유권 등 권리가 이전되며, 투자자를 대신하여 한국예탁결제원이 권리를 행사하고 이에 따른 배당금, 유·무상 주식 등을 일괄 수령·지급한다.

* 출처: 한국예탁결제원

증권 매매가 발생하면 한국예탁결제원은 한국거래소 및 매매기관으로부터 거래 내역을 전달받아 매수자의 대금 입금 여부를 확인한 후 대금결제와 동시에 계좌 간 대체기재를 통해 증권결제를 실시한다(그림 2-9 참조). 한국예탁결제원의 증권결제업무는 장내시장과 장외시장이 각각 다르게 적용되며 구체적으로 다음과 같이 구분된다. 우선 장내거래는 한국거래소가 개설한 시장에서 증권회사 등 거래소 회원 간에 매매 거래된 증권을 결제하는 서비스로 주식시장결제(유가증권, 코스닥, 코넥스), 채권시장결제(국채유통전문시장, 일반채권시장, Repo시장) 등이 있다. 다음으로 장외거래의 주식기관결제는 거래소시장에서 직접 참여할 수 없는 기관투자자들이 회원인 증권사를 통해 위탁매매 거래를 체결한 경우, 한국예탁결제원이 위탁매매에 대한 거래

내역을 통보받아 결제할 증권 및 대금을 확정하고 증권은 건별로, 대금은 차감하여 결제한다. 장외거래의 채권기관결제는 장외에서 증권회사와 기관투자자 간 체결된 채권 등(CD, CP 포함)이 매매 내역을 통보받아 결제할 증권 및 대금을 확정하고, 건별로 실시간 총량 결제한다.

■ 표 2-10 장내시장 결제

구분	장내주식결제	장내국채결제	장내일반채권결제	장내Repo결제
청산기관	한국거래소			
결제기관	한국예탁결제원			
참가자	증권회사	은행, 증권회사 등		
대금결제은행	한국은행	한국은행	신한은행 (신한, 우리)	한국은행
결제주기	T+2일	T+1일	T일	T일
결제개시	결제일 09:00	결제일 09:00	결제일 15:30	결제일 15:30
결제시한	결제일 16:00	결제일 09:00	결제일 16:30	결제일 16:30
결제대용증	폐지 (이연결제적용)	사용가능	사용가능	사용가능

* 출처: 한국예탁결제

■ 표 2-11 장외시장 결제

구분	주식기관결제	채권기관결체
청산기관	한국예탁결제원	
결제기관	한국예탁결제원	
참가자	증권회사, 일반기관, 보관기관 등	증권회사, 은행 등
대금결제은행	한국은행	한국은행
결제주기	T+2일	T+1일 ~ T+30일
결제개시	결제일 09:00	결제일 09:00

결제시한	증권(대체실행): 결제일 16:10 대금: 결제일 16:50	동시결제(BOK): 결제일 17:20 동시결제(시중은행): 결제일 18:30

* 출처: 한국예탁결제원

② 예탁증권 권리행사 업무 및 증권대행 업무

한국예탁결제원은 예탁한 증권(주식, 채권 등)의 제반권리 행사를 위한 모든 사무를 대신 처리한다. 따라서 증권이 예탁되어 있는 금융 투자자들은 권리행사를 위하여 한국예탁결제원으로부터 증권을 반환받을 이유가 없다. 우선 주식에 대한 권리행사는 소유주 증명서, 배당, 유ㆍ무상 증자, 의결권 행사, 전환주식ㆍCBㆍBW 전환, 주식매수청구권 등이 있다.

■ 표 2-12 주식 권리관리 세부 서비스

권리사유	세부 서비스 내용
소유자(실질주주)증명서	소수주주권 행사를 위해 주식의 전자등록 또는 예탁을 증명하는 문서 발행
배당	배당금 및 배당주식을 일괄 수령하여 계좌관리기관을 통해 주주에게 지급
유ㆍ무상증자	소유자에 대한 배정명세 작성 및 유상 청약 서비스 제공
의결권행사	외국인 소유자의 의결권 대리행사 지원
전환주식ㆍCBㆍBW 전환	전환주식 및 주식관련사채의 전환권 행사에 따른 신주 배정 및 발행
주식매수청구권	반대의사를 접수한 소유자의 주식매수청구권 행사 지원
실기주 및 실기주과실	소유자가 예탁주권을 실물로 출고 후 기준일까지 자신의 명의로 변경하지 않아 발생한 배당, 무상주식 등을 수령하여 관리
자본감소, 액면분할 및 액면병합, 합병ㆍ분할ㆍ주식교환ㆍ주식이전	기준일 시점의 소유자에 대한 권리배정 명세를 작성하여, 신주 입고 및 단주대금 지급

* 출처: 한국예탁결제원

그림 2-12 : 주식 권리행사 절차

* 출처: 한국예탁결제원

다음으로 채권에 대해서는 원리금 수령 및 지급, 주식관련사채에 대한 권리행사 업무 등을 수행한다. 채권의 기본적인 현금흐름은 이자와 원리금 지급에 있기 때문에 한국예탁결제원은 전자등록된 채권에 대하여 원리금 지급일이 도래하면 원리금 지급명세서(D-2일)를 확정하여 원리금 지급처에 청구(D-1일)하고, 지급처로부터 원리금을 일괄수령하여 계좌관리기관의 지분에 따라 배분(D일)하며 계좌관리기관은 이를 다시 투자자별로 지급한다. 예를 들어 독자가 증권사 위탁계좌를 이용하여 채권을 매수하였다면 독자는 해당 채권으로부터 이자와 원금, 즉 원리금을 지급받을 권한을 갖게 된다. 이 상황에서 만약 한국예탁결제원이 없다면 독자는 실물채권에 붙어 있는 이표(coupon)를 채권 발행회사로 직접 들고 가서 이자를 지급 받아야 한다. 하지만 한국예탁결제원이 증권의 집중예탁과 권리행사 업무를 수행해 주고 있기 때문에 독자는 복잡한 절차 없이 이자와 원금을 지급받을 수 있다. 즉, 이자 지급일이 도래하면 한국예탁결제원은 채권발급 회사로부터 이자를 일괄수령하여 지분에 따라 증권사에 배분해 주고 증권사는 이를 투자자별로 위탁계좌에 입금해주는 것이다.

주식관련사채(전환사채, 교환사채, 신주인수권부사채)에 대한 청구권을 행사하고자 하는 투자자는 발행회사가 정한 청구기간 내에 계좌관리기관을 통하여 권리행사를 청구하여야 한다.

그림 2-13 : CB, BW 권리행사 흐름도

* 출처: 한국예탁결제원

■ 표 2-13 주식관련사채 용어 정리

전환사채 (CB, convertible bond)	• 채권으로 발행된 유가증권이 일정한 조건이 충족되면 발행회사의 주식으로 전환할 수 있는 옵션이 첨부된 채권을 말한다. 채권자는 전환청구기간 내에 전환권을 행사함으로써 사전에 정해진 가격으로 신주를 인수할 수 있다.
교환사채 (EB, exchangeable bond)	• 채권의 발행자와 투자자가 합의한 일정한 조건을 충족할 경우, 채권 발행인이 보유하고 있는 상장유가증권으로 교환할 수 있는 옵션이 첨부된 채권을 말한다.
신주인수권부사채 (BW, bond with warrants)	• 채권의 소유자에게 일정 기간 경과 후 발행회사의 신주를 인수할 수 있는 옵션을 부여한 채권이다. 신주인수권부사채는 신주인수권의 분리 유통성 여부에 따라 분리형과 비분리형으로 나뉘고 신주인수권 행사방법에 따라 현금 납입형과 대용 납입형으로 나뉜다.

③ 국제증권거래 관련 업무

한국예탁결제원은 국내 투자자가 외화증권에 투자할 경우 예탁받은 외화증권을 외국에 보관하기 위해 국제보관기관(Global Custodian) 및 국제예탁결제기관(International Central Securities Depository)을 외국 보관기관[11]으로 선임하여 결제 및 권리행사를 처리하고 있으며 2023년 10월 기준 전세계 40개 국가 및 시장에 대해 외화증권 예탁결제서비스를 제공하고 있다.

---

11 한국예탁결제원은 보관업무의 전문성 확보 및 보험위험의 감소를 위하여 외국시장별로 보관기관을 분리하여 선임하고 있으며 2023년 현재 5개의 외국보관 기관을 선임 및 운영하고 있다.

그림 2-14 : 외화증권 투자서비스 제공 시장 현황

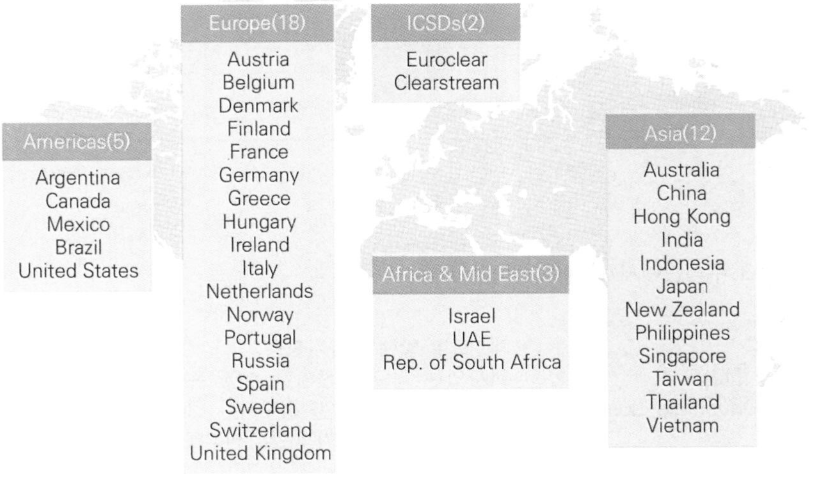

| Europe(18) | ICSDs(2) | Asia(12) |
| Austria | Euroclear | Australia |

Europe(18)
Austria
Belgium
Denmark
Finland
France
Germany
Greece
Hungary
Ireland
Italy
Netherlands
Norway
Portugal
Russia
Spain
Sweden
Switzerland
United Kingdom

ICSDs(2)
Euroclear
Clearstream

Americas(5)
Argentina
Canada
Mexico
Brazil
United States

Africa & Mid East(3)
Israel
UAE
Rep. of South Africa

Asia(12)
Australia
China
Hong Kong
India
Indonesia
Japan
New Zealand
Philippines
Singapore
Taiwan
Thailand
Vietnam

* 출처: 한국예탁결제원

보관기관명	본점 소재지	선임일	담당지역
Euroclear	브뤼셀	95.8	유럽(유로채), 러시아
Clearstream	룩셈부르크	96.2	유럽(유로채), 러시아
Citibank	뉴욕	03.11	북미, 홍콩, 일본, 베트남, 인도 등 8개국
HSBC	런던	13.11	유럽, 중국, 인도네시아, 태국 등 27개국
미래에셋증권브라질	상파울로	14.11	브라질

그림 2-15 : 외화증권예탁결제 서비스 구조

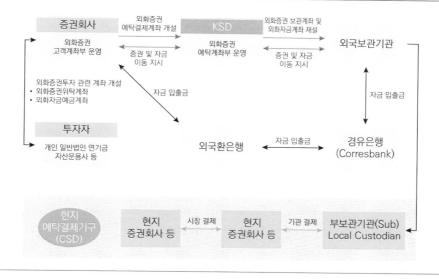

* 출처: 한국예탁결제원

또한 한국예탁결제원은 해외DR[12] 원주를 관리 서비스를 제공하고 있다. 이는 국내 기업에 발행한 해외DR의 원주를 관리해 주는 것으로서 2023년 7월 현재 삼성전자, SK텔레콤 등 22개사, 26종목, 5.7억 주의 DR 원주를 관리하고 있다. 이와 더불어 한국예탁결제원은 DR과 원주의 상호전환 업무를 수행하고 있으며, 발행회사의 주주총회, 유상증자 등으로 인해 DR 원주에 대한 각종 권리가 발생하면 DR 소유자의 신청을 받아 권리행사를 대행하는 서비스를 제공한다. 한국예탁결제원은 해외 DR뿐만 아니라 KDR[13] 발행 서비스도 제공하고 있다. 이는 「자본시장법」 제298조

---

12 주식예탁증서(DR, Depository Receipts)는 해외에서 주식을 발행하고자 하는 경우, 외국의 예탁기관으로 하여금 현지에서 증권을 발행, 유통하게 함으로써 원주와 상호교환이 가능하도록 한 주식 대체 증서를 말한다. 일반적으로 발행시장에 따라 ADR(American Depository Receipts, 미국시장), GDR(Global Depository Receipts, 미국 및 유로시장) 등으로 분류된다.

13 KDR(Korean Depository Receipts)이란 외국기업이 국내 증권시장에서 발행하는 주식예탁증서를 말한다.

제2항에 의한 전자등록기관으로서 KDR 예탁기관 역할을 수행하는 것으로, 외국 발행회사와 KDR 예탁계약을 체결하고 이를 근거로 KDR 발행 및 KDR에 대한 권리행사, 원주와의 상호전환 등 제반 서비스를 제공하는 것이다.

그림 2-16 │ 국내 기업의 해외DR 발행 절차

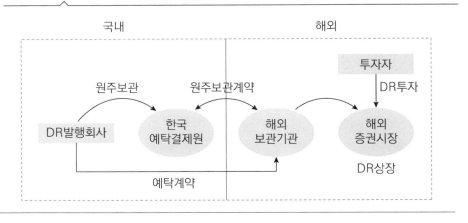

결과적으로 한국예탁결제원은 국내 모기업이 해외 증권시장에서 DR을 발행하고자 할 경우, 국내에서는 원주를 보관하는 업무를 수행하고, 역으로 외국기업이 국내에서 주식예탁증권을 발행하고자 할 경우 외국시장에서 원주 보관기관을 선임해 한국예탁결제원 명의로 보관하며 권리행사 등의 업무를 수행하고 있는 것이다.

④ 해외주식 소수단위 거래지원 서비스

한국예탁결제원은 해외주식 소수단위 거래지원 서비스를 지원하고 있다. 이는 투자자가 국내 증권사를 통해 해외주식(미국 예탁결제기구에서 결제하는 미국 주식 및 ETF)을 소수단위로 매매할 수 있도록 지원하는 서비스이다. 이를 통해 해외주식 투자자는 투자기회를 확대할 수 있으며 소액으로 다양한 형태의 포트폴리오 투자의 혜택을 누릴 수 있다. 절차는 아래 그림에서 보는 바와 같이 A고객과 B고객이 각각 0.3주씩 주문을 할 경우 증권사가 이를 통합하고 부족한 여분에 대해 자기자산을 추가하여 정수 단위의 주문을 체결한 후 이를 분배하는 방식이다.

그림 2-17 해외주식 소수단위 거래지원 서비스 절차

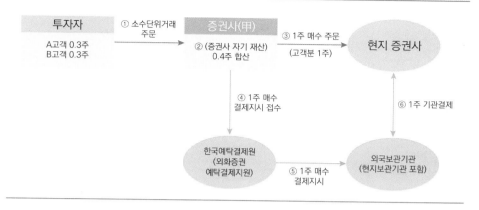

* 출처: 한국예탁결제원

연/습/문/제

1. 지급결제(payment and settlement)란 경제주체들의 지급수단을 이용하여 각종 경제활동에 따라 발생한 (   ), (   ) 관계를 해소하는 행위를 말한다.

2. (   )은 현금, 수표 또는 카드의 제시나 계좌이체를 통해 정당한 수취인에게 화폐 청구권을 이전하는 행위를 뜻하며 (   )는 비현금 지급수단 사용으로 발생한 금융기관 간 채권과 채무를 상계하고 상계 후 남은 차액을 각 금융기관의 한국은행 내 당좌예금 계좌 간 이체를 통해 처리하는 것을 뜻한다.

3. 결제위험은 신용 위험(credit risk), 유동성 위험(liquidity risk), 시스템 위험(systemic risk), 법률 위험(legal risk), 위·변조 위험(fraud risk), 운영 위험(operational risk) 등으로 나뉜다. 각각의 위험에 대해서 설명하시오.

4. 비현금 지급 수단은 장표의 지급 여부에 따라 장표방식 지급수단과 전자방식 지급수단으로 나뉜다. 장표방식 지급수단과 전자방식 지급수단에는 각각 어떤 것들이 있는지 설명해 보시오.

5. 한국은행은 지난 2017년부터 현금 없는 사회사업을 하고 있다. 하지만 당분간 이런 사회가 되기는 어려울 것으로 판단되고 있는데 그 이유는 무엇인지 설명해 보시오.

6. 그림 2-3을 보고 어음결제 시스템에 대해서 설명해 보고, 단점이 무엇인지 설명해 보시오. 또한 이런 단점을 보완하기 위해 현재 어떤 제도를 도입하고 있는지 설명해 보시오.

7. 자금결제의 수단으로서 지급카드는 신용카드, 선불형 카드, 직불형 카드 등이 있다. 각각의 카드 시스템에 대해서 설명해 보시오.

8. 최근 모바일 지급결제가 급증하는 추세를 따르고 있는데 그 이유는 무엇인지 설명하고 최근 모바일 지급결제 현황에 대해서 조사해 보시오.

9. 국내 거액 결제시스템(large-value funds payments system)은 1994년 12월에 가동 한 (   )이다. 현재는 한은금융망의 결제 규모가 커지고 금융기관 일 중 결제처리업무가 급격히 증가함에 따라 실시간총액결제방식(RTGS, Real Time Gross Settlement)에서 혼합형결제시스템을 가미한 새로운 (   )을 도입하여 사용하고 있다.

10. 소액 결제시스템(retail payments system)은 소액의 결제를 다수 처리하기 때문에 주로 (   )을 이용한다.

11. 소액 결제시스템인 지로시스템(GIRO system) 및 7자리 지로번호에 대해서 설명해 보시오.

12. 증권결제는 증권시장에서 주식 또는 채권 등을 거래함에 있어 발생하는 매도 자와 매수자 간 채권, 채무 관계를 (   )와 (   )을 통해 종결시키는 행위다.

13. 우리나라 증권결제시스템은 (   ), (   ) 및 (   ) 등으로 구성되어 있다.

14. 그림 2-9를 보고 증권결제시스템에 대해서 설명해 보시오.

15. 외환결제는 크게 전통적인 (   )을 통한 결제와 외환동시결 제방식인 (   )은행 방식이 있다.

16. 금융결제원의 주요업무는 어떤 것들이 있는지 설명해 보시오.

17. 한국예탁결제원은 예탁한 증권(주식, 채권 등)의 제반권리 행사를 위한 모든 사무를 대신 처리한다. 만약 A가 채권을 매수하였다면 이자와 원금에 대한 지급을 어떤 절차에 의해 받게 되는지 설명해 보시오.

18. 그림 2-16을 보고 국내 기업의 해외DR 발행 절차가 어떻게 되는지 설명해 보시오.

제 **3** 장

───────

거래소제도

제 3 장

거래소제도

 통상 기업은 장기 투자자금을 필요로 하며 이를 위해 주식이나 채권을 발행할 수 있다. 만약 기업이 주식을 발행하기로 결정했다면 기업공개(IPO, Initial Public Offering) 혹은 증자[1] 등을 생각해 볼 수 있다. 이때 주식을 최초 발행하게 되는 시장을 발행시장(primary market)이라고 하고 기 발행된 주식이 유통되는 시장을 유통시장(secondary market)이라고 한다. 현재 우리나라 유통시장으로는 「자본시장법」에 근거한 한국거래소가 증권 및 장내 파생상품의 공정한 가격 형성과 매매 등 거래의 안정성 및 효율성을 도모하기 위해 유가증권시장, 코스닥(Kosdaq)시장, 코넥스(Konex)시장 및 파생상품시장의 개설·운영에 관한 업무, 상품매매, 거래에 따른 청산 및 결제에 관한 업무 등을 담당하고 있다. 현재 우리나의 거래소는 한국거래소(KRX, Korea Exchange)이다.

 한국거래소는 한국증권거래소, 한국선물거래소, 코스닥 위원회, (주)코스닥 증권시장이 2005년 1월 「한국증권선물거래소법」(2004년 1월 제정)이 제정됨에 따라 한국증권선물거래소로 통합 운영되었으며 이후 2009년 2월에 한국거래소로 명칭이 변경되어 현재까지 이어지고 있다.

---

 1 현재 주식이 발행되어 유통되고 있는 경우에도 추가적인 주식을 발행할 수 있는데 그것을 증자라고 한다.

한국의 거래소제도는 1956년 2월 대한증권거래소(비영리법인)의 최초 설립으로 시작되었으며 이후 1962년 4월 「증권거래법」 제정으로 비영리법인에서 주식회사로 개편되었다. 그 후 실물경제가 급성장하며 증권시장 규모도 크게 확대되었고 이와 함께 국제화도 급격히 진전됨에 따라 이에 대처하기 위해 「증권거래법」을 개정하여 1988년 3월부터 증권회사를 회원으로 하는 회원제 조직의 사단법으로 개편되었다. 개편 후 거래소는 유가증권시장의 개설 및 관리, 유가증권 상장 및 관리, 공정거래질서 유지 등의 업무를 수행해 왔다.

한국거래소는 국제화의 급격한 진행과 개방경제하에서 환율 및 금리의 급격한 변동에 적극적으로 대응하기 위해 1995년 12월 「선물거래법」을 제정하여 국내 선물거래소를 1999년 2월에 설립하였다. 또한 (주)코스닥증권시장은 증권거래소에 상장되지 않은 장외거래 대상종목으로 증권업협회에 등록된 주식들의 중개를 목적으로 1996년 5월 설립되었다. 또한 (주)코스닥증권시장 개설과 함께 코스닥시장 운영의 공정성과 투명성을 확립하기 위해 시장운영에 관한 의사결정기구인 코스닥위원회가 증권업협회 내에 설치 운영되었다.

현재 한국거래소는 유가증권시장, 코스닥시장, 코넥스시장(2013년 7월 개설) 및 파생상품시장의 개설·운영에 관한 업무, 상품매매, 거래에 따른 청산 및 결제에 관한 업무 등을 담당하고 있다.

■ 표 3-1 한국거래소 연혁

일자	주요 내용	일자	주요 내용
1956.2	영단제 대한증권거래소 설립	1962.4	주식회사 대한증권거래소 전환
1963.5	공영제 한국증권거래소 전환	1988.3	회원제 한국증권거래소 전환 전산매매 개시
1994.6	KOSPI 200 발표	1996.5	주가지수선물시장 개설 (주)코스닥증권시장 설립
1997.1 1997.7	코스닥지수 발표 주가지수옵션시장 개설	1998.10	코스닥위원회 설치
1999.2	한국선물거래소 설립		

파이낸셜 시스템의 이해

1999.3	환매조건부채권매매(Repo)		
1999.10	시장 개설 유가증권시장 상장지수펀드 (ETF)시장 개설	2003.4	코스닥시장 상장지수펀드(ETF) 시장 개설
2004.1	한국증권선물거래소법 제정	2005.1 2005.12	한국증권선물거래소 설립 주식워런트시장 개설
2007.8 2007.10	외국기업 최초 상장 해외 ETF 최초 상장	2008.5	주식선물시장 개설
2009.2	한국거래소로 상호 변경	2010.8	Eurex연계 코스피200 글로벌 시장 개설
2013.7	코넥스시장 개설	2014.3 2014.3 2014.11	장외파생상품 CCP청산 개시 금 현물시장 개설 상장지수증권(ETN) 시장 개설
2015.1 2015.8	배출권거래시장 개설 코스닥 주식선물시장 개설	2016.6	해외지수선물 최초 상장 KRX스타트업시장(KSM) 개설
2017.6	ETF선물 최초 상장	2019.9	코스피200 위클리옵션 상장

* 출처: 한국거래소

1 조직

한국거래소는 효율적인 업무수행을 위해 경영지원본부, 3개 시장본부(유가증권, 코스닥, 파생상품), 시장감시본부 및 청산결제본부 등 6개의 본부를 두고 있다. 본사와 파생상품시장본부는 부산에 위치하고 있으며 유가증권 시장본부와 코스닥 시장본부는 서울에 설치되어 운영되고 있다. 이사회는 이사장, 상임감사위원 등 총 15인의 이사로 구성되어 있으며, 이 중 과반수 이상인 8인이 사외이사로 구성되어 있다.

현재 국내에서 증권 및 파생상품의 매매거래에 참가하기 위해서는 투자매매업 또는 투자중개업 인가를 받아 회원자격을 갖춰야 하며 한국거래소 이사회로부터 회원 승인을 받아야 한다. 아래 표 3 – 2에서 보는 바와 같이 2024년 초 현재 전체 회원은 84개 기관으로 증권시장 관련 회원은 80개, 파생상품시장 관련 회원은 45개이다.

■ 표 3-2 **한국거래소 회원사 현황**(2024년 초 기준)

참가시장	회원종류	회원사 수
증권시장	증권회원	51
	지분증권전문회원	2
	집합투자증권전문회원	1
	채무증권전문회원	26
파생상품시장	파생상품회원	35
	주권기초파생상품전문회원	9
	통화금리기초파생상품전문회원	1
총회원 수		84

※ 시장별 참가가 중복되는 회원은 회원합계에 하나의 회원사로 합산

* 출처: 한국거래소

2 주요 업무

(1) 유가증권시장, 코스닥시장 및 코넥스시장 개설·운영

한국거래소는 유가증권의 상장, 매매거래 체결, 시세공표, 시장의 제도개선 등에 관한 업무를 담당하고 있다.

유가증권의 상장(Listing)이란 주식회사가 발행한 증권이 한국거래소가 정한 일정한 요건을 충족하여 유가증권시장, 코스닥시장 또는 코넥스시장에서 거래될 수 있는 자격을 부여하는 것을 말한다. 통상 상장과 기업공개(IPO)라는 표현을 혼용하여 사용하고 있으나 기업공개는 기업이 공모(모집 또는 매출)를 통하여 발행주식을 분

산시키고 재무 내용 등 기업의 실체를 정기적(연 1회)으로 공시한다는 점에서 상장과 유사하지만 거래가 장외에서 이뤄진다는 점에서 차이가 있다.[2] 상장을 위해서는 먼저 상장예비심사를 거쳐야 하며 상장예비심사에서 상장적격 통보를 받은경우 6개월 이내에 상장을 신청할 수 있다.

그림 3–1 ┊ 유가증권 신규상장 절차

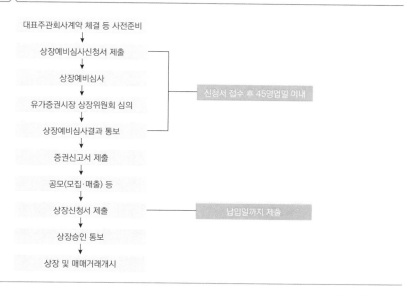

* 출처: 한국거래소

거래소는 유가증권이 상장되어 거래되고 있을 때 발행회사의 경영상 문제로 인해 공익 또는 투자자 보호에 문제가 생기거나 당해 유가증권의 공정한 가격 형성과 유통에 지장이 초래되는 경우, 일정 기간 매매거래를 정지하거나 상장을 폐지하는 등의 조치를 취한다. 다만 상장폐지의 경우 상장폐지 기준에 해당된다고 해서 곧바로 시행하면 당해 종목 투자자들의 재산상 손실이 클 수 있으므로 일단 관리종목으로 별도 지정하여 일정한 상장폐지 유예기간을 부여하고 이후 관리종목 지정에

---

2 1994년 4월부터 상장과 기업공개가 분리된 후 한국거래소는 상장신청기업에 대해 상장 심사를 실질적으로 수행하고 있다.

대한 사유가 해소될 경우에는 관리종목 지정을 해지한다.

거래소는 유가증권 시장인 주식시장, 채권시장, 증권상품시장(ETN, ETF, 구조화증권)을 개설·운영하며 각 시장의 종합시세, 매매동향, 거래실적 등의 정보와 해외시장 정보를 제공하고 있다. 또한 유가증권시장의 주식시장보다 상장조건을 완화하여 유망 중소기업들의 원활한 자금조달을 도모하고자 코스닥시장을 개설·운영하고 있다. 이와 함께 기업규모는 작지만 성장 잠재력이 높은 벤처기업 등을 대상으로 코넥스시장을 2013년 신설하여 운영하고 있다.

유가증권시장과 코스닥시장은 토요일과 일요일, 공휴일 및 근로자의 날, 연말 등을 제외하고 매일 개장되며 장중 거래시간은 09:00부터 15:30까지이다. 또한 07:30부터 08:30, 16:00부터 18:00까지는 시간외 시장으로 구분하여 거래가 이뤄진다. 장중 거래는 복수 가격방식으로 거래가 이뤄지며 08:00부터 09:00 및 15:20부터 15:30까지는 단일가격 방식으로 거래가 이뤄진다. 복수가격 원칙이란 주문 별로 경쟁매매를 원칙으로 매수호가와 매도호가가 만나는 가격에서 거래가 이뤄지는 것을 말한다. 즉, 매수자가 많은 경우 현재 호가보다 높은 가격에 거래가 이뤄지고 매도자가 많은 경우 현재 호가보다 낮은 가격에 거래가 이뤄지기 때문에 매매 가격이 수시로 변동될 수 있다는 것이다. 반면 단일가격 방식은 해당시간 동안 가장 많은 주문 호가를 나타낸 단일가격으로 거래가 이뤄지는 것을 말한다. 실제로 주식시장 장이 마감되기 10분 전에는 거래가 이뤄지지 않고 호가와 매수, 매도 주문 잔량만 변동되는 것을 확인할 수 있는데 이렇게 10분 동안 계속 변동되던 호가와 주문 잔량은 15:30이 되면서 단일가격에 체결되고 거래가 마무리된다. 이외에도 07:30부터 08:30까지 장 개시 전과 16:00부터 18:00까지 장 종료 후 시간외 종가매매를 할 수 있다. 이는 정규 시장 시간에 매매를 하지 못한 투자자들에게 당일 종가로 투자 기회를 제공하는 것이다. 시간외 종가매매는 단일가격을 적용하기 때문에 주문의 시간적 우선순위 만 고려한 시간우선 원칙을 적용한다. 또한 장 종료 후 16:00부터 18:00까지 10분 단위로 시간외 단일가매매가 적용된다. 이는 10분 동안 당일 종가의 ±10%[3] 이내

---

3 당일 종가의 ±10%가 당일 상한가와 하한가를 넘어서는 경우 당일 상한가와 하한가 이내에서 가격이 결정된다.

에서 매수자와 매도자가 호가를 결정하고 거래는 단일가로 체결되는 방식이다.

■ 표 3-3 유가증권시장 및 코스닥시장 체결방식과 거래 시간

체계방식	거래 시간
장 전 종가매매	07:30 ~ 08:30
동시호가	08:00 ~ 09:00 15:20 ~ 15:30
정규시장매매	09:00 ~ 15:30
장 후 종가매매	15:40 ~ 16:00
시간외 단일가매매	16:00 ~ 18:00

거래소시장에서 유가증권을 매매할 수 있는 자는 한국거래소의 회원에 한정되므로 일반투자자는 증권회사 등의 회원사를 통하지 않고서는 거래소시장에서 매매거래를 할 수 없다. 회원으로부터 거래소에 제출된 주문은 거래소가 업무규정에서 정한 원칙에 따라 매매체결 되며, 거래소는 체결 결과를 회원에게 통보하고 회원은 이를 다시 고객에게 통지한다. 투자자는 매매 체결분에 대하여 매매 체결일부터 기산하여 3일째 되는 날(T+2)까지 매매거래를 위탁한 회원에 매수대금 또는 매도증권을 납부하여야 하며 회원은 이를 거래소와 결제함으로써 매매거래가 완료된다.

■ 표 3-4 유가증권시장 주요 지표(2023년 기준)

구분			2023년
주식시장	일평균 거래량		538.2백만 주
	상장주식 회전율		2.1회
	거래대금	일평균	9.6조 원
		연간	2,353조 원
	신규상장	기업수	19사
		공모금액	1.3조 원

	시가총액		2,126조 원
증권상품시장	ETF	일평균 거래대금	32,078억 원
		상장종목	812개
	ETN	일평균 거래대금	1,589억 원
		상장종목	375개
	ELW	일평균 거래대금	1,204억 원
		상장종목	3,940개
채권시장	일평균 거래대금		4.5조 원
	상장잔액		2,491조 원

* 출처: 한국거래소

■ 표 3–5 코스닥 및 코넥스시장 주요지표(2023년 기준)

구분		2023년
코스닥	상장기업 수	1,702사
	일평균 거래량	1,118.1백만 주
	일평균 거래대금	10조 원
	시가총액	431.8조 원
	상장폐지사	37개 사
코넥스	시가총액	3.8조 원
	상장기업 수	129개 사
	일평균 거래량	779.7천 주
	일평균 거래대금	24.7억 원
	신규상장기업 수	14개 사

* 출처: 한국거래소

그림 3-2 : 유가증권 매매 흐름도

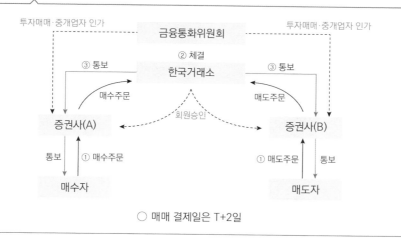

○ 매매 결제일은 T+2일

(2) 파생상품시장 개설·운영

한국거래소는 파생상품시장의 개설·운영 및 시장관리, 장내 파생상품거래의 체결 및 결제, 시세공표, 장내 파생상품의 매매유형 및 품목 결정에 관한 업무 등을 수행하고 있다. 파생상품시장은 현물시장에서의 가격변수에 대한 변동성 위험을 효과적으로 제거하기 위한 시장으로 현재 주가지수 및 개별주식 선물·옵션, 국채선물, 통화선물·옵션, 금·돈육 선물 등 다양한 파생상품이 거래되고 있다.

파생상품시장 거래일은 월~금요일이며 거래시간은 일반적으로 9:00~15:45이나 최종거래일이 도래한 종목의 거래시간은 주식상품시장의 경우 09:00~15:20, 금리상품 및 통화선물시장은 09:00~11:30이다.

■ 표 3-6 파생상품시장 주요 지표(2023년 기준)

구분		일평균 거래량(계약)	미결제약정수량(계약)
선물	코스피200선물	259,974	363,814
	코스닥150선물	123,597	278,505
	주식선물	3,727,898	4,985,064
	3년국채선물	160,566	366,771
	10년국채선물	70,128	168,384
	미국달러선물	440,959	912,548
	엔선물	3,138	19,884
	유로선물	3,378	27,620
옵션	코스피200옵션	3,670,638	2,537,319
	코스닥150옵션	2,536	5,257
	주식옵션	219,994	359,147

* 출처: 한국거래소

(3) 시장감시

한국거래소는 「자본시장법」에 따라 유가증권시장, 코스닥시장, 코넥스시장, 파생상품시장에서의 불공정거래 행위를 예방·규제하고 회원 및 투자자, 회원 상호 간의 분쟁을 조정하기 위해 자율규제 전문기구인 시장감시위원회를 두고 있다. 동 위원회는 시장 감시, 이상거래 심리* 및 회원에 대한 감리**, 시장 간의 연계 감시, 거래 관련 분쟁의 자율조정 및 회원 또는 관련 임직원에 대한 징계 결정, 관련 규정의 제·개정 업무 등을 수행한다.

　* 이상거래심리: 한국거래소는 유가증권 혹은 장내 파생상품 매매품목의 가격이나 거래량에 뚜렷한 변동이 있는 경우 또는 매매 품목에 영향을 미칠 수 있는 공시, 풍문, 보도 등이 있는 경우 등 이상 매매 혐의가 있을 시 이에 대한

심리를 할 수 있다.

** 회원에 대한 감리: 한국거래소의 업무규정을 준수하고 있는지 확인하기 위해 회원사에 이와 관련된 업무, 재산 상황, 장부, 서류 및 그 밖에 물건을 조사할 수 있다.

그림 3-3 ┊ **거래소의 시장 감시**

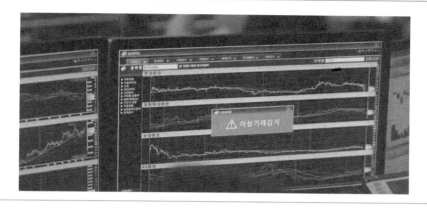

연/습/문/제

1. 한국거래소 조직에 대한 설명으로 틀린 것은?
   ① 시장본부는 유가증권, 코스닥, 파생상품 등으로 운영되고 있다.
   ② 유가증권 시장본부와 코스닥 시장본부는 부산에 위치하고 있다.
   ③ 이사회는 이사장, 상임감사위원 등 총 15인의 이사로 구성되어 있다.
   ④ 증권 및 파생상품의 매매거래에 참가하기 위해서는 투자매매업 또는 투자
   중개업 인가를 받아야 한다.

2. 유가증권의 상장(Listing)이란 무엇인지 설명해 보시오.

3. 유가증권의 상장과 기업공개의 차이점은 무엇인지 설명해 보시오.

4. 거래소는 유가증권이 상장되어 거래되고 있을 때 발행회사의 경영상 문제로
   인해 공익 또는 투자자 보호에 문제가 생기거나 당해 유가증권의 공정한
   가격 형성과 유통에 지장이 초래되는 경우 상장을 바로 폐지할 수 있으나,
   그렇게 하지 않는다. 그 이유는 무엇인가?

5. 다음 중 유가증권시장과 코스닥시장의 거래체결에 대한 설명 중 틀린 것은?
   ① 장중 거래시간은 09:00~15:30까지다.
   ② 7:30부터 8:30, 16:00부터 18:00까지는 시간외 시장이다.
   ③ 단일가격 방식이란 가장 많은 주문 호가를 나타낸 단일가격으로 거래가
   이뤄지는 것을 말한다.
   ④ 하루 중 단일가격은 08:00~09:00까지만 이뤄진다.

6. 그림 3-2를 보고 유가증권 매매 흐름에 대해서 설명해 보시오.

7. 한국거래소는 파생상품시장 개설 및 운영, 시장관리, 장내 파생상품거래의
   체결 및 결제, 시세공표 등을 하고 있다. 현재 우리나라에서 거래되고 있는
   파생상품은 어떤 것들이 있는지 조사하여 설명해 보시오.

8. 한국거래소는 「자본시장법」에 따라 유가증권시장, 코스닥시장, 코넥스시장,
   파생상품시장에서의 불공정거래 행위를 예방·규제하고 회원 및 투자자,
   회원 상호 간의 분쟁을 조정하기 위해 자율규제 전문기구인 (   )를
   두고 있다.

제 **4** 장

예금보호제도

제 4 장

예금보호제도

예금보호제도는 금융소비자가 금융회사에 예금을 하였으나 금융회사가 파산 등의 이유로 지급불능(insolvency) 상태에 빠진 경우 제3자인 예금보험기구(현 예금보험공사)가 일정한 범위 내에서 예금에 대한 원리금을 지급함으로써 예금자를 보호하는 제도이다. 이는 금융회사의 지급에 대한 문제가 발생할 시 예금자들을 보호함으로써 뱅크런(bank run)의 확산을 방지하여 금융 시스템의 안정을 유지하기 위해 도입된 제도이다.

▶ 뱅크런(bank run)

　대내외적 충격 발생 시 예금주들이 예금을 인출하기 위해 은행으로 몰리는 현상을 '뱅크런'이라고 한다. 뱅크런은 전쟁, 국가 부도와 같은 외부적인 충격에 의해서 발생할 수 있으며 최근 대표적인 사례로는 러시아-우크라이나 전쟁으로 인한 러시아의 뱅크런을 들 수 있다. 이와 함께 내부적인 충격에 의해서도 뱅크런이 발생할 수 있는데 대표적인 사례가 2011년 국내에서 발생한 부산저축은행 사태(당시 발생한 뱅크런)이다.

　최근에는 인터넷 및 모바일뱅킹이 보편화되며 뱅크런 확산 속도가 매우 빨라지는 특징을 보이고 있다. 이에 대한 대표적인 사례는 2023년 미국의 실리콘밸리은행(SVB)에서 나타난 뱅크런이다. 당시 실리콘밸리은행은 예탁 받은 자금을 대출에 활용하는 일반 상업은행과 달리 국채에 운영하고 있었는데 이는 실리콘밸리 지역 및 산업적 특성에 기인한 것이다. 이와 같은 구조하에서 2022년 미국에 급격한 인플레이션이 발생하였고 이에 미연방준비제도(FRB)는 기준금리를 인상하는 긴축정책을 실시, 미국채 가격이 급락하는 현상이 발생하였다. 이로 인해 예탁 자산을 채권에 운용 중이던 실리콘밸리은행의 재무구조는 급격히 악화되었고 이를 인지한 예금자들이 예금을 인출하며 뱅크런이 발생한 것이다. 당시 뱅크런은 인터넷뱅킹과 모바일뱅킹을 이용하여 매우 빠른 속도로 진행되었으며 실제 하루만에 56조 원이 인출되는 등 너무 빠른 뱅크런에 실리콘밸리은행은 결국 파산에 이르게 되었다.

그림 4-1 : 뱅크런 사례

부산저축은행 사태

러시아 전쟁으로 인한 뱅크런 사태

미국 실리콘밸리은행 뱅크런 사태

현재 우리나라에서 예금보호제도를 운영하고 있는 기관은 예금보험공사이며, 해당 기관은 금융기관이 경영부실 등이 이유로 원리금을 지급할 수 없을 때 해당 금융기관을 대신하여 예금주에게 원리금의 일부 또는 전부[1]를 지급하는 역할을 담

당하는 무자본 특수법인이다.

예금보험공사는 1995년 12월에 제정된 예금자보호법에 의거하여 1996년 6월 설립되었다. 설립 당시에는 은행만을 대상으로 한 예금보험기구였으나 1997년 12월 예금자보호법 개정(1998년 4월 1일 시행)으로 금융권별로 분산되어 있던 예금보험관련 기금이 예금보험공사 내의 예금보험기금으로 통합되었다. 수산업협동조합의 지역조합과 신용협동조합은 기금통합 당시에는 예금보험 적용대상이었으나 이들은 조합원 간의 상호부조를 목적으로 한다는 점에서 부보금융회사에서 각각 2003년 1월, 2004년 1월 제외되었다.[2] 현재 예금보험 적용대상 부보금융회사에는 은행, 투자매매·중개업자, 보험회사, 종합금융회사 및 상호저축은행이 포함 되어 있다. 구체적으로 은행은 은행법에 의한 일반은행뿐 아니라 외국은행 국내지점, 한국수출입은행을 제외한 특수은행이 해당되며 투자매매·중개업자의 경우 증권을 대상으로 투자매매업·투자중개업 인가를 받은 모든 투자매매·중개업자 및 증권금융회사가 포함되고 보험회사는 재보험회사를 제외한 모든 보험회사가 포함된다.

하지만 앞서 언급한 은행, 투자매매·중개업자, 보험회사, 종합금융회사 및 상호저축은행이라고 해서 모든 금융상품이 예금자보호 대상이 되는 것은 아니다. 이렇듯 예금자보호 대상이 구분되는 것은 예금자보호제도에 기인한 것이며 따라서 은행상품이라고 해서 모두 보호가 되고 투자상품이라고 해서 모두 비보호 되는 것은 아니다. 통상 은행상품 중에서는 예금, 보험상품 중에서는 보험계약, 투자상품 중에서는 예수금과 퇴직연금, 종합금융사 상품 중에서는 발행어음, 저축은행 상품 중에서는 예금 등이 예금자보호 대상이 된다. 반면 은행상품 중에서도 양도성예금증서(CD), 실적배당형 특정금전신탁, 주식연동형 예금상품 등은 예금자보호가 되지 않으며 투자상품 중에서는 금융투자상품 및 파생상품 등, 보험상품 중에서 변액보험 및 보증보험계약 등, 종합금융사 중에서 금융투자상품, 저축은행 상품 중 저축은행 발행

---

1 은행의 경우 1인당 5천만 원까지 원리금이 보호된다. 따라서 5천만 원의 예금을 하였다면 원금인 5천만 원에 대해서만 보장이 되며 5천만 원 이내로 예금을 하였다면 원금과 일부 혹은 전체 이자를 보호받을 수 있다(2024년 기준이며, 2025년 1억 원으로 상향 논의 중).
2 농협, 축협은 농협중앙회에서 운용하는 상호금융예금자보호기금, 새마을금고는 연합회에서 안전기금설치운영, 신협은 신용협동조합예금자보호기금에서 각각 예금자별 5천만 원까지 원리금을 자체적으로 보호하고 있다(2024년 기준).

채권 등은 예금자 보호가 되지 않는다.

그림 4-2 ⋮ 예금자보호 상품과 비보호 상품

 비보호 금융상품

구분	비보호금융상품
은행	• 양도성예금증서(CD), 환매조건부채권(RP) • 금융투자상품(수익증권, 뮤추얼펀드, MMF 등) • 특정금전신탁 등 실적배당형 신탁, 개발신탁 • 은행 발행채권 • 주택청약저축, 주택청약종합저축 등[1] • 확정급여형 퇴직연금제도(DB)의 적립금
투자 매매 업자 · 투자 중개 업자	• 금융투자상품(수익증권, 뮤추얼펀드, MMF 등) • 선물·옵션거래예수금, 청약자예수금, 제세금예수금, 유동금융대주담보금 • 환매조건부채권(RP), 증권사 발행채권 • 증권사 종합자산관리계좌(CMA), 랩어카운트, 주가지수연계증권(ELS), 주식워런트증권(ELW), 주가연계파생결합사채(ELB) 등 • 초대형IB 발행어음, 금현물거래예탁금 등 • 확정급여형 퇴직연금제도(DB)의 적립금
보험 회사	• 보험계약자 및 보험료납부자가 법인인 보험계약 • 보증보험계약, 재보험계약 • 변액보험계약 주계약 (최저사망보험금· 최저연금적립금·최저중도인출금· 최저종신중도인출금 등 최저보증 제외) 등 • 확정급여형 퇴직연금제도(DB)의 적립금
종금	• 금융투자상품 (수익증권, 뮤추얼펀드, MMF 등) • 환매조건부채권(RP), 기업어음(CP), 양도성예금증서(CD), 종금사 발행채권 등
저축 은행	• 저축은행 발행채권(후순위채권 등) 등 • 확정급여형 퇴직연금제도(DB)의 적립금

1) 주택도시기금에 의해 정부가 별도로 관리(주택도시기금법 제14조 제2항)
※ 정부·지방자치단체(국·공립학교 포함), 한국은행, 금융감독원, 예금보험공사,
부보금융회사의 예금 등은 보호대상에서 제외

 보호 금융상품

	보호금융상품
	• 보통예금, 기업자유예금, 별단예금, 당좌예금 등 요구불예금 • 정기예금, 저축예금, 주택청약예금, 표지어음 등 저축성예금 • 정기적금, 주택청약부금, 상호부금 등 적립식예금·외화예금 • 예금보호대상 금융상품으로 운용되는 확정기여형 퇴직연금제도(DC), 개인형 퇴직연금제도(IRP)의 적립금 및 중소기업퇴직연금기금에 편입된 금융상품 중 예금보호 대상으로 운용되는 상품 • 개인종합자산관리계좌(ISA)에 편입된 금융상품 중 예금보호 대상으로 운용되는 금융상품 • 원본이 보전되는 금전신탁 등
	• 증권의 매수 등에 사용되지 않고 고객계좌에 현금으로 남아 있는 금액 • 자기신용대주담보금, 신용거래계좌 설정보증금 등의 현금 잔액 • 예금보호대상 금융상품으로 운용되는 확정기여형 퇴직연금제도(DC) 및 개인형 퇴직연금제도(IRP)의 적립금 • 개인종합자산관리계좌(ISA)에 편입된 금융상품 중 예금보호 대상으로 운용되는 금융상품 • 원본이 보전되는 금전신탁 등
	• 증권금융회사가 「자본시장과 금융투자업에 관한 법률」 제330조제1항에 따라 예탁받은 금전
	• 개인이 가입한 보험계약·퇴직보험·변액보험계약 특약 • 변액보험계약 최저사망보험금·최저연금적립금·최저중도인출금· 최저종신중도인출금 등 최저보증 • 예금보호대상 금융상품으로 운용되는 확정기여형 퇴직연금제도(DC), 개인형 퇴직연금제도(IRP)의 적립금 및 중소기업퇴직연금기금에 편입된 금융상품 중 예금보호 대상으로 운용되는 금융상품 • 개인종합자산관리계좌(ISA)에 편입된 금융상품 중 예금보호 대상으로 운용되는 금융상품 • 원본이 보전되는 금전신탁 등
	• 발행어음, 표지어음, 어음관리계좌(CMA) 등
	• 보통예금, 저축예금, 정기예금, 정기적금, 신용부금, 표지어음 • 상호저축은행중앙회 발행 자기앞수표 등 • 예금보호대상 금융상품으로 운용되는 확정기여형 퇴직연금제도(DC) 및 개인형 퇴직연금제도(IRP)의 적립금[2] • 개인종합자산관리계좌(ISA)에 편입된 금융상품 중 예금보호 대상으로 운용되는 금융상품[2]

2) 저축은행이 부보금융회사로부터 조달하여 예금보호대상 금융상품으로 운용하는 경우
※ 확정기여형, 개인형 퇴직연금제도 및 중소기업퇴직연금기금 편입 금융상품 중 예금보호
대상으로 운용되는 금융상품은 합산하여 5천만원까지 별도 보호하며, 사고보험금과
연금저축(신탁·보험)은 각각 5천만원 한도로 별도 보호

* 출처: 예금보험공사

현재 예금보험공사의 예금자보호 한도는 원금과 소정의 이자를 합하여 각 금융회사별 1인당 5천만 원이며 2001년 상향된 이래 20년 이상 유지되고 있다. 이는 주요 선진국에 비해서 낮은 수준이며[3] 그동안의 물가상승 등을 감안한다면 1억 원으로 상향하여야 한다는 목소리가 높아지고 있다. 이에 정부와 정치권은 2025년부터 예금보험한도를 1억 원으로 상향시키겠다고 발표하였다.

예금자보호 한도는 1996년 6월 출범 당시 1인당 2천만 원이었다. 이후 외환위기가 발생하여 금융소비자보호 및 금융 시스템 안전 차원에서 1997년 12월 5일 「예금자보호법」, 「신용관리기금법」, 「증권거래법」, 「보험업법」 등의 시행령 개정을 통해 2000년 말까지 한시적으로 부보금융회사가 파산한 경우 이들 회사의 예금에 대해 원리금을 전액 보장해 주었다. 하지만 자금 과부족이 발생한 일부 금융회사가 이를 악용하여 높은 금리로 예금을 유치하는 등 부작용이 발생하며 1998년 7월 예금보호법 시행령을 개정하여 8월부터는 원리금 합계에 대해서 2천만 원까지만 보장하도록 하였다.

2001년부터는 예금보험제도를 전액보호제도에서 부분보호제도로 환원하면서 금융시장에 미치는 충격을 최소화하기 위하여 예금보호한도를 기존 2천만 원에서 5천만 원으로 상향하였다. 이에 따라 2001년 1월 1일부터 이후 부보금융회사의 보험사고가 발생하는 경우 예금보험공사는 원금과 소정의 이자를 합하여 5천만 원까지 보호하고 있다. 또한 노후소득보장 등을 명목으로 2015년 2월부터 확정기여형(DC형) 및 개인형(IRP형) 퇴직연금의 예금에 대해서 일반 예금과 별도로 5천만 원의 보호한도를 적용하고 있다.

이후 2023년 10월 17일 금융환경 변화, 예금보험제도의 실효성 제고를 위해 예금보험 적용한도를 확대하였다. 이렇게 확대된 예금보험 적용한도는 우선 은행상품과 연금저축(신탁, 보험)을 합산하여 5천만 원까지 보호하던 제도를 은행상품과 연금저축(신탁, 보험) 각각 5천만 원씩 보호한도를 확대 적용하였다. 또한 사고보험에 대해서 기존 보호대상일반보험(해지환급금)과 사고보험금을 합해 5천만 원까지 보호하던 제도를 보험대상일반보험(해지환급금)과 사고보험금에 대해 각각 5천만 원씩 보호한

---

3 미국의 예금자보호 한도는 1인당 25만 달러, 영국은 8.5만 파운드, 일본은 1천만 엔이다.

도를 확대 적용하였다. 마지막으로 중소기업퇴직연금기금에 대해서 5천만 원까지 보호하는 제도를 신설하였다.

그림 4-3 | 별도보호한도 적용대상 확대

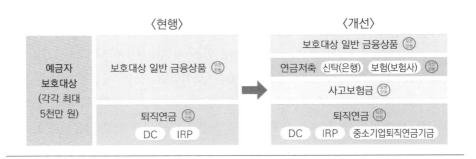

* 출처: 예금보험공사

■ 표 4-1 예금보험한도 변천내역

구분	예금보험한도
1997.1.1 ~ 1997.11.18	• 1인당 2,000만 원 보호
1997.11.19 ~ 1998.7.31	• 원리금 전액보호(외환위기)
1998.8.1 ~ 2000.12.31	• 1998.8.1 이전: 전액보호 • 1998.8.1 이후: 2천만 원까지 원리금 합계 보호
2001.1.1 ~ 2015.5.25	• 1인당 5,000만 원 보호(증액)
2015.5.26 ~ 2023.10.16	• 예금보호 대상 금융상품으로 운용되는 확정기여형(DC형) 퇴직연금제도 및 개인형퇴직연금제도(IRP형)의 적립금을 별도 5,000만 원까지 보호
2023.10.17 ~ 현재	• 연금저축(신탁, 보험) 별도 5,000만 원까지 보호 • 보호대상일반보험(해약환급금)과 별개로 사고보험금 별도 5,000만 원까지 보호 • 중소기업퇴직연금기금 5,000만 원까지 보호

* 출처: 예금보험공사, 한국은행

연도	내용	연도	내용
1995	예금자보호법 제정	1996	예금보험공사 설립
1997	예금보험업무 개시	1998	통합예금보험공사 출범
1999	정리금융공사 설립	2001	예금 부분보호제도로 환원
2003	• 금감원과 금융기관 공동검사에 대한 양해각서 체결 • (신)예금보험기금 출범	2006	유럽 예금보험기구 포럼(EFDI) 옵저버 자격 참여
2007	미국 연방예금보험공사(FDIC)와 MOU 체결	2008	외화예금 예금자보호 시행
2009	퇴직연금 예금자보호 시행	2010	개산지급금 제도 최초 시행
2011	상호저축은행 구조조정 특별계정 신설(예금보험기금)	2015	보호대상상품으로 운용되는 퇴직연금(DC, IRP) 적립금에 대한 별도 보호한도 적용
2016	예금자보호법 시행령 개정 – 신탁형 개인종합자산관리계좌(ISA)에 편입된 예·적금 등을 예금보호 대상에 포함 – 변액보험 최저보장보험금 예금보호 대상에 포함, 예금보험관계 설명 확인 제도 시행 등	2023	별도 보호한도 적용대상을 연금저축, 사고보험금 및 중소기업퇴직연금기금(보호상품으로 운용되는 적립금)으로 확대

* 출처: 예금보험공사

1 조직

(1) 예금보험위원회

예금보험공사는 최고의사결정기구인 예금보험위원회를 운영하고 있다. 예금보험위원회는 공사 사장과 금융위원회 부위원장, 기획재정부 차관, 한국은행 부총재 등 4인을 당연직위원으로 하고 금융위원회가 위촉하는 1인을 포함하여 기획재정부 장관 및 한국은행 총재가 각각 추천한 3인을 포함하여 총 7인으로 구성되어 있다. 위촉위원들의 임기는 3년으로 연임 가능하다. 예금보험위원회의 위원장은 예금보험공사 사장이 맡으며 과반수의 출석과 출석한 위원의 과반수가 찬성하면 의결한다. 예금보험위원회는 의결을 통해 공사 정관의 변경, 공사예산 편성 및 변경과 결산, 예금보험금 지급 결정, 개산지급금 지급 승인, 정리회사에 대한 자금 지원, 부보금융회사 등에 대한 자금지원, 금융감독원장에 대하여 부보금융회사 및 금융지주회사 등에 대한 검사 실시 요청 또는 공동검사 참여 요청 등을 심의, 의결할 수 있다.

■ 표 4-3 예금보험위원회의 주요 기능(2023년 기준)

구분		주요내용
의결 사항	의결	• 공사 정관의 변경 • 공사 예산의 편성 및 변경과 결산 • 예금보험기금채권 및 예금보험기금채권상환기금채권의 발행 • 출연금, 예금보험료 및 연체료의 전부 또는 일부 감액 내지 납부 유예 • 예금보험기금 적립액 목표규모 설정 • 예금보험금 지급 여부의 결정 • 개산지급금 지급의 승인 • 정리금융회사에 대한 자금 지원 • 부보금융회사 등에 대한 자금 지원 • 예금보험위원회 운영에 관하여 필요한 사항 • 금융감독원장에 대하여 부보금융회사 및 금융지주회사 등에 대한 검사 실시 요청 또는 공동검사 참여 요청 • 금융위원회에 대하여 부실금융회사에 대한 계약이전 명령, 파산신청 등 필요 조치 요청
	결정	• 부실금융회사의 결정 • 부실우려금융회사의 결정 • 기금 계정간의 거래 • 예금보험위원회 의사록의 공개 방법 • 예금보험기금채권 및 예금보험기금채권상환기금채권 관련 필요 사항 • 업무대행에 따른 수수료의 지급 관련 필요 사항 • 가지급금의 지급

	심의	• 기금운용계획 • 공사 업무와 관련한 제규정의 제·개정
	지정	• 여유자금의 운용 – 매입 대상 유가증권의 지정 – 예치 대상 부보금융회사의 지정
보고사항		• 경영정상화이행약정 분기별 점검실적 보고

상단 행 셀: 최소비용원칙에 의한 자금지원 등의 예외 인정

* 출처: 예금보험공사

(2) 이사회 및 감사

예금보험공사 이사회는 최고집행기구로서 사장 1인, 부사장 1인, 상임이사 4인 이내 및 비상임이사 7인 이내로 구성되어 있으며 감사는 이사회에 출석하여 의견을 진술할 수 있으나 의결에 참여하지는 않는다. 이사회 사장은 임원추천위원회의 추천과 금융위원회 위원장의 제청에 의하여 대통령이 임명하며, 상임이사는 사장이 임명하고, 비상임이사는 임원추천위원회가 추천한 사람 중에서 금융위원회 위원장이 임명한다. 감사는 임원추천위원회의 추천과 공공기관운영위원회의 심의·의결을 거쳐 기획재정부 장관의 제청에 의하여 대통령이 임명한다. 사장의 임기는 3년이고, 이사 및 감사의 임기는 2년이며 1년 단위로 연임할 수 있다. 특히 2023년도의 경우, 공공기관 운영에 관한 법률('22.8.4. 개정)에 따라 공사 최초로 노동이사를 신규 선임하였으며 노동이사는 근로자 대표로 이사회에 직접 참여하여 의결권을 행사하도록 하였다.

이사회는 정관의 변경, 공사 예산의 편성 및 운영계획 수립과 변경, 결산, 경영목표의 수립 및 변경, 주요 내부 규정의 제정 및 개폐, 임원의 보수, 기본재산의 취득과 처분, 조직·인사 등 공사의 경영과 관련된 주요 사항, 다른 법령·정관 또는 다른 내규에서 이사회의 의결을 거치도록 규정한 사항, 그 밖에 이사회 또는 의장이 필요하다고 인정하는 사항 등을 심의·의결한다.

그림 4-4 ┊ 예금보험공사 조직도(2023년 기준)

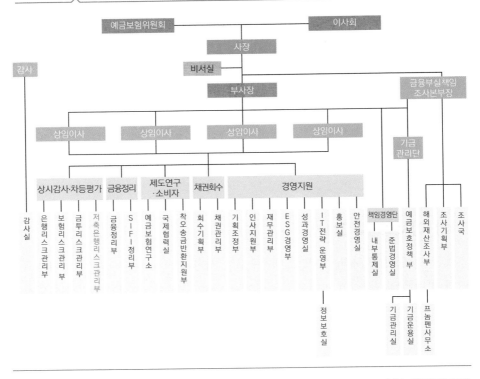

* 출처: 예금보험공사

2 주요 업무

(1) 예금보험기금의 관리 및 운영

예금보험공사 설립 당시에는 공사 내 예금보험기금만을 설치하여 보험료의 수납과 보험금 지급, 예금 등 채권의 매입, 정리금융회사에의 출자 및 자금지원, 부실금융회사의 정리 등을 지원하기 위한 기금만을 운영하였다. 하지만 1997년 외환위기가 발생하며 이를 수습하는 과정에서 공적자금의 손실이 누적되었고 이의 상환에 대한 우려가 확산되자 정부는 2002년 9월 공적자금 상환대책을 발표하였다. 당시 발표한 공적자금 상환대책은 25년 내 공적자금 부채상환을 완료하고 공적자금 상환 재원의 일부를 재정에서 부담하기 위해 공적자금상환기금을 설치 운영한다는 것을 골자로 하는 정부의 대책이었다. 이를 위해 자금 조달을 하고자 국채 등을 발행하였으며 해당 자금은 예금보험기금채권상환기금과 부실채권정리기금의 출연 자금으로 활용되었다. 예금보험공사는 이를 토대로 2002년 12월에 예금자보호법을 개정하여 예금보험기금채권상환기금을 설치하였다. 이렇게 설치된 예금보험기금채권상환기금은 2002년 12월 31일 이전까지 발생한 기존 예금보험기금의 자산·부채 및 그 밖의 권리나 의무를 포괄 승계하여 기존 기금의 채무를 정리하였고, 새로 조성된 예금보험기금으로는 2003년 이후에 발생한 보험사고 등에 대한 예금보험업무만을 담당하도록 하였다. 또한 금융권별로 부실이 이전되지 않도록 예금보험기금과 상환기금 내에 금융권별로 계정을 구분하여 설치하였다.

1) 예금보험기금

예금보험기금은 부보금융회사의 보험료 및 출연금(표 4-4 참조), 정부 출연금, 예금보험기금채 발행, 정부가 무상으로 양여한 국유재산, 차입금[4], 보험금 지급 후 취득한 채권의 회수 자금, 기매입 예금채권 등의 회수자금, 부실금융회사의 정리 등을 위하여 지원한 자금을 회수한 자금, 기금의 운용수익 등을 재원으로 한다. 이와 같이 조성된 기금은 부보금융회사에 보험금을 지급하거나 정리금융회사에의 출자, 부실금융회사 정리 등을 위한 자금지원, 예금보험기금채권 및 차입금의 원리금 상환 등에 쓰이게 된다. 예금보험공사는 2009년 1월부터 목표기금제도(Target Fund System)를 도입하여 운영하고 있다. 이는 예금보험기금이 일정 손실을 감당할 수 있도록 사전에 적립 목표 규모를 설정하고, 예금보험기금의 적립수준이 목표 규모에 도달하는 경우 보험료를 감면해 주는 제도이다.[5] 한편 2011년 4월부터는 저축은

---

4 예금보험공사는 정부, 한국은행, 부보금융회사, 대통령령이 정하는 금융기관으로부터 차입할 수 있다. 한국은행으로부터 차입한 차입금에 대한 원리금에 대해서는 정부가 보증할 수 있다.
5 은행과 투자매매·중개업자, 손해보험사의 목표 규모의 하한과 상한은 각각 0.8250%, 1.100%이며 생명보험사는 0.660%, 0.9350%, 상호저축은행은 1.650%, 1.9250%이다.

행 부실사태로 동 기금에 설치된 상호저축은행계정의 건전화를 지원하기 위하여 예금보험기금에 상호저축은행 구조조정 특별계정을 한시적으로 설치하였으며 2011년 1월 이후 발생한 상호저축은행의 보험사고 관련 자산 및 부채의 일부 또는 전부를 상호저축은행계정에서 특별계정으로 이전할 수 있도록 하였다.

■ 표 4-4 부보금융회사의 보험료 출연금(2023년 기준)

부보금융회사	출연금 요율
은행	1%
투자매매업자 · 투자중개업자	1%
보험회사	1%
종합금융회사	5%
상호저축은행	5%

* 출연금: 출연금은 신규로 영업 또는 설립 인가를 받은 부보금융회사가 납부하는 금액

* 출처: 예금보험공사

2) 예금보험기금채권상환기금

예금보험기금채권상환기금은 외환위기를 수습하는 과정에서 공적자금 상환대책의 일환으로 2002년 12월 예금자보호법을 개정하여 설치되었다. 예금보험기금채권상환기금 수립 당시 상환해야 할 총 부채는 원금기준으로 82.4조 원이었으며 이 중 16.7조 원은 회수자금으로 상환하였고 20조 원은 금융기관 특별기여금으로 상환하였다. 다만, 금융기관 특별기여금은 상환자금 조달(2027년까지 분할 수납하도록 되어 있음)과 채무 상환 간 기간 미스매칭(mis-matching)이 발생하기 때문에 이를 해결하기 위해 예금보험채권상환기금채권을 발행하여 이를 해결하도록 노력하였다. 그리고 나머지 45.7조 원은 공적자금상환기금으로부터 출연 받아 상환하도록 되어 있다. 상환대상 부채 중 81조 원의 예금보험기금채권은 2008년 말까지 전액 상환하였다.

예금보험기금채권은 공적자금상환기금으로부터의 출연금, 상환기금채권 발행, 부보금융회사로부터의 특별기여금(부보금융회사는 2003년부터 2027년 말까지 매년 예금

등의 잔액에 일정비율을 곱한 금액을 예금보험공사에 납부하여야 한다. 표 4-5 참조) 등을 재원으로 한다. 이 밖에도 한국은행 등으로부터의 차입금, 보험금 지급 후 취득한 채권의 회수 자금, 기매입 예금채권 등의 회수 자금, 부실금융회사의 정리 등에 지원된 자금의 회수 자금, 기금의 운용수익 등도 재원으로 활용할 수 있다.

예금보험기금채권상환기금의 지출에는 예금보험기금채권(2002년 12월 31일 이전에 발행에 한함) 및 상환기금채권의 원리금 상환, 보험금 및 개산지급금 지급, 정리금융기관에 대한 자금지원, 부실금융기관 정리 등에 대한 자금지원, 차입금 원리금 상환 등이 있다.

(2) 보험료의 수납 및 보험금 지급

예금보험공사는 보험료의 재원을 확보하기 위해 부보금융회사로부터 매년 예금 잔액 및 보험 책임준비금 등의 0.5%를 초과하지 않는 범위 내에서 대통령이 정한 보험료율을 적용하여 산출된 보험료를 징수할 수 있다. 보험료율은 2024년 상반기 현재 0.08~0.40% 범위 내에서 업종별로 동일하게 적용하고 있다. 다만, 2009년 2월 예금자보호법 개정으로 동일 업종 내에서도 보험료율을 금융회사별로 10% 이내에서 차등 적용하는 차등보험료율 제도가 2014년부터 적용되고 있다.

■ 표 4-5 금융권별 보험료율 및 특별기여금요율

구분	보험료율		특별기여금요율
	적용보험료율	법적상한	
은행	0.08%	0.5%	0.1%
투자매매·중개업자	0.15%	0.5%	0.1%
보험회사	0.15%	0.5%	0.1%
종합금융회사	0.15%	0.5%	0.1%
상호저축은행	0.40%	0.5%	0.1%
신용협동조합	–	0.5%	0.05%

* 출처: 예금보험공사

예금보험공사는 부보금융회사에 예금 및 채권의 지급정지, 파산 등의 보험사고[6]가 발생하면 해당 금융회사 금융소비자의 청구에 의해 보험금을 지급한다. 부보금융회사의 파산 등 지급불능 상태가 발생하게 되면 금융소비자가 보험금을 신청한다고 하여도 보험금 지급까지는 상당한 기간이 소요될 수 있다. 이 경우 금융소비자는 추가 피해가 발생할 수 있으므로 이를 예방하기 위해 예금보험위원회가 정하는 금액을 보험금지급 범위 내에서 미리 지급할 수 있다. 또한 금융기관이 청산이나 파산한 경우, 이에 대한 절차가 마무리되기 전까지 예금자의 추가 피해가 발생할 수 있으므로 예금자로 하여금 예금보험공사가 예금채권을 매입할 수 있다. 이에 대한 절차를 진행함에 있어 예금보험공사는 예금채권에 대한 가치를 개산(槪算, 어림잡아)한 금액을 예금자에게 지급하게 된다. 이때 개산한 금액을 개산지급금이라고 하며 추후 청산 등의 절차가 마무리되어 예금보험공사가 매입한 예금채권 자금을 회수하였을 때 해당 금액(소요 비용 차감)이 개산한 금액보다 크면 그 초과 금액을 예금자에게 추가 지급하게 된다.

(3) 부실금융회사 정리 및 자금지원

1) 부실금융회사의 정리

예금보험공사는 부실금융회사 또는 해당 부실금융회사를 자회사로 두는 금융지주회사를 당사자로 하는 합병이나 영업의 양도 또는 제3자에 의한 인수를 알선할 수 있으며 금융위원회에 대하여 부실금융기관에 대한 계약이전의 명령, 파산신청 등 필요한 조치를 취할 것을 요청할 수 있다.

▶ 예금자보호법상 부실금융회사
① 부채가 자산을 초과하거나 거액의 금융사고 또는 부실채권의 발생으로 부채가 자산을 초과하게 되어 정상적인 경영이 어렵게 될 것이 명백하다고 금융위원회 또는 예금보

---

6 1종 보험사고(예금 등 채권의 지급정지), 2종 보험사고(영업 인허가의 취소, 해산결의 또는 파산선고)

험위원회가 결정한 부보금융회사

② 예금 등 채권의 지급 또는 다른 금융기관으로부터의 차입금 상환이 정지 상태에 있는 부보금융회사

③ 외부로부터의 자금지원 또는 별도의 차입 없이는 예금 등 채권의 지급이나 차입금의 상환이 어렵다고 금융위원회 또는 예금보험위원회가 결정한 부보금융회사

이와 함께 예금보험공사는 금융위원회의 승인을 얻어 부실금융회사의 영업 또는 계약을 양수하거나 정리업무를 수행하기 위한 주식회사 형태의 정리금융회사를 설립할 수 있다. 정리금융회사의 자본금은 예금보험기금 부담으로 예금보험공사가 전액 출자하며 예금채권의 지급, 대출채권의 회수 등의 업무를 수행한다. 정리금융회사의 영업기간은 5년 이내이나 금융위원회의 승인을 얻어 연장할 수 있다.

2) 자금지원

예금보험공사는 부보금융회사의 부실금융회사를 합병하는 등 아래 제시된 사항의 경우 부보금융회사에 자금을 지원할 수 있다.

▶ 부보금융회사에 자금을 지원하는 경우

① 부실금융회사 또는 해당 부실금융회사를 자회사로 두는 금융지주회사를 인수 · 합병하거나 그 영업을 양수하고자 하는 자 또는 계약이전을 받고자 하는 자의 자금지원 신청이 있거나 부실금융회사의 합병 등이 원활하게 이루어질 수 있도록 하기 위하여 필요하다고 인정되는 경우

② 예금자 보호 및 신용질서의 안정을 위하여 부실금융회사 등의 재무구조 개선이 필요하다고 인정되는 경우

③ 금융위원회가 정부 등에 대하여 부실금융회사에 대한 출자 또는 대통령령이 정하는 유가증권의 매입을 요청하는 경우

자금지원은 대출 또는 예치, 자산의 매수, 채무의 보증·인수, 출자 또는 출연을 포함하며 최소비용의 원칙[7]과 공평한 손실분담의 원칙[8]에 따라 이루어진다. 자금지원을 받는 부보금융회사는 예금보험공사와 경영정상화계획의 이행을 위한 서면약정을 체결해야 한다. 약정의 내용은 재무건전성·수익성·자산건전성에 관한 목표수준과 이를 이행하기 위한 실천계획 등을 포함하며 이를 준수하지 못하는 부보금융회사에 대해서는 예금보험공사가 당해 금융회사 임원의 해임·직무 정지·경고·주의 또는 직원의 징계·주의를 요구할 수 있다.[9]

자금지원의 재원은 2002년 12월 31일 이전에 보험사고가 발생하였거나 금융위원회 또는 예금보험위원회가 부실금융회사 등으로 결정한 경우에는 예금보험기금채권상환기금에서, 2003년 1월 1일 이후에 보험사고 등이 발생한 금융회사의 경우에는 예금보험기금에서 각각 부담한다.

---

7 예금보험공사는 지원자금이 예금보험기금의 손실이 최소화되는 방식으로 이뤄졌음을 입증하여야 한다.
8 자금지원 대상 부보금융회사의 부실에 책임이 있는 자의 공평한 손실 분담을 전제로 이루어져야 한다.
9 "한국의 금융제도", 한국은행, 2018

■ 표 4-6 예금보험기금채권상환기금 총지원 현황(2023.12.31 기준, 단위: 억 원)

구분	은행	증권	보험	종금	저축은행	신협	소계
출자[10]	222,039	99,769	159,198	26,391	1	0	507,937
출연[11]	139,189	4,143	31,192	7,431	4,161	0	186,117
부실자산 매입[12]	81,064	21,239	3,495	0	0	0	105,799
보험금 지급[13]	0	113	0	182,718	72,892	47,402	303,124
대출[14]	0	0	0	0	5,969	0	5,969
총계	1,108,946						

■ 표 4-7 예금보험기금 총지원 현황(2023.12.31기준, 단위: 억 원)

구분	은행	금융투자	보험	종금	저축은행	특별	소계
출자	0	0	0	0	4,866	(3,655)	4,866
출연	0	0	226	0	254,415	(229,873)	254,642
보험금지급	0	0	0	0	50,690	(36,278)	50,690
대출	0	0	0	0	6,027	(1,136)	6,027
개산지급금	0	0	0	0	994	(775)	994
총계	317,219						

* 출처: 예금보험공사

10 부실금융회사의 자본을 충실하게 하기 위하여 금융회사의 주식을 취득하는 것
11 부실금융회사를 <계약이전(P&A)방식>으로 정리할 때 계약을 이전받는 금융회사에 자금을 지원해 주는 것
12 부실금융회사를 <제3자 인수방식>으로 정리할 때 인수금융회사가 인수하기를 거부하는 부실자산을 사주는 것
13 영업정지나 파산 등으로 금융회사가 고객에게 예금을 지급하지 못하는 경우에 대신 예금을 지급하는 것
14 금융회사의 단기유동성 위기를 해소하기 위하여 일시적으로 자금을 빌려주는 것

그림 4-5 　예금보험공사 지원자금 연도별 회수율 현황(2023년 기준, 단위: 억원)

연도별	예금보험기금채권 상환기금	예금보험기금
1998년	0	0
1999년	42,893	0
2000년	60,563	0
2001년	41,179	0
2002년	26,634	0
2003년	56,034	0
2004년	56,672	0
2005년	36,117	857
2006년	34,001	693
2007년	43,660	742
2008년	23,980	2,341
2009년	24,118	1,539
2010년	29,295	3,916
2011년	12,679	3,849
2012년	13,769	2,194
2013년	7,992	11,416
2014년	24,449	28,551
2015년	16,243	34,203
2016년	26,483	28,401
2017년	11,692	10,762
2018년	5,040	9,199
2019년	4,652	6,993
2020년	3,318	4,029
2021년	12,923	3,413
2022년	8,467	2,676
2023년	3,959	2,379
누계	626,814	158,154

* 출처: 예금보험공사

　　외환위기 등 2003년 이전에 발생한 부보금융회사의 지원은 주로 은행, 증권, 보험, 종금사 등 금융권 전반에 걸쳐 이뤄졌다. 이는 외환위기가 금융권 전반에 충격을 주었던 만큼 청산, 파산, 인수·합병에 대한 전방위적 지원이 당시 있었음을 짐작할 수 있다. 반면 2003년 이후 예금보험공사의 지원은 예금보험기금에서 충당 하였으며 대부분 저축은행을 지원하는 데 자금이 활용된 것을 앞의 그림 4-6에서 확인할 수 있다. 이는 2011년 발생한 부산저축은행 사태로 인해 몇몇 저축은행의 인수, 합병 등에 대한 지원금으로 약 32조 원이 지원된 것에 근거한다. 예금보험공 사의 지원자금에 대한 회수는 2023년 기준 예금보험기금채권상환기금의 경우 출자 자금 회수, 배당 회수, 자산매각[15], 대출금 회수 등으로 62조 6,814억 원을 회수하였 으며 예금보험기금의 경우 출자금 회수, 출연금 회수, 보험금지급 회수, 대출금 회 수, 개산지급금 회수 등을 통해 15조 8,154억 원을 회수하였다.

3) 부보금융회사에 대한 조사 및 검사

예금보험공사는 예금자 보호 및 기금손실 최소화를 위하여 「예금자보호법 제21 조 제2항」에 근거, 부보금융회사 등에 대한 업무 및 재산상황의 조사를 실시할 수 있다. 즉, 예금보험공사는 부보금융회사와 당해 부보금융회사를 자회사로 둔 금융 지주회사에 대하여 필요한 범위 내에서 업무 및 재산상황 등에 대한 자료의 제출을 요구할 수 있다는 것이다.

이와 더불어 제출된 자료에 기초하여 부실우려가 있다고 인정되는 부보금융회사 등에 대해서는 업무 및 재산상황에 대한 조사를 실시할 수 있다. 또한 금융소비자 보호를 위해 필요하다고 인정되는 경우 부보금융회사 등과 관련된 구체적인 자료의 제공을 금융감독원장에게 요청할 수 있다. 그리고 만약 금융감독원 제공 자료에 대해 사실 확인이 필요하다고 판단된 경우에는 해당 부보금융회사에 감사를 통한 사실 확인을 금융감독원장에게 요청할 수 있으며, 이를 통해서도 사실 확인이 불명 확할 시 해당 부보금융회사의 업무 및 재산상황을 직접 조사할 수 있다. 이와 같은 조사결과를 통해 해당 부보금융회사의 보험사고 위험이 충분하다고 판단될 때에는 이를 금융위원회에 통보하고 위험에 관한 적절한 조치를 취해 줄 것을 요청할 수 있다. 마지막으로 예금보험공사는 부보금융회사에 대한 금융감독원의 감사 결과를

---

15 정리금융공사(RFC)의 인수자산 매각을 통한 회수를 의미한다.

송부해 줄 것을 요청할 수 있으며 필요한 경우 예금보험공사 소속직원이 부보금융
회사 감사에 공동으로 참여할 수 있도록 금융감독원장에게 요청할 수 있으며 금융
감독원장은 이에 응해야 한다.

그림 4-6 : 부보금융회사에 대한 조사 절차

* 출처: 예금보험공사

4) 금융부실관련자[16]에 책임추궁 및 조사, 손해배상

예금보험공사는 자금이 투입된 금융회사에 대하여 예금자보호법에 따라 부실에
책임이 있는 금융회사 전·현직 임직원 등에 대한 책임추궁과 금융회사에 빌린
돈을 갚지 아니함으로써 금융회사 부실의 부분적인 원인을 제공한 부실채무기업의
기업주, 임직원 등에 대하여도 책임추궁을 위한 조사를 실시할 수 있다.

또한 부실관련자에 대한 손해배상청구에 따른 책임재산을 확보하기 위해 부실관
련자에 대한 철저한 재산조사를 실시할 수 있으며 부실책임조사 및 부실관련자
재산조사 결과를 토대로 해당 금융회사 등을 통하여 손해배상청구소송 및 채권보전
조치 등 필요한 법적조치를 취할 수 있다. 이를 위해 필요한 경우 공공회사 등으로
부터 부실채무자의 재산 및 업무에 관한 자료를 제공받을 수 있다.

---

16 영업정지 또는 파산된 금융회사의 부실에 책임이 있는 전·현직 임직원, 대주주 및 채무자

그림 4-7 : 부실금융회사 조사·심의 단계별 절차도

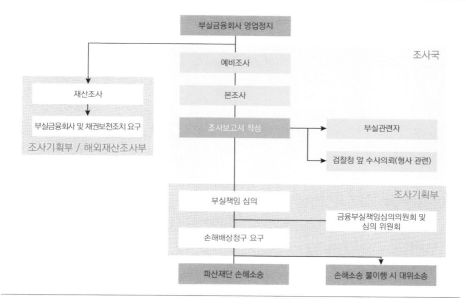

* 출처: 예금보험공사

　이 밖에도 예금보험공사는 금융부실관련자 부실행위 신고센터와 금융부실관련자 은닉재산 신고센터를 운영하고 있다. 금융부실관련자 부실행위 신고센터는 일반 국민이 금융회사 부실관련자 등의 횡령·배임 등 불법행위와 관련된 정보를 쉽고 편리하게 공사에 신고할 수 있도록 하기 위하여 공사 내 전담 신고센터를 설치하여 접수된 신고내용에 대해 공사가 필요시 부실책임조사를 실시하고 구체적인 범죄혐의를 포착할 경우 검찰에 수사의뢰를 하는 등의 역할을 수행하고 있다. 이와 더불어 금융부실관련자 은닉재산[17] 신고센터는 일반 국민이 금융부실관련자의 은닉재산 정보를 쉽고 편리하게 신고하도록 하기 위하여 공사 내 은닉재산 신고센터를 설치하여 운영하고 있다.[18]

---

17 부실관련자의 재산으로서 국내 또는 해외에 은닉한 동산·부동산 등 일체의 재산을 말한다.
18 은닉재산 신고 포상금은 최대 30억 원이다.

■ 표 4-8 은닉재산 신고센터 누적현황(2023년 12월 기준)

제보건수	발견재산	
	회수액	포상금
458건	873억 원	62억 원

* 출처: 예금보험공사

파이낸셜 시스템의 이해

연/습/문/제

1. 예금보험제도란 무엇인지 설명해 보시오.

2. 뱅크런은 왜 발생하는 것이며 뱅크런이 발생하게 되면 금융시장에 어떤 위험이 발생하는지 설명해 보시오.

3. 다음 중 예금보호대상이 되지 않는 상품은 무엇인지 모두 고르시오.
   ① 은행의 예금
   ② 증권사의 예수금
   ③ 저축은행의 예금
   ④ 은행의 양도성예금증서
   ⑤ 증권사의 파생상품
   ⑥ 보험사의 변액보험

4. 현재 예금보험공사의 예금자보호 한도는 원금과 소정의 이자를 합하여 각 금융회사별 1인당 (   ) 원이다.

5. 다음 상황을 보고 예금자보호가 어디까지 되는지 설명해 보시오.
   - Y는 A은행에 5천만 원, B은행에 5천만 원, C은행에 5천만 원 예금하였다.

6. 다음 중 예금보험위원회의 설명 중 틀린 것은?

   ① 예금보험공사의 최고의사결정기구이다.

   ② 예금보험위원회는 공사 사장과 금융위원회 부위원장, 기획재정부 차관, 한국은행 부총재 등 4인을 당연직위원으로 한다.

   ③ 임기는 3년으로 연임은 불가능하다.

   ④ 과반수의 출석과 출석한 위원의 과반수가 찬성하면 의결한다.

7. 예금보험기금이 일정 손실을 감당할 수 있도록 사전에 적립 목표 규모를 설정하고, 예금보험기금의 적립수준이 목표 규모에 도달하는 경우 보험료를 감면해 주는 제도를 무엇이라고 하는가?

8. 부보금융회사의 출연금 요율은 은행(　　　　), 투자매매업자·투자중개업자(　　　), 보험회사(　　　　), 종합금융회사(　　　　), 상호저축은행(　　　　)이다.

9. 예금보험기금채권상환기금의 설립 목적은 무엇인가?

10. 예금보험공사의 보험료율은 2024년 상반기 현재 0.08~0.40% 범위 내에서 업종별로 동일하게 적용하고 있다. 그렇다면 실제 은행, 투자매매·중개업자, 보험회사, 종합금융회사, 상호저축은행, 신용협동조합 등의 적용보험료율은 얼마나 되는지 설명해 보시오.

         파이낸셜 시스템의 이해

11. 부보금융회사에 파산 등 지급불능 상태가 발생하게 되면 금융소비자가 보험금을 신청한다고 하여도 보험금 지급까지는 상당한 기간이 소요될 수 있다. 이와 같은 경우 금융소비자 보호를 위해 예금보험공사는 어떤 조치를 취하는지 설명해 보시오.

12. 예금보험공사는 금융위원회의 승인을 얻어 부실금융회사의 영업 또는 계약을 양수하거나 정리업무를 수행하기 위한 주식회사 형태의 정리금융회사를 설립할 수 있다. 이때 정리금융회사의 자본금과 수행 업무, 영업기간 등에 대해서 설명해 보시오.

13. 예금보험공사가 부보금융회사에 자금을 지원하는 경우 3가지를 설명해 보시오.

14. 부보금융회사에 대한 조사 및 검사 중 틀린 것은?
   ① 부보금융회사 등과 관련된 구체적인 자료의 제공을 금융감독원장에게 요청할 수 있다.
   ② 금융감독원 제공 자료에 대해 사실 확인이 필요하다고 판단된 경우에는 해당 부보금융회사에 감사를 통한 사실 확인을 금융감독원장에게 요청할 수 있다.
   ③ 부보금융회사의 업무 및 재산상황을 직접 조사할 수 없다.
   ④ 부보금융회사의 보험사고 위험이 충분하다고 판단될 때에는 이를 금융위원회에 통보하고 위험에 관한 적절한 조치를 취해 줄 것을 요청할 수 있다.

제 **5** 장

중앙은행제도

제 5 장

중앙은행제도

중앙은행은 독점적 발권력을 바탕으로 금융기관에 부족자금을 대출하는 은행의 은행, 즉 최종 대부자로서의 역할을 수행하며 정부의 은행으로서 세입과 세출 관리 및 자금 부족 시 대출해 주는 역할을 한다. 또한 물가안정과 거시경제 안정을 목표로 통화량 및 금리를 조절하는 통화정책을 단행하며 거시건전성 정책을 통해 금융안정에도 기여하고 있다. 이런 중앙은행의 기능은 경제발전, 국제 환경이 변화하며 사회적 필요에 따라 기능이 추가되거나 축소되기도 한다.

▶ 중앙은행의 역사 및 기능의 변천사

최초의 중앙은행은 영국의 영란은행(Bank of England, 英國銀行)[1]으로 1694년 설립되었으며 근대은행의 효시로 알려져 있다. 영란은행은 국왕의 은행 역할을 수행하였으며 오늘날 중앙은행과는 달리 상업은행(commercial bank)으로 출발하였다. 하지만 정부의 수입과 지출을 관리하고 정부의 재원이 부족할 경우 자금을 지원하는 업무를 함으로써 일반 영리를 목적으로 하는 상업은행과는 차별화된 업무를 수행하였다. 또한 이를 통해 영란은행은 화폐발행에 대한 독점권을 부여 받음으로서 다른 은행으로부터 잉여자금을

---

1 잉글랜드 은행이라고도 한다.

예탁받고 부족자금을 대출해주는 은행의 은행 역할을 수행하게 되면서 상업은행으로서의 역할은 사라지고 현대 중앙은행의 모습을 갖추게 되었다.

영란은행 설립 승인	1887년 영란은행 5파운드 지폐

영란은행 설립 이후 큰 변화 없이 이어오던 중앙은행의 역할은 20세기 금본위제도가 폐지되며 변화가 일어났다. 당시 금본위제도는 금 보유량에 따라 화폐량이 결정되었기 때문에 자국 경제에 대응할 수 없다는 한계점이 들어나며 폐지되었고 이후 관리통화제도가 도입되었다. 관리통화제도는 화폐 발행의 재량을 중앙은행이 가지고 있기 때문에 화폐 발행의 적정관리가 매우 중요해지면서 통화량, 금리, 환율 등의 거시경제 변수 관리를 통해 물가안정을 포함한 거시경제의 안정을 도모하는 통화신용정책이 중앙은행의 핵심 기능으로 자리 잡게 되었다.

이후 1970∼80년대에는 석유파동(oil shock) 및 외채위기 등에 따른 물가 불안과 경기침체 등이 발생하였고 이에 중앙은행은 통화신용정책의 중립성을 제고하기 위한 제도 개선을 통해 거시경제 안정화를 위한 노력을 이어갔다. 1990년대 이후에는 세계적인 금융자율화의 영향으로 새로운 금융상품들이 대거 출현하였으며 이로 인해 통화량 목표제(monetary targeting)는 한계에 봉착하였다. 따라서 이에 대한 극복 방안으로 물가안정목표제(inflation targeting)를 도입하였으며 이를 따르는 중앙은행이 점차 늘어남에 따라 현재는 대부분의 나라들이 물가안정목표제를 채택하고 있다. 이와 같이 중앙은행의 중요성이 확대되며 세계 각국의 중앙은행들은 중앙은행의 중립성이 강화되는 방향으로 제도가 개선되었다. 이는 근본적으로 물가안정을 위해 중앙은행은 외부 간섭으로부터 자유로워야 한다는 인식에 근거하고 있지만 금융자유화 진전으로 시장친화적인 경제정책이 중요해졌기 때문이기도 하다. 이처럼 중앙은행의 중립성이 강화된 만큼 통화신용정책에 대한 책임성 역시 강조되었다.

2008년 글로벌 금융위기를 촉발한 서브프라임 모기지 사태는 금융기관의 위험을 빠르게 전이시키며 실물경제를 위축시켰다. 이로 인해 중앙은행의 거시건전성 기능과 금융안정 기능에 대한 중요성이 재인식되었다. 종전에도 중앙은행은 금융위기 발생 시 금융정책 수단을 활용하여 시중에 충분한 유동성을 공급하는 등 금융위기가 확산되지 않도록 최종대부자로서의 역할과 지급결제제도의 운용 및 감시 업무를 수행해 왔으나 글로벌 금융위기 이후에는 시스템 리스크를 억제함으로써 금융위기를 사전에 예방하는 것에 조금 더 큰 비중을 두게 되었다. 정리하면 최근 중앙은행의 역할은 사전적으로 금융 시스템을 총체적 관점에서 분석하여 금융위기 발생을 억제하고 금융위기 발생 시 사후적으로 금융정책수단 등을 활용하여 금융 시스템 리스크로 전이되지 않도록 하는 것에 있다.

▶ 세계 대표적인 중앙은행인 미국 연방준비제도(Fed, Federal Reserve System)

전 세계 가장 큰 영향력이 있는 중앙은행은 미국의 중앙은행인 미국 연방준비제도(Fed)이다. 미국의 중앙은행은 1907년 금융위기를 계기로 금융안정망을 확충하기 위한 제도적 장치를 마련하기 위해 1913년 연방준비제도(Federal Reserve System)로 설립되었다. 당시 미국의 금융제도는 단위은행제도를 근간으로 하고 있어 금융위기에 취약하였으므로 발권력을 가진 연방준비제도를 설립하여 이를 보완하고자 하였다.

연방준비제도(Fed)는 연방준비제도이사회(Federal Reserve Board), 연방공개시장위원회(Federal Open Market Committee), 12개 지역의 연방준비은행(Federal Reserve Banks), 연방준비은행이사회(Board of Directors) 등을 주요 기관으로 하고 있으며 미국 전역을 12개의 연방준비구로 분할하여 각 지구에 하나의 연방준비은행을 두는데, 연방준비제도위원회가 12개의 연방준비은행을 총괄하는 형태를 취하고 있다.

▶ 연방준비제도이사회(Board of Governors / Federal Reserve Board)

연방은행의 운영에 대한 관리 및 연방공개시장위원회(FOMC)가 의결한 통화금융정책을 수행한다. 연방준비제도위원회(연준위)는 상원의 권고와 동의를 얻어 대통령이 임명하는 7명의 위원(임기 14년, 재임 불가, 2년마다 1명씩 교체)으로 구성되며, 그중 1명을 대통령이 의장(임기 4년)으로 임명한다. 이사회는 공정할인율, 예금준비비율의 변경 및 공개시장운영, 금리규제, 연방준비권의 발행과 회수를 감독하며, 12개의 연방준비은행 업무를 총괄 관리한다.

▶ 연방공개시장위원회(FOMC, Federal Open Market Committee)

　연방공개시장위원회(이하 FOMC)는 연방준비위원회와 협력하여 화폐 공급의 한도를 결정하는 등 통화금융정책의 방향을 결정한다. FOMC는 연방준비제도위원회와 연방준비은행의 대표로 구성되는데, 연방준비위원회 위원 전원과 뉴욕 연방은행 총재 및 다른 지구 연방은행 총재 중에서 교대로 선출되는 4명을 합하여 모두 12명으로 구성된다. FOMC 의장은 연방준비위원회 의장이, 부의장은 뉴욕연방은행 총재가 맡는다. 교대로 선출되는 4명의 지역 연방은행 총재의 위원은 뉴욕 연방은행 총재를 제외한 나머지 11개 연방은행을 4개 그룹으로 나누어 각 그룹에 속한 총재 1명이 1년씩 교대로 참석한다. FOMC는 미국의 연방기금금리(Federal Fund Rate)를 결정하며 시장과의 소통을 위해 향후 금리에 대한 전망을 점도표(FOMC dot plot)를 작성하여 공개한다.

▶ 연방준비은행(Federal Reserve Banks)

　연방준비은행은 연방준비권과 연방준비은행권 등의 은행권을 발행하는 주업무를 비롯해 가맹은행의 법정지급준비금의 집중 보관, 가맹은행에 대한 상업어음의 재할인, 공개시장운영 등의 역할을 한다. 각 연방준비은행이 금융시장에 미치는 영향력의 차이는 굉장히 큰데, 이 중에서도 재무성의 대리인으로 내외의 공적결제를 시행하는 뉴욕연방은행의 발언권이 가장 강하다. 연방준비은행의 소재지는 뉴욕을 비롯해 보스턴·필라델피아·클리블랜드·리치먼드·애틀랜타·시카고·세인트루이스·미니애폴리스·캔자스시티·댈러스·샌프란시스코 등이다.

미국연방준비제도(Fed)　　　　　　2024년 6월 FOMC 점도표

▶ 연방준비은행이사회(Board of Directors)

연방준비은행이사회는 연방준비은행의 은행장을 선임·감독하며, 금융·산업·노동·소비자 등을 대표하여 선임된 9명의 이사로 구성된다.

* **첨부) FOMC 의장**(24년 현재 제롬 파월, Jerome Powell)**의 목소리와 시장 반응**

파월 "금리인하 더 오래 걸릴 것"…美 2년물 국채금리 장중 5.0% 돌파

제롬 파월 미 연방준비제도(Fed·연준) 의장이 금리인하 시기를 늦출 수 있다는 매파적(통화긴축 선호) 발언을 하면서 간밤 뉴욕증시가 약세 흐름을 이어갔다. 통화정책에 민감한 2년 만기 미국 국채금리는 장중 한때 5.0%선을 돌파하기도 했다.

파월 의장이 이날 공개행사에서 인플레이션이 2%로 낮아진다는 더 큰 확신에 이르기까지 기존 기대보다 더 오랜 기간이 걸릴 것 같다고 밝히면서 연준이 금리 인하 시기가 지연될 것이란 전망에 힘을 실었다. 파월 의장은 최근 지표에 대해 "2% 물가 목표로 복귀하는 데 추가적인 진전의 부족을 보여준다"라고 평가하기도 했다.

매파적인 발언에 국채 수익률은 상승했다. 전자거래 플랫폼 트레이드웹에 따르면 통화정책에 민감한 2년 만기 미국 국채 수익률은 이날 뉴욕증시 마감 무렵 4.98%로 전날 같은 시간 대비 6bp(1bp=0.01%포인트) 올랐다. 장 중 한때 5.01%로 고점을 높이기도 했다. 2년물 국채 수익률이 5%선을 돌파한 것은 지난해 11월 중순 이후 5개월 만이다. 10년 만기 미 국채 수익률도 이날 뉴욕증시 마감 무렵 4.66%로 전날 같은 시간 대비 3bp 상승했다.

* 출처: 디지털타임스

1 한국의 중앙은행 한국은행

　한국의 중앙은행인 한국은행은 한국은행법에 기초하여 1950년 6월 12일 최초 설립되었다. 설립 당시 한국은행은 정부가 15억 원 전액을 출자하여 자본금 15억 원으로 출발하였다. 하지만 중앙은행의 특성상 발권력을 가지고 있으며 손실 발생 시 전액 국가가 보전해 주기 때문에 1962년 1차 한국은행법 개정 시 무자본 특수법인으로 전환되었다.

한국전쟁 당시 피격된 한국은행 모습　　**한국은행 최초 발행 은행권(천 원)**

　한국전쟁 이후 폐허가 된 한국은 경제발전을 촉진하기 위해 정부주도 성장정책을 실시하였으며 이에 대한 원활한 지원을 위해 1962년 한국은행법이 개정되었다. 이로 인해 한국은행의 최고의사결정기구인 금융통화위원회는 금융통화운영위원회로 변경되었으며 정부 위원들이 대거 진입하였다(표 5-2 참고). 즉, 이를 통해 통화신용정책 결정에 있어 정부의 의견이 크게 반영될 수 있다는 점에서 한국은행의 독립성이 크게 저하되었음을 알 수 있다. 이와 함께 한국은행에 대한 정부의 업무검사권 및 예산사전승인제도, 금융통화운영위원회의 의결사항에 대한 재무부 장관의 재의요구권 등 한국은행에 대한 정부의 압력이 증가하였다.

「한국은행법」 제1차 개정

　이와 같은 한국은행법의 개정은 과거 우리나라가 제한된 자원을 성장 가능성이 큰 산업에 집중투자 함으로써 고도성장을 이끈 측면이 있지만 관치금융(官治金融) 및 금융산업의 상대적 낙후 등 여러 부작용을 일으키기도 하였다. 이후 우리나라의 성장궤도가 어느 정도 수준에 이른 1980년대에는 금융자유화 추진과 더불어 한국은행의 독립성 강화에 대한 필요성이 꾸준히 제기되었다. 그 결과 1997년 한국은행법이 다시 개정되며 금융통화운영위원회가 금융통화위원회로 환원되었고 금융통화위원회 의장이 재정경제원 장관에서 한국은행 총재로 바뀌게 되었다. 그러나 이때 한국은행 내 존재하던 은행감독권이 통합금융감독기구로 이관됨에 따라 한국은행의 금융안정기능이 약화되는 문제점도 드러났다. 이후 2003년 한국은행법이 다시 한번 개정되며 한국은행 부총재가 금융통화위원회 당연직 위원으로 개편되었고 한국은행 예산 중 정부의 사전승인 예산 범위를 기존 경비예산에서 급여성 경비로 축소하는 등 한국은행의 독립성이 한층 강화되었다.

　2008년 글로벌 위기는 전 세계 금융시장 및 실물경제에 큰 충격을 주며 세계적으로 거시건전성 정책의 중요성을 부각시켰다. 이에 한국은행 역시 2011년 8월 31일 금융안정 역할을 강화하는 방향으로 한국은행법을 개정하였다.

■ 표 5-1 한국은행법 개정

한국은행법 개정	연도	주요 내용
한국은행법 개정	1962	• 정부주도성장 정책의 원활한 지원을 위해 개정 – 금융통화위원회 → 금융통화운영위원회 – 금융통화위원회 의결사항에 대한 재무부 장관의 재의요구권 – 한국은행에 대한 정부의 업무검사권 – 한국은행에 대한 예산 사전승인제도
한국은행법 개정	1997	• 한국은행의 독립성 확대 – 금융통화운영위원회 → 금융통화위원회 환원 – 금융통화위원회 의장(재정경제원 장관 → 한국은행 총재)
한국은행법 개정	2003	• 한국은행의 독립성 강화 – 한국은행 부총재 → 금융통화위원회 당연직 위원 – 한국은행 사전승인 예산 범위 축소
한국은행법 개정	2008	• 금융안정 역할 강화

■ 표 5-2 금융통화위원회 명칭 및 구성 변화 흐름

		1950년 5월	1962년 5월	1997년 12월	2003년 8월
명칭		금융통화위원회	금융통화운영위원회	금융통화위원회	금융통화위원회
위원장		재무부 장관	재무부 장관	한국은행 총재	한국은행 총재
운영, 임기		비상근, 임기 4년(1년)	비상근, 임기 3년	상근, 임기 4년	상근, 임기 4년
위원 구성	당연직	재무부장관, 한은 총재	재무부장관, 한은 총재	한은 총재	한은 총재, 한은 부총재
위원 구성	추천직	금융기관 (2인, 임기 1년), 상공회의소, 농림부, 기획처 경제위	금융기관(2인), 상공부(2인), 농림부(2인), 경제기획원	한국은행, 재정경제원, 금융감독위원회, 대한상공회의소, 은행연합회, 증권업협회	한국은행, 기획재정부, 금융위원회, 대한상공회의소, 은행연합회

* 출처: 한국은행

파이낸셜 시스템의 이해

(1) 조직

한국은행은 통화신용정책 및 한국은행 운영에 관한 사항 등을 심의·의결하는 최고의사결정 기구인 금융통화위원회와 총재, 부총재, 부총재보 및 본부와 16개의 지역본부 등으로 구성된 집행기관 및 한국은행을 상시 감사하는 감사로 구성되어 있다. 한국은행 본부는 총 13국 3원(2024년 기준)으로 구성되어 있으며 부산, 대구경북, 목포, 광주전남, 전북, 대전세종충남, 충북, 강원, 인천, 제주, 경기, 경남, 강릉, 울산, 포항, 강남 등 16개의 지역본부로 구성되어 있다.

　* 한국은행 지역본부는 지역경제 조사·연구, 지역 통계 작성, 경제교육 등 다양
　　한 업무를 수행하며 지역경제 발전을 위해 노력하고 있다.

한국은행 지역본부 위치　　　　　　　한국은행 전북지역본부

○ 금융통화위원회

금융통화위원회는 한국은행의 통화신용정책에 관한 주요 사항을 심의·의결하는 정책결정기구로서 한국은행 총재 및 부총재 그리고 5명의 임명직 위원 등을 포함하여 총 7인의 위원으로 구성된다. 한국은행 총재는 금융통화위원회 의장을 겸임하며

국무회의 심의와 국회 인사 청문을 거쳐 대통령이 임명하고 부총재는 총재의 추천에 의해 대통령이 임명한다. 5인의 임명직 위원은 금융, 경제 또는 산업에 관하여 풍부한 경험이 있거나, 해당 분야에 탁월한 지식을 가진자로서 각각 기획재정부 장관, 한국은행 총재, 금융위원회 위원장, 대한상공회의소 회장, 전국은행연합회 회장 등의 추천을 받아 대통령이 임명하며 전원 상임으로 한다. 총재의 임기는 4년이고 부총재는 3년으로 각각 1차례 한하여 연임할 수 있으며, 나머지 금융통화위원회 위원의 임기는 4년으로 연임할 수 있다.

금융통화위원회는 기준금리 결정, 한국은행권 발행, 여수신정책, 공개시장운영, 지급결제, 금융기관 검사 등과 관련한 사항은 물론 한국은행의 예·결산, 조직 및 기구, 직원의 보수 등 경영 관련 기본사항에 대해서 심의·의결한다.

금융통화위원회 본회의는 정기회의와 임시회의로 나뉘어져 있다. 정기회의는 통상 매월 둘째 주, 넷째 주 목요일에 열리며, 의장이 필요하다고 인정하거나 2인 이상의 위원이 요구하는 경우 임시회의가 개최된다. 이때 회의안건은 의장 또는 위원 2인 이상에 의해 발의되고, 위원 5인 이상의 출석과 출석위원 과반수의 찬성으로 의결된다. 한편 본회의의 논의내용에 대해서는 의사록을 작성하고 있으며, 의사록 내용 중 통화신용정책에 관한 사항에 대해서는 투명성과 책임성을 제고하기 위하여 회의일로부터 2주가 경과 한 이후 최초로 도래하는 화요일에 한국은행 인터넷 홈페이지를 통해 일반에 공개하고 있다. 특히 통화정책 방향 결정 내용은 회의 직후 보도자료를 통해 공표하고 있다.

금융통화위원회의 정기회의는 2017년부터 통화정책 결정의 적정 시계를 확보하고 경제 전망과의 연계성을 강화하기 위해 기존의 연 12회에서 8회로 조정하였고 나머지 4회는 금융안정회의로 대체하여 운영하고 있다.

금융통화위원회 본회의 일자 및 결과 열람(한국은행 홈페이지)

2024년

회의일자	결정문	기자간담회	의사록[1]	금융·경제 이슈[1]
01월 11일(목)		통화정책방향 관련 총재 기자간담회(2024.1) 기자간담회 모두발언		이슈별 분석 내용
02월 22일(목)		통화정책방향 관련 총재 기자간담회(2024.2) 기자간담회 모두발언		이슈별 분석 내용
04월 12일(금)		기자간담회 모두발언		이슈별 분석 내용
05월 23일(목)		기자간담회 모두발언		이슈별 분석 내용
07월 11일(목)		기자간담회 모두발언		
08월 22일(목)				
10월 11일(금)				
11월 28일(목)				

* 주 : 1) 금융·경제 이슈는 통화정책방향 결정회의 D+7일, 의사록은 회의일로부터 2주 경과 후 첫 화요일에 게시

(2) 주요 업무

1) 통화신용정책 수립 및 집행

① 물가안정목표

현재 한국은행은 통화정책의 운영체제로 물가안정목표제를 채택하고 있다. 이는 물가상승률이 중기적 시계에서 물가안정목표에 근접하도록 통화신용정책을 운용하는 것을 의미한다. 한국은행은 「한국은행법」 제6조 제1항에 의거 정부와 협의하여 물가안정목표를 설정하고 있으며 2019년 이후 물가안정목표는 소비자물가 상승률 (전년동기대비) 기준 2%이다.

한국은행은 통화신용정책의 투명성 및 신뢰성 제고를 위해 물가안정목표 운영 상황을 연 4회 점검하고 그 결과를 국회 제출 법정보고서인 통화신용정책보고서를 통해 연 2회 설명하고 있으며 국회 요구 시 한국은행 총재가 출석하여 답변하고 있다. 또한 소비자물가 상승률이 6개월 연속 물가안정목표를 ±0.5% 포인트 초과하여 벗어나는 경우에는 물가설명회 등을 통해 물가안정목표와의 괴리 원인, 소비자물가 상승률 전망 경로, 물가안정목표 달성을 위한 통화신용정책 운영방향 등을 설명한

다. 추가적으로 한국은행은 물가안정목표 운영상황 점검 보고서를 통해 물가상황에 대한 평가, 물가 전망 및 리스크 요인, 물가안정목표 달성을 위한 향후 정책방향 등을 연 2회 발간하고, 총재 기자간담회 등을 통해 국민에게 설명하고 있다.

한국은행은 물가안정목표 이행상황 등을 감안하여 물가안정목표제 운영 개선에 필요한 사항을 2년 주기로 점검하고 정부와 협의하여 그 결과를 국민에게 공개·설명한다. 한편 예상치 못한 국내외 경제충격, 경제여건 변화 등으로 물가안정목표 변경이 불가피하다고 판단될 경우 정부와 협의를 통해 물가목표를 재설정할 수 있도록 하고 있다.

그림 5-1 ┊ **물가안정목표 및 대상 물가지표 상승률**

* 출처: 한국은행

② 기준금리 결정

금융통화위원회는 통화신용정책 수행을 위하여 1년에 8회 본회의를 통해 기준금리를 결정한다. 이때 금융통화위원회는 물가 동향, 국내외 경제 상황, 금융시장 여건 등을 종합적으로 고려(look-at-everything approach)하여 기준금리를 결정하며 이렇게 결정된 기준금리는 초단기 금리인 콜금리에 즉시 영향을 미치고, 장단기 시장

금리, 예금 및 대출 금리 등으로 파급되어 궁극적으로는 실물경제 활동에 영향을 준다. 현재 한국은행의 기준금리는 금융기관과 환매조건부증권(RP) 매매, 자금조정 예금 및 대출 등의 거래를 할 때 기준이 되는 정책금리다.

그림 5-2 : 한국은행 기준금리 추이

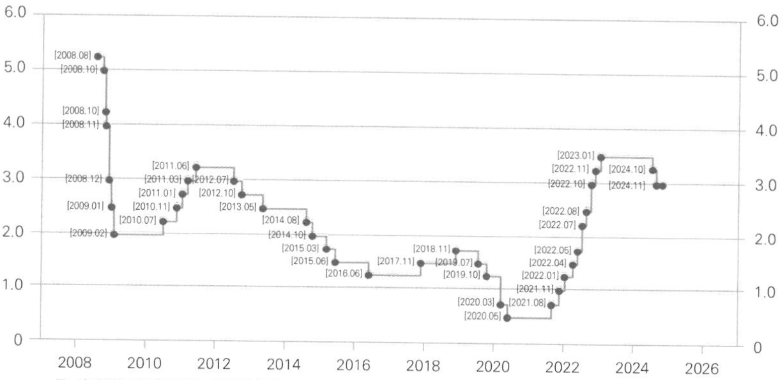

주: 1) 2008년 2월까지는 콜금리 목표

* 출처: 한국은행

③ 여수신 제도

한국은행의 여수신제도는 중앙은행이 개별 금융기관[2]을 상대로 대출 해주거나 예금을 받는 통화신용정책의 정책수단 중 하나다. 과거 중앙은행의 정책수단으로서 금융기관에 대출해주는 행위는 대출제도를 의미하는 것이었으나 최근 중앙은행들이 개별 금융기관을 상대로 한 일시적 부족자금 대출과 함께 일시적 여유자금을 예수할 수 있는 대기성 여수신제도(standing facility)를 도입하면서 중앙은행의 대출제도는 여수신제도로 발전되었다. 한국은행 역시 2008년 3월 대기성 여수신제도인 자금조정대출과 자금조정예금을 새롭게 도입함으로써 이전의 중앙은행 대출제도를 여수신제도로 확대·개편하였다.

현재 한국은행이 상시적으로 운용하고 있는 대출제도에는 ① 금융기관의 자금수

---

2 한국은행법상 금융기관은 은행으로 한정된다.

급 과정에서 발생한 부족자금을 지원하는 '자금조정대출', ② 금융기관의 중소기업 등에 대한 금융중개 기능에 필요한 자금을 지원하는 '금융중개지원대출', ③ 금융기관의 일중 지급·결제에 필요한 일시적인 부족자금을 당일 결제마감 시까지 지원하는 '일중당좌대출' 등이 있다. 이들 대출은 어음재할인 또는 증권담보대출의 형태로 실행될 수 있으며, 담보의 종류에는 금융기관이 대출로 취득한 신용증권, 국공채, 통화안정증권 등이 있다.

이 밖에도 한국은행은 「한국은행법」에 의거 자금조달 및 운용 불균형 등으로 유동성이 악화된 금융기관에 대한 긴급여신을 할 수 있으며, 금융기관으로부터의 자금조달에 중대한 애로가 발생하거나 발생할 가능성이 높은 경우 금융기관이 아닌 영리기업에 대하여도 특별대출을 실행할 수 있다.

■ 표 5-3 한국은행 여수신제도 현황

	구분	목적	담보	금리	만기
대출	자금조정대출	금융기관이 자금수급 과정에서 발생하는 부족자금을 지원	1. 금융기관이 대출로 취득한 신용증권[1] 2. 국공채 3. 통화안정증권 4. 산업금융채권 5. 중소기업금융채권 6. 수출입금융채권 7. 주택금융공사 발행 MBS 8. 특수채[2] 9. 금융채[3] 10. 지방채[4] 11. 공공기관채[5] 12. 회사채[6]	한국은행 기준금리 +50bp[7]	1영업일[8]
	금융중개지원대출	한도 범위 내에서 은행의 중소기업대출 실적 등에 따라 자금 지원		연 2.00%	1개월
	일중당좌대출	당일 영업시간중 금융기관의 일시적인 결제 부족자금 지원		무이자[9]	당일 자금이체 총료시각
	특별대출[10] 금융기관에 대한 긴급여신	자금조달 및 운용 불균형 등으로 유동성이 악화된 금융기관에 대한 자금 지원		세부조건은 금융통화위원회가 지정	
	영리기업에 대한 여신	금융기관으로부터의 자금조달에 중대한 애로가 발생하거나 발생할 가능성이 높은 경우 영리기업에 대한 자금 지원			
예금	자금조정예금	금융기관이 자금수급 과정에서 발생하는 여유자금을 예치		한국은행 기준금리 -50bp[11]	1영업일

* 주 : 1) 한국은행이 취득한 날로부터 1년 이내에 만기가 도래하는 것에 한함
2) 발행기관이 국가철도공단, 예금보험공사, 중소벤처기업진흥공단, 한국가스공사, 한국도로공사, 한국수자원공사, 한국전력공사, 한국철도공사, 한국토지주택공사인 경우로 한정
3) 「농업협동조합법」 제153조에 따른 농업금융채권, 「수산업협동조합법」 제156조에 따른 수산금융채권, 「은행법」 제33조 제1항 제1호에 따른 금융채에 해당
4) 「지방재정법」 제11조에 따라 발행한 지방채
5) 「공공기관의 운영에 관한 법률」 제4조에 따른 공공기관과 「지방공기업법」에 따른 지방공기업이 발행한 채권(제4호, 제5호, 제6호 및 정부가 원리금 상환을 보증한 채권은 제외)
6) 「상법」 제469조에 따라 발행한 회사채(금융회사(한국표준산업분류)상 "금융 및 보험업"(대분류 기준)을 영위하는 회사. 단, 비금융지주회사는 제외) 및 유동화회사가 발행한 증권은 제외)
가. 기준금리 0.5% 미만인 경우 한국은행 기준금리의 2배에 해당하는 금리 적용
8) 3개월 범위 내에서 연장 가능
9) 금융기관 자기자본의 25%를 초과하는 일중당좌대출에 대해서는 직전분기 말월의 3년물 국고채 유통수익률에서 무담보 익일물 콜금리를 차감한 금리(최저금리는 0%)
10) 금융통화위원회 위원 4인 이상의 찬성으로 시행
11) 최저금리는 0% 적용

* 출처: 한국은행

파이낸셜 시스템의 이해

④ 공개시장운영

공개시장운영(Open Market Operation)이란 한국은행이 금융시장에서 금융기관을 상대로 국채 등 증권을 사고팔아 시중에 유통되는 화폐의 양이나 금리 수준에 영향을 미치려는 가장 대표적인 통화정책 수단이다. 한국은행은 금융시장 간 일시적인 자금 과부족을 조정하는 콜금리[3]가 한국은행 기준금리 범위를 크게 벗어나지 않도록 공개시장운영제도를 활용하고 있다. 또한 한국은행은 금융시장 불안 시 공개시장운영을 활용하여 시중에 유동성을 확대 공급하는 등 금융시장 안정을 도모하는 기능도 수행하고 있다.

공개시장운영은 증권 매매, 통화안정증권 발행·환매, 통화안정계정 예수 등의 형태로 이뤄진다. 우선 증권 매매는 국공채 등을 매매하여 유동성을 공급하거나 회수하는 것을 말한다. 예를 들어 한국은행이 국공채를 매수하는 경우를 공개시장 매수라고 부르며 이때는 한국은행 대차대조표에 국공채 자산이 증가하고 반대급부로 시장에 유동성(본원통화)이 증가하게 되는 것이다. 이때 한국은행의 매매대상 증권은 공개시장운영의 효율성과 대상증권의 신용리스크를 감안하여 국채, 정부보증채, 금융통화위원회가 정하는 기타 유가증권으로 제한되어 있다. 증권 매매의 종류에는 단순매매(Outright Sales and Purchases)와 일정기간 이후 증권을 되사거나 되파는 환매조건부매매(RP, Repurchase Agreements)가 있다. 단순매매의 경우 유동성이 영구적으로 공급되거나 환수되기 때문에 장기 시장금리에 직접적인 영향을 줄 수 있어 제한적으로 활용되고 있으므로 통상 증권매매는 RP 거래(7일물)를 중심으로 이루어지고 있다. 다음으로 통화안정증권은 한국은행이 발행하는 채무증서로서 증권의 만기가 비교적 길기 때문에 그 기간 동안 정책효과가 지속되는 기조적인 유동성 조절 수단으로 활용된다. 마지막으로 통화안정계정은 시장친화적 방식의 기간부 예금입찰 제도로서, 주로 지준자금의 미세조절 및 예상치 못한 지준수급 변동에 대응하는 수단으로서 2010년 10월 이후 활용되고 있다.

---

3 콜시장의 초단기 금리를 말한다.

한국은행, 공개시장운영 대상기관 확대...57개사 선정

공개시장운영 대상기관 선정결과[1)2)]
(유효기간 : 2024.8.1 ~ 2025.7.31일)

		통화안정증권 경쟁입찰·모집 및 증권단순매매	환매조건부증권매매[3]	증권대차
은행<25>		국민은행, 농협은행, 신한은행, 우리은행, 중소기업은행, 하나은행, 도이치은행, 제이피모간체이스은행 (8개)	국민은행, 농협은행, 수협은행, 신한은행, 아이엠뱅크, 우리은행, 중소기업은행, 카카오뱅크, 케이뱅크, 토스뱅크, 하나은행, 한국산업은행, 한국스탠다드차타드은행, 한국씨티은행, 경남은행, 광주은행, 부산은행, 미즈호은행, 비엔피파리바은행, 소시에테제네랄은행, 아이엔지은행, 제이피모간체이스은행, 중국공상은행, 홍콩상하이은행 (24개)	국민은행, 농협은행, 신한은행, 중소기업은행, 하나은행 (5개)
비은행<32>	자산운용사<7>		미래에셋자산운용, 삼성자산운용, 엔에이치아문디자산운용, 케이비자산운용, 하나자산운용, 한국투자신탁운용, 한화자산운용 (7개)	
	중앙회<6>		농업협동조합중앙회, 산림조합중앙회, 상호저축은행중앙회, 새마을금고중앙회, 수산업협동조합중앙회, 신용협동조합중앙회 (6개)	
	증권사, 보험 등<19>	메리츠증권, 미래에셋증권, 부국증권, 비엔케이투자증권, 삼성증권, 신영증권, 신한투자증권, 아이비케이투자증권, 엔에이치투자증권, 유진투자증권, 케이비증권, 하나증권, 하이투자증권, 한국투자증권, 현대차증권 (15개)	메리츠증권, 미래에셋증권, 신한투자증권, 엔에이치투자증권, 하나증권, 한국투자증권, 한국증권금융 (7개)	삼성증권, 엔에이치투자증권, 삼성생명보험, 삼성화재해상보험, 한화생명보험 (5개)
계<57>		총 23개	총 44개	총 10개

주 : 1) < > 내는 총 대상기관 수   2) ( ) 내는 선정부문별 대상기관 수
3) 환매조건부증권매매 대상기관으로 선정된 은행은 통화안정계정 대상기관으로 자동 선정
4) 밑줄은 신규 선정된 대상기관

한국은행은 현행 공개시장운영 대상기관의 유효기간이 오는 31일로 만료됨에 따라 향후 1년간 공개시장운영에 참여할 수 있는 기관을 전년대비 20개사 확대하여 총 57개사로 선정했다고 18일 밝혔다. 부문별로는 통화안정증권 경쟁입찰모집 및 증권단순매매 대상기관으로 23개사, 환매조건부증권매매 대상기관으로 44개사, 증권대차 대상기관으로 10개사를 각각 선정했다. 특히 공개시장운영 대상기관 선정 범위 확대 취지를 고려하여 자산운용사(7개사) 및 비은행예금취급기관 중앙회(6개사)를 환매조건부증권매매 대상기관으로 신규 선정했다. 한편 한국은행은 KOFR 활용도 제고를 위하여 향후 공개시

장운영 대상기관 선정시 KOFR 관련 거래실적을 평가항목으로 반영할 계획이라고 밝혔다.

* 출처: 파이낸셜신문

⑤ 지급준비제도

지급준비제도란 금융기관으로 하여금 지급준비금 적립대상 채무의 일정비율(지급준비율)에 해당하는 금액을 중앙은행에 지급준비금으로 예치하도록 의무화하는 제도로 통화신용정책의 한 수단이다. 중앙은행은 지급준비율을 조정하여 금융기관의 자금 사정을 변화시킴으로써 시중 유동성을 조절하고 금융안정을 도모할 수 있다. 지급준비제도는 1980년대 이후 전세계적으로 통화정책이 통화량 중심에서 금리 중심으로 전환됨에 따라 그 활용도가 과거에 비해 저하된 것은 사실이지만 우리나라를 비롯한 주요국에서 여전히 중요한 통화정책 수단으로 간주되고 있다. 이는 금융기관으로 하여금 중앙은행에 일정 규모의 지급준비금을 당좌예금으로 예치하게 함으로써 중앙은행 당좌예금 계좌를 이용한 금융기관 간 지급결제가 원활히 이루어지도록 함은 물론 단기시장금리를 안정시킴으로써 금리정책의 유효성을 제고하는 등 그 유용성이 크기 때문이다.

현재 우리나라의 지급준비제도 적용대상 금융기관에는 일반은행 및 특수은행이 있다. 이들 금융기관은 예금 종류에 따라 현재 0~7%로 차등화되어 있는 지급준비율에 해당하는 금액을 지급준비금으로 보유하여야 한다. 한편, 한국은행법 개정에 따라 2011년 12월 17일부터는 기존 예금채무 이외에 일부 금융채에 대해서도 지급준비율을 부과할 수 있게 되었다. 금융기관은 동 지급준비금을 원칙적으로 한국은행 당좌예금으로 보유하여야 하나 필요지급준비금의 35%까지 금융기관 자신이 보유하고 있는 한국은행권을 지준예치금으로 인정해 주고 있으며 이를 "시재금"이라고 한다.

■ 표 5-4 예금 종류별 지급준비율(2024년 2월 기준)

예금 종류	지급준비율
장기주택마련저축, 재형저축	0.0%
정기예금, 정기적금, 상호부금, 주택부금, CD	2.0%
기타예금	7.0%

* 출처: 한국은행

2) 금융안정 유지

금융안정이란 금융 시스템을 구성하고 있는 금융기관, 금융시장, 금융 인프라가 불안하지 않은 상태를 말한다. 즉, 금융 시스템을 구성하는 각각의 구성요소가 안정된 상태를 뜻한다.

우선 금융기관의 안정은 금융기관이 건전하여 자금의 공급자와 수요자를 연결해주는 본연의 기능을 잘 수행할 수 있는 상황을 의미한다. 즉, 예금자, 투자자 등 시장참가자들이 금융기관이 건전하다는 믿음을 유지하고 있고 금융기관이 어느 정도의 충격은 비시장적 지원 없이도 스스로 해결할 수 있다는 점이 명백한 상황이어야 금융기관이 안정되어 있다고 평가한다. 다음으로 금융시장의 안정은 기업, 가계, 정부, 금융기관 등 금융시장 참가자가 신뢰를 갖고 금융거래를 할 수 있어 금융시장에서 필요한 자금을 조달하고 여유자금을 운용하는 데 큰 장애가 없는 상태라고 할 수 있다. 반면 금융시장이 불안해지면 금리, 주가, 환율 등 시장 가격 변동성이 확대되어 경제주체들의 합리적 의사결정이 어려워지고 금융 시스템은 정상적인 자금 중개기능을 수행하지 못하게 된다. 이는 궁극적으로 자원배분의 효율성을 떨어뜨려 국가의 경제성장을 제약하는 요인이 된다. 마지막으로 금융 인프라의 안정은 금융 안정관련 제도가 잘 정비되어 있어 금융기관 및 기업이 스스로 위기를 예방하는 기능을 수행하고 감독 당국의 건전성 감시 및 시장규율이 원활히 작동할 뿐 아니라 금융 안전망과 지급결제시스템이 효율적으로 구축되어 운영되는 상태를 의미한다. 금융안정을 위해 한국은행은 다음과 같은 정책들을 수행하고 있다.

① 금융안정 상황 점검 및 금융안정포럼 개최

한국은행은 금융안정에 대한 책무를 성실히 수행하기 위해 우리나라의 금융안정 상황을 다각도로 분석·점검하고 대응방향을 제시한다. 또한 금융 시스템 내 잠재리스크의 선제적 포착 및 조기경보(early warning)를 위해 금융안정 상황에 대해 정례적으로 분석·점검한다. 이와 함께 금융 시스템 취약요인 등을 파악하기 위해 공동검사를 진행하며 금융안정 관련 국내외 정책 논의[4]에도 적극 참여하고 있다.

② 금융안정포럼 개최

금융안정포럼(Financial Stability Forum)은 2005년 12월 16일 금융안정 분야의 외부 전문가와 한국은행 직원의 모임으로 설립되었다. 금융안정포럼을 통해 금융안정 현안에 관한 정보교환을 촉진함으로써 시장참가자들의 금융안정에 관한 인식을 높이고 한국은행 직원의 금융안정 관련 분석 능력을 제고하는 것을 목적으로 하고 있다. 해당 포럼은 반기 1회 모임을 개최하고 있다.

③ 금융안정 정책수단

금융안정을 위한 정책수단은 금융안정 상황에 따라 금융위기 발생 전의 예방적·선제적 정책과 금융위기 발생 후의 위기관리 및 치유 정책으로 구분하여 볼 수 있다. 금융위기는 일단 발생하면 사후적으로 이를 해소하는 데 막대한 사회적 비용이 소요되기 때문에 위기 발생 후 수습하는 것보다 사전적으로 위기 발생 요인을 포착하여 대응하는 것이 중요하다. 금융 시스템 불안 유발 가능성을 시스템 리스크(systemic risk)라고 하며 이러한 시스템 리스크를 사전적으로 포착하고 축소하기 위한 정책을 거시건전성 정책(macro-prudential policy)이라고 한다.

---

4 한국은행은 금융안정위원회(FSB, Financial Stability Board)와 바젤은행감독위원회(BCBS, Basel Committee on Banking Supervision)의 회원으로서 금융규제관련 국제 논의에 직접 참여하고 있다.

금융위기 발생 전 단계		금융위기 발생 후 단계
예방적 정책	금융불균형 확대 방지정책	금융위기 관리 및 치유정책

• 금융제도 및 인프라의 정비
  * 기업지배구조/금융규제
   및 감독제도/시장규율/
   금융안전망/지급결제
   시스템
• 금융시스템 안정성에 대한
  모니터링 및 평가
• 거시경제의 안정
	• 경제주체의 행태변화
	  유도(moral suasion)
	• 건전성 감독 및 감시 강화
	• 예금보험제도 확대
	• 결제의 완결성 확보
	• 선제적 거시경제정책
		• 자발적 채무조정 유도
		  (honest broker)
		• 긴급유동성 지원
		  (최종대부자)
		• 금융 및 기업 구조조정
		• 거시경제정책

* 출처: 한국은행

④ 정책당국 간 역할 분담

금융안정관련 정책당국으로는 정부(기획재정부), 중앙은행, 금융감독기구, 예금보험기구 등이 있다. 이들의 역할은 우선 정부의 경우 법률 제·개정권을 통해 금융제도의 틀을 만들고 발전시키는 한편 공적자금 투입 및 재정정책을 수행한다. 다음으로 예금보험기구는 금융안전망인 예금보험제도를 운영한다. 또한 중앙은행은 전반적인 금융 시스템 안정성 감시, 최종대부자, 지급결제제도 감시 등의 역할을 수행하며 마지막으로 금융감독기구는 개별 금융기관에 대한 건전성 감독업무를 수행한다.

그림 5-3 ┊ 금융안정을 위한 정책당국 간 역할 분담

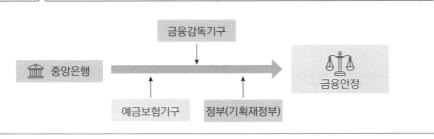

* 출처: 한국은행

파이낸셜 시스템의 이해

⑤ 외환부분 거시건전성 정책

한국은행은 대내외 불확실성 증대에 대응하여 국제금융시장과 외환시장의 주요 리스크 요인에 대해 분석하는 등 외환부문 거시건전성 정책 수행 여건을 지속적으로 점검하는 한편, 선물환포지션 한도, 외환건전성부담금 제도 등을 통해 외국환은행의 외화차입구조 건전화를 유도한다. 또한 금융기관의 외화유동성 사정을 수시로 점검하고 외국환은행 및 외국환중개사에 대한 검사, 관계기관과의 업무협의 등을 통해 외환부문 거시건전성 제고를 위해 노력하고 있다.

⑥ 통화스왑계약 체결

한국은행은 금융안정, 외환시장 안정, 교역 지원, 금융협력 촉진 등을 위해 주요국의 중앙은행과 통화스왑(currency swaps) 네트워크를 유지하고 있다. 통화스왑은 중앙은행 간 체결하는 것으로서 다양한 목적을 위해 유동성을 확보하는 수단이다. 통상 통화스왑은 금융불안 시 자국통화와 상대국 통화 혹은 미국 달러를 교환하고 일정 기간 후 원금을 재교환 하는 방식으로 진행된다.

■ 표 5-6 한국은행의 통화스왑 체결 현황(2023년 12월 기준)

		양자 통화스왑								다자 통화스왑
	캐나다 (원↔ 캐나다 달러)	중국 (원↔ 위안)	스위스 (원↔ 루피아)	인도네시아 (원↔ 루피아)	일본 (원↔ 미달러)	호주 (원↔ 호주 달러)	UAE (원↔ 디르함)	말레이시아 (원↔ 링깃)	튀르키예 (원↔ 리라)	CMIM
규모	(+α)	70조 원 ↔ 4천억 CNY (590억 달러 상당)	11.2조 원 ↔ 100억 CHF (106억 달러 상당)	10.7조 원 ↔ 115조 IDR (100억 달러 상당)	100억 달러	9.6조 원 ↔ 120억 AUD (81억 달러 상당)	6.1조 원 ↔ 200억 AED (54억 달러 상당)	5조 원 ↔ 150억 MYR (47억 달러 상당)	2.3조 원 ↔ 175억 TRY (20억 달러 상당)	384억 달러

체결 · 연장시기	'17.11 월	'25.10 월	'26.3월	'26.11월	'26.3 월	'28.2월	'27.4월	'23.2월 (제계약 협의중)	'24.8 월	'14.7 월

> * CMIM: Chiang Mai Initiative Multilateralization(치앙마이 이니셔티브 다자화 협정)의 약자로 ASEAN 10개국 및 한 · 중 · 일 3개국으로 구성된 통화스왑네트워크(2010년 3월 출범)

첨부) 통화스왑 이외 외환시장 안정망

▶ 한은 – 국민연금 간 외환스왑 체결

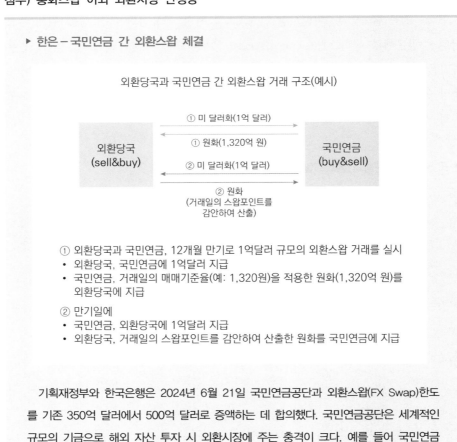

외환당국과 국민연금 간 외환스왑 거래 구조(예시)

① 외환당국과 국민연금, 12개월 만기로 1억달러 규모의 외환스왑 거래를 실시
- 외환당국, 국민연금에 1억달러 지급
- 국민연금, 거래일의 매매기준율(예: 1,320원)을 적용한 원화(1,320억 원)를 외환당국에 지급

② 만기일에
- 국민연금, 외환당국에 1억달러 지급
- 외환당국, 거래일의 스왑포인트를 감안하여 산출한 원화를 국민연금에 지급

기획재정부와 한국은행은 2024년 6월 21일 국민연금공단과 외환스왑(FX Swap)한도를 기존 350억 달러에서 500억 달러로 증액하는 데 합의했다. 국민연금공단은 세계적인 규모의 기금으로 해외 자산 투자 시 외환시장에 주는 충격이 크다. 예를 들어 국민연금기금이 외화자산을 매입하고자 할 경우 외환시장에서 원화를 달러로 환전하여야 한다.

이때 국민연금기금의 환전규모가 크기 때문에 환율 변동성에 지대한 영향을 미칠 수 있으며 이는 결국 외환시장의 불확실성을 증대시킬 수 있다. 따라서 국민연금기금의 해외 자산 투자 시 외환시장에 영향을 최소화하기 위해 외환보유고 내 달러 자산을 교환하는 외환스왑을 체결한 것이다. 결과적으로 본 외환스왑을 통해 국민연금공단은 500억 달러 한도 내에서 외환당국의 달러를 교환할 수 있기 때문에 환율 변동성을 줄일 수 있으므로 외환시장 안정에 기여할 수 있는 것이다.

▸ FIMA Repo 합의

한국은행은 지난 2021년 12월 미 연준과 600억 달러 규모의 FIMA Repo(Foreign and International Monetary Authorities Repo Facility)를 체결하였다. 이는 미연방준비 제도가 한국은행이 보유한 미국의 국채를 환매 조건부로 매입해 달러를 빌려주는 제도이다. 현재도 합의가 유지되고 있는 만큼 금융시장 불안전성이 확대될 경우 언제든지 활용할 수 있다.

3) 발권

한국은행은 한국의 유일한 법화[5] 발행기관이다. 한국은행은 시장 화폐 수요에 맞게 화폐를 안정적으로 공급할 뿐만 아니라 국가적 행사 등을 기념하고 홍보하기 위해 기념화폐를 제작하기도 한다.

화폐 순환과정은 아래 그림 5-4와 같으며 화폐 순환과정의 당사자는 한국조폐공사, 한국은행, 금융기관, 일반 국민 등이 있다. 여기서 한국조폐공사는 화폐 제작을 담당하는 기관으로서 한국은행 발주를 통해 화폐를 제작한다. 한국은행은 화폐 발행의 당사자로서 시장 수요 및 정책적 결정에 의해 화폐 제작을 발주하거나 화폐를 정사[6]하는 등의 임무를 수행한다. 금융기관은 일반 국민으로부터 화폐를 받아

---

5 법정화폐. 법률상 강제 통용력과 지불능력이 주어진 화폐로서 사회 통념상 해당 국가의 국민이 가치를 인정하고 지불수단으로서 사용하는 지폐나 주화를 말한다. 우리나라는 5만 원, 1만 원, 5천 원, 1천 원 지폐와 5백 원, 1백 원, 5십 원, 1십 원 주화가 법화로 통용되고 있다.
6 한국은행 금고로 입금된 화폐들을 검사하여 사용할 화폐, 폐기할 화폐, 위조지폐 등을 가려내는 작업을 뜻한다.

한국은행에 예치하거나 국고수납을 대리하는 업무 등을 수행한다. 일반 국민은 금융기관에 예치하거나 출금, 국고수납, 화폐 교환 등을 수행한다.

일반적으로 화폐가 발행되는 과정은 다음과 같다. 우선 한국은행이 시장의 수요 및 정책적 결정 등을 통해 화폐 공급이 필요하다고 판단된 경우, 한국조폐공사에 화폐 발행을 발주하고 발주를 받은 한국조폐공사는 화폐를 제작하여 한국은행 금고로 보낸다. 이때까지 제작된 화폐를 미발행 화폐라고 하며 한국은행이 실제 정책 시행을 위해 한국은행 창구를 통해 금융기관이나 일반 국민에게 발행되면 이를 발행화폐라 한다.

화폐의 순환과정은 아래 4가지로 정리해 볼 수 있다.

① 시장수요 확대 및 통화정책(확장적 통화정책)
한국은행 한국조폐공사 발주 → 납품 → 한국은행 금고(미발행 화폐) →
한국은행 발권창구(발행) → 금융기관 혹은 일반 국민

② 화폐교환
일반 국민 → 한국은행 창구(교환 요청) → (한국은행 금고 → 정사) → 교환 지급 → 일반 국민
 * (　　　　) 과정은 한국은행 내 과정

③ 국고수납
일반 국민 → 금융기관(국고수납 대리) 혹은 한국은행 창구
 * 대체로는 금융기관의 수납 대리를 통해 국고수납 업무를 수행

④ 입금(예금 등)
일반 국민 → 금융기관 → 한국은행 수납(지준예치금 등) → (한국은행 금고 → 정사)
 * (　　　　) 과정은 한국은행 내 과정

그림 5-4 | 화폐의 순환 과정

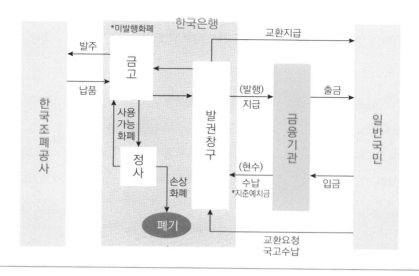

* 첨부) 한국은행 설립 이후 화폐개혁(Currency reform)

한국은행 설립 이후 화폐개혁(디노미네이션; denomination)은 총 3회 실시되었으며 이중 2번은 통화가치를 절하하였다. 한국은행 설립 이후 최초의 화폐개혁은 한국전쟁 중에 실시되었다. 한국은행은 1950년 6월 12일 설립되었으나 업무개시 13일 만에 한국전쟁이 발발하며 피난지인 대구에서 7월 22일 한국은행권(1,000원(圓)권과 100원(圓)권)을 발행하였다. 하지만 한국전쟁으로 인해 기존에 발행 유통하던 조선은행권과 불법 발행 화폐, 북한 화폐 등이 시장에서 무분별하게 사용되며 경제를 교란시켰다. 이에 1950년 8월 28일 대통령 긴급명령 제10호로 「조선은행권 유통 및 교환에 관한 건」을 공포하여 조선은행권의 유통을 금지하고 이를 한국은행권으로 등가교환(等價交換)하였다.

한국전쟁 이후 전쟁의 여파로 산업활동이 크게 위축되고 전쟁 중 난발된 통화와 그에 따른 급격한 인플레이션이 발생함에 따라 1953년 다시 화폐개혁을 실시하게 된다. 당시 화폐개혁의 주요 사항은 화폐단위를 원(圓)에서 환(圜)으로 변경하고 가치를 1/100으로 절하(100圓 → 1圜)하는 것이었다. 이에 따라 1953년 2월 17일부터 '원(圓)' 표시 한국은행권의 유통을 중지시켰으며 그동안 한국은행권과 함께 저액면용으로 통용되어 오던 7종류 조선은행권(10圓, 5圓, 1圓, 50錢, 20錢, 10錢 및 5錢)과 일본정부의 소액보조화폐의 유통도 전면 중지하고 '환(圜)' 표시 5종류의 한국은행권만을 유일한 법화로 인정하며 우리나라 화폐의 완전한 독자성을 확보하였다. 이후 1958년 급등하던 물가가 안정되자 1959년 최초로 50환화 및 10환화, 100환화 등 3개 주화가 최초로 발행되었다.

■ 표 5-7 한국은행 설립 이후 화폐개혁

일시	화폐단위	교환비율
1950년 8월 28일	조선은행권 원(圓) → 한국은행권 원(圓)	1:1
1953년 2월 17일	원(圓) → 환(圜)	100:1
1962년 6월 10일	환(圜) → 원	10:1

* 출처: 한국은행

1962년의 화폐개혁은 경제성장에 중요한 역할을 하던 외국원조가 1957년을 정점으로 격감함에 따라 자립경제 확립을 위한 적극적인 자금조달책이 요구되는 가운데 1962년부터 「경제개발 5개년계획」을 추진하면서 산업자금을 확보하기 위해 긴급통화조치와 긴급금융조치를 통해 1962년 6월 10일 단행하게 되었다. 당시 긴급통화조치를 통해서는 '환(圜)' 표시 화폐를 '원[7]' 표시로 변경하고 가치를 1/10으로 절하하였으며(10圜 → 1원) 환의 유통과 거래를 금지하는 조치를 취하였다. 해당 통화조치를 통해 새로운 6종 은행권인 500원권, 100원권, 50원권, 10원권, 5원권, 1원권이 발행되었다.

1953년 긴급통화조치 당시
화폐교환 창구

1962년 긴급통화조치 단행 후
화폐교환 풍경

7 과거의 원(圓)과 달리 한글로만 "원"을 표시하였다.

4) 지급결제업무[8]

한국은행은 지급결제제도를 관리하고 감시하는 등 지급결제업무의 중대한 역할을 담당하고 있으며 금융회사 간 자금결제 시스템인 한은금융망(BOK-Wire+)을 운영하고 있다. 한은금융망은 실시간총액결제(RTGS, Real Time Gross Settlement System) 방식으로 금융기관 간 자금이체를 수행하는 우리나라의 유일한 거액결제시스템으로 현재는 실시간총액결제 방식에서 실시간총액결제와 차액결제의 장점을 혼합한 혼합형결제시스템(Hybrid System)을 추가하였고 금융기관의 한은금융망 접속방식 또한 종전 단말기 접속방식 이외에 서버 간 직접접속방식을 추가함으로써 참가기관의 자금이체업무를 일관처리(STP: Straight Through Processing)할 수 있도록 하였다.

이와 함께 한국은행은 원활한 자금결제를 위해 일중 일시적으로 결제자금이 부족한 금융회사에 대해 일중당좌대출 및 일중RP제도 등을 이용하여 자금을 지원하고 있다. 일중당좌대출은 당일 영업시간 중 한국은행에 개설된 당좌예금계좌 잔액을 초과한 지급, 결제 요청이 있을 경우 가용담보 범위 내에서 무이자로 자동 실행되는 방식으로 운용되고 있다. 일중당좌대출을 받을 수 있는 금융기관은 한국은행의 지준예치대상 금융기관으로서 한은금융망에 가입하고 있어야 한다. 일중당좌대출은 원칙적으로 무이자로 실행하고 있지만 금융기관이 과도하게 해당 제도에 의존하는 경우 결제리스크가 커질 수 있으므로 이를 방지하기 위하여 자기자본의 일정 비율을 초과(금융기관 자기자본의 25%를 초과하는 일중당좌대출)하는 부분에 대해서는

---

8 제2장 "지급결제제도" 참조

일정 수준의 이자를 받고 있다. 또한 일중당좌대출을 받은 금융기관이 자금이체 종료시각까지 차입한 일중당좌대출을 상환하지 못할 경우 미상환금액을 자금조정대출로 전환하게 된다. 다음으로 일중RP제도는 한국은행으로부터 대출이 어려운 금융투자회사 등에 대해 환매조건부 증권매매 방식을 이용하여 일중에 일시적인 자금 과부족을 지원하는 제도이다.[9] 이때 금융투자회사가 일중RP에 활용할 수 있는 채권은 금융통화위원회 및 한국거래소가 선정한 국채, 통화안정증권 등 특정 채권에 한정한다. 일중RP를 지원 받았으나 당일 지원 자금을 상환하지 못한 금융투자회사는 자금조정대출의 이율이 1%p 가산한 금리를 환매이자율로 지급한다.

한국은행은 지급결제가 효율적으로 운용될 수 있도록 지급결제시스템을 모니터링 하고 평가하며 해당 시스템의 운영기관에 대해 개선을 권고하는 감시 업무도 한다. 감시대상 지급결제시스템의 선정 및 분류, 지급결제 관련 자료의 수집 및 분석, 감시대상 지급결제시스템의 안전성 및 효율성 평가, 감시대상 지급결제시스템의 개선요청, 긴급상황 시의 조치 등의 업무를 수행한다. 이를 위해 결제규모, 결제자금의 특성, 중요도 등을 기준으로 감시대상 지급결제시스템을 중요지급결제시스템 및 기타지급결제시스템으로 구분하여 중요지급결제시스템은 원칙적으로 2년마다 시스템의 안전성 및 효율성을 평가하고, 기타지급결제시스템은 안전성과 효율성에 영향을 미치는 중요한 변경이 있는 등 점검이 필요하다고 판단되는 경우에 평가하고 있다.

---

9 "환매조건부"라는 말은 "일정기간 이후 되파는 조건이 붙었다"고 해석이 가능하며 예를 들어 환매조건부 채권을 매수하는 경우 현재 채권을 매수하며 일정 기간 후 되파는 조건으로 채권을 매수하는 행위로 해석할 수 있다. 일중RP의 경우 한국은행이 금융투자회사가 보유하고 있는 채권을 매수해 주면서 당일 되팔 것을 거래하는 조건을 말하며, 결국 이는 한국은행이 금융투자회사가 보유한 채권을 담보로 자금을 빌려주고 자금을 상환 받을 때 채권을 돌려주는 방식으로 이해할 수 있다.

■ 표 5-8 감시대상 지급결제시스템 분류

구분	지급결제시스템
중요지급결제 시스템	한은금융망, 어음교환시스템, 대체결제시스템, 전자금융공동망, 국가종합 전자결제시스템, 주식시장결제시스템, 파생상품시장결제시스템, 채권기관 투자자결제시스템, 기관간RP결제시스템, CLS시스템
기타지급결제 시스템	지로시스템, 현금자동입출기시스템, 자금결제서비스공공망, 채권등록공공 망, 전자화폐(K-CASH)공공망, 정보통신망공공망, 기업ㆍ개인 간 전자상 거래 지급결제시스템/기업 간 전자상거래 지급결제서비스, 국내은행 간 외화자금이체시스템(은행공공기준중앙지급결제시스템/주식기관투자자 결 제시스템 등)

* 출처: 한국은행

5) 외환정책관련 업무

한국은행은 설립 당시 외환정책의 수립ㆍ집행 및 외국환 관리 등 외환정책 전반에 관한 업무를 담당하였다. 하지만 1961년 12월「외국환거래법」제정 및 1962년 5월「한국은행법」이 개정되며 해당 업무들이 기획재정부로 이관되었다. 따라서 현재「외국환거래법」에 의하면 외환정책에 관한 권한은 기회재정부 장관에 있고 한국은행 총재는 해당 권한의 일부를 위탁 받아 행사하고 있다.

▶ 기획재정부 장관으로부터 한국은행 총재가 위탁 받은 업무

외국환중개회사에 대한 감독 및 감독상 필요한 명령, 외국환업무취급기관등의 외화부채의 최저한도 설정ㆍ외화자금의 조달 및 운용방법ㆍ외국환중개업무에 대한 기준 설정, 은행의 외국환매입(매각)초과액 한도 설정, 외국환중개회사의 업무제한ㆍ중지, 외국환평형기금의 운용 및 관리, 지급ㆍ수령의 허가, 지급ㆍ수령 방법의 신고, 자본거래의 신고, 경고ㆍ거래정지 등의 행정처분, 위탁받은 사무에 관한 보고 및 자료ㆍ정보 제출의 요구, 외환건전성부담금의 부과ㆍ징수에 관한 사항 등의 권한을 행사할 수 있으며 기획재정부 훈령에 의해 외환정보집중기관으로 지정되어 외환전산망을 통해 외화자금 유출입 동향을 모니터링 할 수 있음.

또한 한국은행은 국제수지 불균형을 보전하거나 외환시장 안정을 위해 언제든지 사용할 수 있도록 보유하고 있는 대외 지급준비자산인 외환보유액을 보유·운용하고 있다. 외환보유액은 긴급 시 국민경제의 안전판일 뿐만 아니라 환율을 안정시키고 국가 신인도를 높이는 데 기여한다. 해당 국가에 외환보유고가 많다는 것은 그만큼 국가의 지급능력이 충실하다는 것을 의미하므로 국가신인도를 높여 민간기업 및 금융기관의 해외 자본조달 비용을 낮추고 외국인투자를 촉진할 수 있게 해준다. 현재 한국은행의 외환보유액 운영은 안전성과 유동성 확보를 최우선으로 고려하는 가운데 수익성 또한 제고하는 방향으로 목표를 설정하여 운영하고 있다. 또한 외환보유액을 유지하기 위해서는 유지비용이 드는 만큼 유지비용을 고려한 적정 수준의 외환보유액을 유지하기 위해 노력하고 있다. 이와 함께 한국은행은 국외운용 외화자산을 운용목적에 따라 현금성자산 및 투자자산으로, 운용주체에 따라 투자자산을 다시 직접투자자산 및 위탁자산으로 구분[10]하고 운용목표, 투자가능상품의 범위, 리스크 허용한도 등을 별도 설정하여 운영하고 있다.

■ 표 5-9 한국은행 국외운용 외화자산

현금성 자산	– 일상적인 대외지급수요에 대비(Short-term liquidity tranche) – 단기 금융상품으로 구성
투자자산 — 직접투자자산	– 높은 수준의 안전성과 유동성을 유지하는 가운데 안정적인 수익성 추구 – 주요 선진국의 신용도 높은 장·단기 채권으로 구성
투자자산 — 위탁자산	– 외부 전문성 활용, 투자방식의 다변화 등을 통한 수익성 제고 – 국제적인 자산운용사 및 한국투자공사(KIC) 등에 위탁 운용 – 신용도 높은 채권, 주식은 대부분 선진국 증시에 상장된 우량주식

* 출처: 한국은행

---

10 외환보유액의 자산 구분상의 명칭일 뿐 현금성자산과 투자자산 모두 유동성과 안전성이 높은 자산으로 운용하고 있다.

■ 표 5-10 외환보유고 자산별 비중 추이(기말기준, %)

	2017	2018	2019	2020	2021	2022	2023
현금성자산	3.2	5.3	4.6	5.1	5.2	10.0	7.2
직접투자 자산	77.7	76.4	74.6	73.9	72.0	65.7	68.5
위탁자산	19.1	18.3	20.8	21.0	22.8	24.3	24.3
합계	100.0	100.0	100.0	100.0	100.0	100.0	100.0

* 출처: 한국은행

■ 표 5-11 전 세계 외환보유액 통화구성 추이(기말기준, %)

	2017	2018	2019	2020	2021	2022	2023
미 달러화	62.7 (68.1)	61.8 (69.8)	60.7 (69.1)	58.9 (67.7)	58.8 (68.3)	58.5 (72.0)	58.4 (70.9)
유로화	20.2	20.7	20.6	21.3	20.6	20.5	20.0
일본 엔화	4.9	5.2	5.7	6.0	5.5	5.5	5.7
영국 파운드화	4.5	4.4	4.6	4.7	4.8	4.9	4.8
기타 통화	7.7	7.9	8.2	9.0	10.3	10.7	11.1
합계	100.0	100.0	100.0	100.0	100.0	100.0	100.0

* 출처: 한국은행, IMF

■ 표 5-12 한국은행 외환보유고 추이(단위: 십억 달러)

구성	2018	2019	2020	2021	2022	2023	2024.6
금	4.8	4.8	4.8	4.8	4.8	4.8	4.8
특별인출권*	3.4	3.3	3.4	15.4	14.8	15.1	14.6
IMF포지션**	2.1	2.8	4.8	4.6	4.5	4.6	4.3
외환***	393.3	397.9	430.1	438.3	399.0	395.6	388.4
합계	403.7	408.8	443.1	463.1	423.2	420.1	412.2

* 담보 없이 외화를 인출할 수 있는 권리를 담고 있는 IMF의 유가증권(Special Drawing Right, 특별인출권)
** IMF 회원국이 출자금 납입 등으로 보유하게 되는 IMF에 대한 교환성통화인출권리
*** 국채, 정부기관채, 회사채, 자산유동화증권(MBS, 커버드본드) 등의 유가증권 및 외화 예치금

* 출처: 한국은행

* 첨부) 외환보유고

통상 외환보유고의 유입 및 유출에 대한 경제적 메커니즘은 다음과 같다. 만약 우리나라와 외국 간 교역을 통해 국제수지 흑자가 발생한 경우, 외화가 국내로 유입된다. 이렇게 유입된 외화는 국내에서 결제 통화로 사용할 수 없기 때문에 한국은행을 통해 원화로 환전된다. 예를 들어 재화를 수출하는 기업이라면 기업은 수출한 재화의 대가를 외화로 결제해야 한다. 이렇게 결제된 외화는 기업의 인건비 및 기타비용 등 직접 지출로 활용할 수 없기 때문에 국내 결제 통화인 원화로 환전하여야 한다. 이 과정에서 한국은행은 외화와 원화의 환전 역할을 하며 외화를 보유하게 되는데 이것이 바로 외환보유고가 되는 것이다. 외환보유고는 앞선 예와 같이 국제수지가 흑자일 경우 늘어나기도 하지만 적자가 발생하면 줄어들기도 한다. 또한 시장에 환율 변동성이 커질 경우 불확실성을 제거하기 위한 시장 개입으로 줄어들거나 늘어날 수도 있다.

통상 국제수지 흑자가 발생하여 한국은행의 외환보유고가 증가할 경우 본원통화가 증가하게 되는데 이를 태화정책(non-sterilization policy)이라 부른다.

6) 조사통계

한국은행은 중앙은행으로서 통화신용정책의 효율적인 임무를 수행하기 위해 금융과 경제에 관한 다각적인 조사연구업무를 수행하고 있다. 이를 위해 한국은행은 국내외 경제 관련 조사 및 연구를 실시하여 경제의 움직임을 분석·전망하고 그 대책을 제시하고 있으며, 이와 관련된 통계를 작성·발표하고 있다.

또한 한국은행은 국가통계 작성기관으로서 통화·유동성 지표, 예금·대출 금리, 가계신용 등 중앙은행의 전통적 통화금융통계 외에도 국민소득(GDP), 산업연관표(I-O), 국민대차대조표, 자금순환표 및 국제수지표의 5대 국민경제통계와 함께 국제투자대조표, 생산자물가, 수출입물가, 기업경영분석, 기업경기조사(BSI), 소비자동향조사(CSI) 등 국가정책 수립 및 분석에서 자주 이용되는 각종 경제통계를 편제하고 있다. 한국은행은 이러한 조사·연구 자료와 통계를 한국은행 경제통계시스템에 수록하여 일반 국민이 편리하게 이용할 수 있도록 하고 있다.

그림 5-5 │ 한국은행 경제통계시스템(http://ecos.bok.or.kr)

* 출처: 한국은행

7) 국고 및 증권

한국은행은 세금 등 국고금을 정부 예금으로 예치하였다가 정부가 필요로 할 때 자금을 지급하는 한편 정부가 자금이 부족할 때 돈을 빌려주기도 하는 정부의 은행 역할을 한다. 국고금을 수납하는 업무는 납세자의 편의를 위해 한국은행이 지정한 각 금융기관의 영업점과 우체국 등에서 취급하고 있으며, 국고금을 지급하는 업무는 정부관서의 지급 요청 시 한국은행의 정부 예금에서 금융기관 등의 채권자 예금계좌로 직접 이체되는 방식으로 수행하고 있다. 예를 들어 고령연금 같은 정부이전지출의 경우에는 한국은행의 정부 예금에서 수급권자의 금융기관 예금계좌로 직접 이체되는 것이다. 또한 한국은행은 국고금 수급업무를 정확하고 원활하게 취급할 수 있도록 국고전산망을 구축·운영하고 있다.

이와 함께 한국은행은 통화신용정책의 효율적인 운영 등을 위해 증권 업무를 수행하고 있다. 증권 업무는 크게 통화안정증권(monetary stabilization bond)[11] 발행 및 상환, 국채의 발행 및 상환, 공개시장에서의 증권 매매 또는 대차 업무 등이 있다. 통화안정증권은 금융기관의 유동성을 효율적으로 조절하는 수단으로 활용되고 있으며 통화안정증권의 발행과 관련한 발행한도, 발행방식 및 발행이율 등 제반사항은 금융통화위원회가 결정하고, 일상적 유동성 조절을 위한 실제 통화안정증권의 발행 및 상환에 관한 사항은 금융통화위원회의 위임을 받아 한국은행 총재가 정한다. 통화안정증권의 만기는 28일, 63일, 91일, 182일, 1년, 2년 등으로 다양하며 공모방식으로 발행할 경우 만기를 2년 이내로 한다. 통화안정증권은 이자지급형태에 따라 할인채와 이표채로 발행된다. 국채는 국가의 부족한 세입을 보전하기 위한 재원조달방법의 하나이며 발행 시 국가가 부담하는 금전상 채무가 증가하는 채권을 말한다. 한국은행은 이런 국채의 발행 및 상환 업무를 담당한다. 국채는 다시 국고채권(Korea Treasury Bond)[12]과 재정증권(Treasury Bills)으로 분류되며 통상 국채라 함은 국고채권을 의미하는 경우가 많다. 반면 재정증권은 국가의 단기적인 재정 수급 불균형을 해소하기 위해 발행하는 것으로 발행된 재정증권은 해당 회계연도 중에 전액 상환한다. 한국은행은 통화신용정책의 효율적인 운영을 위해 공개시장에서 증

---

11 국공채의 발행 및 유통시장이 잘 발달되어 있는 나라의 경우 공개시장운영 대상으로 국채 및 정부보증사채 등이 일반적으로 사용되고 있으나 우리나라는 아직 기준에 미치지 못하기 때문에 한국은행이 특별유통증권을 발행하도록 하고 있으며 해당 증권이 바로 통화안정증권이다.
12 국고채권의 만기는 2년, 3년, 5년, 10년, 20년, 30년, 50년의 7종류가 있다.

권 매매 또는 대차 업무13를 하고 있다. 공개시장 증권 매매의 대상 증권은 국채, 정부보증채, 통화안정증권(환매도를 조건으로 매입하는 경우), 한국주택금융공사가 발행하는 주택저당증권으로 한정되며 증권대차의 경우에는 국채, 정부보증채에 한정되어 있다. 공개시장운영의 매매방식은 단순매매와 환매조건부매매(Repurchase Agreement)로 구분하며, 단순매매는 증권의 양수도에 의하여 소유권의 완전한 이전을 일으키는 매매거래이고, 환매조건부매매는 일정 기간이 경과한 후 일정한 가격으로 동일 채권을 다시 매수하거나 매도하는 조건의 매매거래이다.

8) 금융기관 경영실태 분석 및 검사14

한국은행은 금융기관 경영실태와 관련한 자료를 수집하고 이를 분석하는 업무를 수행하고 있다. 또한 이러한 업무를 원활이 수행하기 위하여 한국은행은 금융감독원에 대한 금융기관 검사 및 공동검사 요구권, 금융기관에 대한 자료제출 요구권, 긴급여신을 받은 금융기관에 대한 업무 및 재산상황 조사·확인권 등을 행사할 수 있다.

---

13 공개시장운영 대상기관은 「은행법」에 의한 은행, 중소기업은행, 한국산업은행, 한국수출입은행, 「자본시장과 금융투자업에 관한 법률」에 의한 투자매매업자, 투자중개업자, 집합투자업자, 신탁업자, 증권금융회사, 종합금융회사, 자금중개회사 및 한국거래소, 「보험업법」에 의한 보험회사, 「국민연금법」에 의한 국민연금기금, 「상호저축은행법」에 따른 상호저축은행 및 상호저축은행중앙회, 「농업협동조합법」에 따른 농업협동조합중앙회, 「수산업협동조합법」에 따른 수산업협동조합중앙회, 「산림조합법」에 따른 산림조합중앙회, 「신용협동조합법」에 따른 신용협동조합중앙회, 「새마을금고법」에 따른 새마을금고중앙회 중에서 매년 한국은행 총재가 선정한 기관으로 한다. 다만, 총재는 금융경제 상황 등을 고려하여 필요하다고 인정하는 경우 금융통화위원회의 의결을 거쳐 대상기관을 추가 선정할 수 있다.
14 제6장 "금융감독제도" 참조

연 / 습 / 문 / 제

1. 다음 중 중앙은행의 역할이 아닌 것은?
   ① 최종 대부자로서의 역할
   ② 정부의 은행 역할
   ③ 통화량과 금리 조절
   ④ 금융안정
   ⑤ 개인 대출

2. 연방공개시장위원회(FOMC)가 무엇인지 설명하고 가장 최근 FOMC 회의 내용을 조사하여 설명해 보시오. 또한 점도표도 조사해 보시오.

3. 1962년 정부주도성장 정책의 원활한 지원을 위해 한국은행법이 개정되며 금융통화위원회가 금융통화운영위원회로 변경되었다. 이로 인해 변경된 사항이 무엇인지 설명해 보시오.

4. 금융통화위원회에 대한 설명 중 틀린 것은?
   ① 금융통화위원회는 한국은행의 통화신용정책에 관한 주요 사항을 심의·의결하는 정책결정기구이다.
   ② 한국은행 총재 및 부총재 그리고 5명의 임명직 위원 등을 포함하여 총 7인의 위원으로 구성된다.
   ③ 5인의 임명직 위원은 기획재정부 장관, 한국은행 총재, 금융위원회 위원장, 대한상공회의소 회장, 전국은행연합회 회장 등의 추천을 받아 대통령이 임명한다.

④ 총재와 부총재의 임기는 각각 4년이다.

⑤ 금융통화위원회 본회의는 정기회의와 임시회의로 나뉘어져 있다.

⑥ 회의안건은 위원 4인 이상의 출석과 출석위원 과반수의 찬성으로 의결된다.

⑦ 금융통화위원회의 정기회의는 연 12회이다.

5. 한국은행은 통화정책의 운영체제로 물가안정목표제를 채택하고 있다. 2019 년 이후 물가안정목표는 (   ) 기준 (   )%이다.

6. 소비자물가 상승률이 6개월 연속 물가안정목표를 ±(   )% 포인트 초과하 여 벗어나는 경우에는 (   ) 등을 통해 물가안정목표와의 괴리 원인, 소비자물가 상승률 전망 경로, 물가안정목표 달성을 위한 통화신용정책 운영 방향 등을 설명한다.

7. 금융통화위원회는 통화신용정책 수행을 위하여 1년에 (   )회 본회의를 통해 기준금리를 결정한다.

8. 금융통화위원회는 물가 동향, 국내외 경제 상황, 금융시장 여건 등을 (, look-at-everything approach)하여 기준금리를 결정한다.

9. 한국은행의 여수신제도하에서 상시적으로 운용하고 있는 대출제도 3가지를 설명해 보시오.

10. 한국은행의 여수신제도에 대해서 설명해 보시오.

11. 공개시장운영이란 한국은행이 금융시장에서 금융기관을 상대로 국채 등 증권을 사고팔아 시중에 유통되는 화폐의 양이나 금리 수준에 영향을 미치려는 가장 대표적인 통화정책 수단이다. 공개시장운영은 (   ), (   ), (   ) 등의 형태로 이뤄진다.

12. 공개시장운영의 단순매매(Outright Sales and Purchases)를 통해 시중에 유동성을 증가시키고자 할 경우, 어떤 경로를 따르는지 설명해 보시오.

13. 공개시장운영에서 단순매매보다 환매조건부매매가 보이는 장점은 무엇인지 설명해 보시오.

14. 지급준비제도를 이용하여 시중에 유동성을 증가시키고자 할 경우, 어떤 경로를 따르는지 설명해 보시오.

15. 한국은행은 금융안정을 위해 각국 간 통화스왑을 체결하고 있다. 통화스왑은 무엇이며 현재 어떤 나라들과 통화스왑을 맺고 있는지 조사하여 설명해 보시오.

16. FIMA Repo가 무엇인지 설명해 보시오.

17. 한국은행의 화폐 순환과정 4가지를 설명해 보시오. (그림 5-4 참조)

18. 한국은행 설립 이후 총 3번의 화폐개혁이 있었다. 어떤 연유에 의해서 화폐개혁이 있었는지 설명해 보시오.

19. 한국은행은 원활한 자금결제를 위해 일중 일시적으로 결제자금이 부족한 금융회사에 대해 일중당좌대출 및 일중RP제도 등을 이용하여 자금을 지원하고 있다. 여기서 일중당좌대출과 일중RP제도가 어떤 것인지 설명해 보시오.

20. 한국은행은 국제수지 불균형을 보전하거나 외환시장 안정을 위해 언제든지 사용할 수 있도록 보유하고 있는 대외 지급준비자산인 외환보유액을 보유·운용하고 있다. 우리나라와 같은 소규모 개방경제를 표방하는 나라에게는 외환보유고가 매우 중요한데 그 이유가 무엇인지 설명해 보시오.

21. 태화정책(non-sterilization policy)에 대해서 설명하고 외환보유고와의 연계에 대해서 설명해 보시오.

22. 한국은행은 세금 등 국고금을 정부 예금으로 예치하였다가 정부가 필요로 할 때 자금을 지급하는 한편 정부가 자금이 부족할 때 돈을 빌려주기도 하는 (   ) 한다.

23. 한국은행은 통화신용정책의 효율적인 운영 등을 위해 통화안정증권(monetary stabilization bond) 발행 및 상환 업무를 하고 있다. 이에 대한 설명으로 틀린 것은?

① 통화안정증권은 금융기관의 유동성을 효율적으로 조절하는 수단으로 활용되고 있다.

② 통화안정증권의 발행과 관련한 발행한도, 발행방식 및 발행이율 등 제반사항은 금융통화위원회가 결정한다.

③ 일상적 유동성조절을 위한 실제 통화안정증권의 발행 및 상환에 관한 사항은 금융통화위원회의 위임을 받아 한국은행 총재가 정한다.

④ 통화안정증권의 만기는 28일, 63일, 91일, 182일, 1년, 2년 등으로 다양하다.

⑤ 통화안정증권은 이자지급형태에 따라 할인채와 이표채, 복리채로 발행된다.

24. 국고채권(Korea Treasury Bond)과 재정증권(Treasury Bills)의 차이를 설명해 보시오.

제 **6** 장

금융감독제도

제6장

금융감독제도

금융감독은 개별 금융기관의 설립을 인가하고 금융기관 업무 수행 시 지켜야 할 각종 규칙을 제정하며 이의 준수 여부를 감시하는 것을 의미한다. 금융감독은 금융기관 업무에 대한 허가·금지·제한·권유 등의 형태로 이뤄지며 금융기관 경영에 대한 일종의 규제라는 점에서 규제(regulation)와 감독(supervision)을 포괄하는 의미로 해석할 수 있다. 이런 금융감독이 필요한 이유는 금융거래를 시장에만 맡길 경우 정보의 비대칭성, 외부효과, 이해상충 등으로 불공정·불건전 거래가 증가하여 금융제도의 불안정과 금융거래의 위축을 초래할 수 있기 때문이다.[1] 따라서 금융감독을 이행하는 금융감독원의 설립목적은 금융기관에 대한 검사·감독업무 등의 수행을 통해 금융산업의 선진화와 금융시장의 안정을 도모하고 건전한 신용 질서와 공정한 금융거래 관행을 확립하며 예금자 및 투자자 등 금융 수요자를 보호함으로써 국민경제 발전에 기여함에 있다.

---

1 "한국의 금융제도", 한국은행, 2018

▶ 정보의 비대칭성(Information asymmetry)

정보의 비대칭성은 시장에서 각 거래 주체가 보유한 정보에 차이가 있을 때 발생하며 경제활동의 효율성과 공정성에 중대한 영향을 미친다. 이에 대표적인 문제는 역선택 (Adverse Selection)과 도덕적 해이(Moral hazard)가 있다. 금융에서 비대칭성 문제의 대표적인 예로 대출 과정에서 발생할 수 있는 은행과 대출자와의 관계를 들 수 있다. 이 경우 대출자는 완벽한 자신의 정보를 소유하고 있지만 은행은 대출자가 제공하는 정보에 의존할 수밖에 없다. 만약 대출자가 이를 악용하여 실제 신용상태보다 낮은 금리로 대출을 받을 수 있다면 다른 대출자들도 이를 악용하려는 도덕적 해이가 발생할 수 있다.[2] 실제로 이런 일들이 빈번이 발생하게 되면 은행은 많은 위험을 감수해야 하기 때문에 대출금리를 인상할 수밖에 없으며 시장에는 금리가 높은 대출상품만 존재하는 상황이 전개될 수 있다. 이는 역선택의 문제로 금융시장의 거래를 축소시켜 가격 등의 왜곡을 통해 시장에 비효율성을 초래하게 된다.

▶ 외부효과(External effect)

외부효과란 어떤 경제주체의 행위가 본인의 의도와는 관계없이 다른 경제주체에게 의도하지 않은 혜택이나 손해를 발생시키지만 그 영향에 대한 보상이 없는 것을 말하다. 외부효과에는 제3자에게 긍정적인 영향을 미치는 외부경제와 부정적인 영향을 미치는 외부불경제가 있다. 외부경제에는 꽃, 가로등, 불꽃놀이, 예방접종 등이 있으며 예방접종의 경우 한 학급의 절반이 예방접종을 실시하게 될 경우 바이러스 확산 가능성이 현저하게 낮아짐으로써 예방접종을 하지 않은 학생까지 혜택이 전달되는 것을 말한다. 외부경제는 목표하는 수량보다 과소 공급되는 문제를 발생시키는 단점이 있다. 반면 외부불경제는 폐수, 매연, 배기가스 등이 있으며 공장의 폐수는 공장 인근 주민들인 제3자에게 피해를 주는 대표적인 사례라 할 수 있다. 이 경우 공장은 폐수에 대한 비용을 절감하기 때문에 적정 생산량보다 과대 생산하는 문제가 발생할 수 있다. 금융에서는 글로벌 금융위기 당시 은행들이 주식담보대출을 함에 있어 마땅히 했어야 할 모니터링을 하지 않음으로서 비용을 절감하여 대출을 과하게 늘리는 현상이 발생하기도 하였다.

---

2 정상적인 절차에 의해 대출을 받은 경우에도 대출자가 자신의 신용등급 관리를 소홀히 할 수 있는데 이 역시 정보의 비대칭성으로 인한 도덕적 해이가 발생한 것이라 할 수 있다.

우리나라의 금융제도는 전업주의에 기초하여 오랜 기간 은행, 증권, 보험 등 금융업종별로 별도의 금융감독 기구가 존재하는 분산형 금융감독 체계를 유지해 왔다. 과거 1960년대에는 은행이 거의 유일한 금융기관이었기 때문에 금융감독 기관은 금융관계법령의 제·개정을 담당하는 재무부와 은행업 인가, 건전성 규제, 검사 및 제재 등 은행감독업무를 담당하는 한국은행으로 나뉘어 있었다. 하지만 1970년대에는 금융업이 발달함에 따라 증권 및 보험업이 대폭 확대되고 종합금융회사, 상호신용금고 등 다수의 비은행금융기관이 설립되었다. 이로 인해 재무부 감독기능에 대한 부담이 증가함에 따라 감독기능을 각각의 업무별로 분리하여 증권관리위원회, 증권감독원, 보험감독원, 신용관리기금 등 4개 감독기관을 설립하였다. 그러나 1990년대 들어서며 국제적인 금융자유화, 겸업화 추세가 강화되었고 이에 부응하기 위해 금융감독원은 「금융감독기구의 설치 등에 관한 법률」 제정(1997년 12월 31일)에 따라 은행감독원, 증권감독원, 보험감독원, 신용관리기금 등 4개 감독기관을 통합하여 1999년 1월 2일 금융감독위원회와 집행기관인 금융감독원을 설립하였다. 당시 금융당국은 금융감독위원회와 금융감독원 등으로 이원화 된 구조를 가졌다.

이후 2008년 2월 29일에 개정된 「금융위원회의 설치 등에 관한 법률」에 따라 금융감독 당국은 현재의 모습인 금융위원회와 금융감독원으로 개편되었다. 금융위원회는 금융감독위원회 당시 수행하던 금융감독정책기능 외에 기회재정부(당시 재정경제부)가 담당하던 국내 금융에 대한 정책기능도 이관하여 수행하게 되었다. 또한 금융위원장과 금융감독원장을 겸임함으로서 발생할 수 있는 이해관계자의 문제를 겸임을 금지하게 함으로써 감독정책기능과 집행기능의 분리를 명확히 하였다.

한편 금융감독 기능은 금융감독 당국뿐만 아니라 한국은행, 예금보험공사, 기획재정부 등도 일부 보유하고 있다. 우선 한국은행[3]은 금융통화위원회가 통화신용정책의 수행을 위하여 필요하다고 인정하는 경우 금융감독원에 구체적인 범위를 정하여 금융기관에 대한 검사를 요구할 수 있으며, 필요시 한국은행 직원이 금융감독원의 금융기관 검사에 공동 참여할 수 있도록 요구할 수 있다. 또한 금융감독원으로 하여금 검사결과에 대한 자료를 송부하도록 요청하거나 검사결과에 따라 금융기관

---

3 제5장 "중앙은행제도" 내 감독업무 참고

에 대한 필요한 시정조치를 요청할 수 있다. 다음으로 예금보험공사[4]는 예금자 보호와 금융제도의 안정성 유지를 위하여 필요하다고 인정하는 경우 금융감독원에 금융기관(부보금융회사 및 부보금융회사를 자회사로 두고 있는 금융지주회사) 검사를 요청하거나 예금보험공사 소속직원의 금융기관 공동검사 참여를 요청할 수 있다. 또한 예금자 보호를 위하여 필요하다고 인정하는 경우 금융감독원에 구체적인 범위를 정하여 부보금융회사 등에 대한 자료 제공을 요청할 수 있으며, 부실우려가 있다고 인정되는 부보금융회사 등에 대해서는 독자적으로 조사를 실시할 수 있다. 마지막으로 기획재정부는 「금융위원회의 설치 등에 관한 법률」에 의거 금융감독 관련법령의 제·개정 권한이 금융위원회로 이관되며 금융감독 기능이 크게 축소되었으나 국제금융 기능 및 금융위원회와의 금융정책 협의, 자료협조 등을 감안할 때 해당 기관의 협조 등을 필요로 하고 있다.

그림 6-1 │ 현재 금융감독 체계도

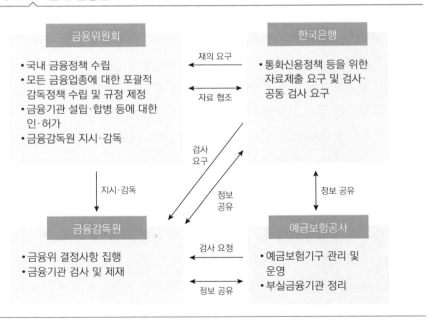

4 제4장 "예금보험제도" 내 감독업무 참고

파이낸셜 시스템의 이해

1 조직

금융감독 기구는 2008년 2월 29일에 개정된 「금융위원회의 설치 등에 관한 법률」에 따라 금융관련 주요 사항을 심의·의결하는 금융위원회와 실무 감독기능을 수행하는 금융감독원으로 구성·운영되고 있다. 금융위원회와 금융감독원은 금융감독 기구로서 서로 밀접한 업무를 수행하지만 앞선 그림 6−1에서 본 바와 같이 금융위원회는 정부조직법상 정부조직인 반면 금융감독원은 무자본 특수법인으로서 서로 독립된 조직이다.[5]

(1) 금융위원회

금융위원회는 2008년 1월 과거 금융감독위원회 감독정책기능과 기획재정부(과거 재정경제부) 금융정책기능(공적자금관리위원회, 금융정보분석원 포함)을 통합하여 설립되었다. 현재 금융위원회는 국무총리 소속의 합의제 행정기관으로 아래와 같이 금융관련 주요 사항을 심의·의결 하고 있다.

또한 금융위원회는 금융감독 기구의 감독정책결정자로서 금융감독원의 업무·운영·관리에 대한 지도·감독을 하며 금융감독원의 정관변경, 예산 및 결산에 대한 승인 등 사항을 심의·의결한다.

---

5 금융위원회는 정부조직으로 해당 조직의 직원들은 공무원에 속한다. 반면 금융감독원은 특수법인으로서 해당 조직의 직원들은 공무원이 아니다.

금융위원회는 건전한 신용질서와 공정한 금융거래관행을 확립하고, 금융수요자를 보호하기 위해 금융서비스에 관한 주요사항을 최종 결정하는 합의제 행정기관으로 5인의 임명직 위원과 4인의 당연직 위원 등 총 9인의 위원으로 구성된다. 임명직 위원은 위원장 및 부위원장, 2인의 상임위원, 비상임위원 등으로 구성되며 위원장은 국무총리의 제청, 부위원장은 위원장의 제청, 2인의 상임위원은 금융전문가 가운데 위원장의 추천을 받아, 1인의 비상임위원은 대한상공회의소 회장의 추천을 받아 모두 대통령이 임명한다. 임명직 위원의 임기는 3년이며 한 차례 연임이 가능하다. 당연직 의원 4인은 기획재정부 차관, 금융감독원 원장, 예금보험공사 사장, 한국은행 부총재이다.

금융위원회는 매월 첫째, 셋째 수요일에 정례회의를 개최하며 3인 이상 위원의 요구가 있거나 위원장이 필요하다고 인정하는 경우 임시회의를 개최할 수 있다. 회의 안건에 대해서는 재적위원 과반수의 출석과 출석위원 과반수의 찬성 시 의결된다. 또한 금융위원회를 보좌하고 업무를 처리하기 위한 조직으로 3관(기획조정관, 구조개선정책관, 디지털금융정책관) 4국(금융소비자국, 금융정책국, 금융산업국, 자본시장국)을 두고 있으며 별도의 금융정보분석원(1기획관, 2실 5과)을 두고 있다.

금융위원회는 증권 및 선물 분야에 대한 별도의 심의·의결을 위해 내부조직으로 증권선물위원회를 설치·운영하고 있다. 증권선물위원회는 자본시장의 불공정거래 조사, 기업회계 기준 및 회계 감리에 관한 업무, 자본시장의 관리·감독 및 감시 등과 관련된 주요사항의 사전심의 등을 결정하는 합의제 행정기관이다. 증권선물위원회는 5인으로 구성되어 있으며 위원장은 금융위원회 부위원장이 겸임하고 나머지 위원은 상임 1인, 비상임 3인으로 구성되며 해당 위원들은 금융위원회 위원장의 추천으로 대통령이 임명한다. 증권선물위원회의 임기는 금융위원회와 같이 3년이며 한 차례 연임할 수 있다. 또한 증권선물위원회 정례회의는 매월 둘째, 넷째 수요일에 개최하며 위원장이 필요하다고 인정되거나 위원 2인 이상이 요구하는 경우 임시회의를 개최할 수 있다. 회의 안건에 대해서는 3인 이상의 찬성으로 의결된다.

(2) 금융감독원

금융감독원은 「금융감독기구의 설치 등에 관한 법률」에 따라 은행감독원, 증권감독원, 보험감독원, 신용관리기금 등 4개 감독기관이 통합되어 1999년 1월 2일 설립되었다. 이후 2008년 2월 29일에 개정된 「금융위원회의 설치 등에 관한 법률」에 따라 현재의 금융감독원이 되었다. 금융감독원은 무자본 특수법인으로서 국가 또는 지방자치단체로부터 독립하여 특정한 공공사무를 담당하는 특수 공법인의 성격을 지니고 있다. 금융감독원을 정부 조직으로 하지 아니하고 독립된 공법인으로 법제화한 것은 금융감독 업무가 정치적 압력 또는 행정부의 영향력에 의해 자율성을 잃지 않도록 함으로써 중립적이고 전문적인 금융감독 기능을 구현하기 위함에 있다. 따라서 금융감독원의 재원은 정부 및 한국은행 출연금, 검사대상 금융회사의 출연금·분담금, 기타 다른 법령이나 정관에서 정한 수입 등으로 운영되고 있다.

금융감독원은 원장, 4인 이내의 부원장, 9인 이내의 부원장보, 전문심의위원(회계전문가), 감사 등을 집행 간부를 두고 있다. 원장은 금융위원회의 의결을 거쳐 금융위원장의 제청으로 대통령이 임명하고 부원장은 원장의 제청으로 금융위원회에서 임명한다. 감사는 원장과 마찬가지로 금융위원회의 의결을 거쳐 금융위원회 위원장의 제청으로 대통령이 임명한다. 원장, 부원장, 부원장보 및 감사의 임기는 모두 3년이며 한 차례 연임할 수 있다.

금융감독원은 금융위원회 또는 증권선물위원회의 지도·감독을 받아 금융기관에 대한 실질적인 검사·감독업무 등을 수행한다. 구체적으로는 검사대상기관의 업무 및 재산상황에 대한 검사, 검사결과에 따른 제재, 금융위원회 및 소속기관에 대한 업무지원 등을 처리한다. 검사대상 금융기관은 금융지주, 은행, 금융투자업자, 중소서민금융, 보험회사, 기타 등 거의 모든 금융기관으로 되어 있으며 2022년 말 현재 총 42,241개사에 이른다.

금융감독원은 2022년 말 현재 62개 부서로 구성되어 있으며, 지방에 11개 지원, 해외에 6개 해외사무소를 두고 감독·검사·금융소비자보호 관련 업무를 수행하고 있다.

■ 표 6-1 금융감독원 검사대상 기관(2022년 말 기준, 단위: 개)

구분	검사 대상 기관	기관 수	증감 (전년 대비)
금융지주	KB금융지주, 신한금융지주, 하나금융지주, 우리금융지주, 한국투자금융지주, 메리츠금융지주, BNK금융지주, DGB금융지주, 농협금융지주, JB금융지주	10	−
은행	시중은행(6), 인터넷전문은행(3), 지방은행(6), 특수은행(5), 외국은행 국내지점(35)	55	−
금융투자	증권회사(48), 외국증권회사 국내지점(11), 선물회사(3), 신용평가회사(4), 채권평가회사(5), (전업)집합투자기구평가회사(4), 종금사(1), 자금중개·외국환 중개회사(9), 자산운용회사(437), 투자자문사(387), 부동산투자회사(CR REITS 등)(350), 사모투자전문회사(1094), (전업)일반사무관리회사(8) 선박 운용회사(5), 선박투자회사(354), 부동산신탁사(14), 한국포스증권, 한국 거래소, 한국금융투자협회, 한국예탁결제원, 한국증권금융, 한국상장사협의회, 코스닥협회, 코넥스협회, 우정사업본부, 온라인소액투자중개업자(10), 역외 투자자문회사(191), 사모M&A펀드(7), 기관전용 사모집합투자기구의 업무 집행사원(713)	3,664	1065
중소서민	저축은행중앙회, 상호저축은행(79), 농업협동조합중앙회, 농업협동조합 (1,113), 수산업협동조합중앙회, 수산업협동조합(90), 산림조합중앙회, 산림조합(140), 신용협동조합중앙회, 신용협동조합(870), 카드사(8), 할부금융(25), 리스(26), 신기술사업금융(97), 대부업자(P2P 연계 대부업자 제외, 913)주2, 여신금융협회, 한국대부금융협회, P2P연계대부업자(2), 온라인투자연계금융 업자(51), 유통계카드사(2)	3,423	81
보험	생명보험사(23), 손해보험사(18), 외국손해보험사 국내지점(14), 생명보험협회, 손해보험협회, 화재보험협회, 보험연수원, 보험개발원, 보험대리점(31.512), 보험계리업(21), 손해사정업(1,543), 보험중개사(167)	33,303	△274

기타	한국자산관리공사, 한국주택금융공사, 소액해외 송금업자(26), 신용정보회사 (9)주3, 신용정보집 중기관(2), 부가통신업자(27), 전자금융업자(130) 주4, 근로 복지공단주 혁신금융사업자(51), 지정 대리인(12), 전산자회사(6), 채권 추심회사(22)주, 본인신용정보관리회사(11)주, 데이터 전문기관 (2)주10, 대출 모집법인(1,266)주11, 회계법인 (219)	1,786	266
합계		42,241	1,138

주:

1) 개인 대출모집인(32,609, 법인에 소속되어 있지 않은 개인으로 은행연(192), 생보협(449), 손보협(144), 여전협(31,252), 저축중(564), 신협중(8) 등록), 개인투자권유대행인(23,855) 등 56,464개 제외

2) 금전대부업자(37), 대부채권매입추심업자(286), 금전대부 · 대부채권매입추심업자(590)

3) 부문별 기관 수 산정 시 5개사 중복 제외(중소서민(3), 전자금융(1), 지정대리인(1) 부문에 포함)

4) 부문별 기관 수 산정 시 49개사 중복 제외(부가통신업자, 증권사, 자산운용사, 소액 해외 송금업자, 할부금융 부문에 포함)

5) 부문별 기관 수 산정 시 퇴직연금사업자 48개사 중복 제외(은행, 보험, 금융투자 부문에 포함)

6) 부문별 기관 수 산정 시 83개사 중복 제외(은행, 중소서민금융, 보험, 전자금융업자 부문에 포함)

7) 부문별 기관 수 산정 시 15개사 중복 제외(혁신금융사업자(8), 전자금융업자(7) 부문에 포함)

8) 부문별 기관 수 산정 시 1개사 중복 제외(신용정보(1) 부문에 포함)

9) 부문별 기관 수 산정 시 45개사 중복 제외(은행(10), 보험(2), 금융투자(9), 중소서민 (12), 전자금융업자(9), 신용정보회사(2), 혁신금융사업자(1) 부문에 포함)

10) 부문별 기관 수 산정 시 2개사 중복 제외(신용정보집중기관, 부가통신업자 부문에 포함)

11) 금융감독원 등록 대출모집법인(46), 은행연(27), 생보협(29), 손보협(39), 여전협(715), 저축중(385), 신협중(25)

* 출처: 금융감독원

2 주요 업무

(1) 구조적 규제

구조적 규제(structural regulation)에는 진입 제한, 가격 규제, 업무범위 규제 등이 있다.

1) 금융기관 설립 및 합병·전환 인허가

금융위원회는 금융기관의 설립 및 영업, 인수·합병 및 업종전환 시 인허가를 심의·의결 한다. 이는 부적격한 금융업자의 시장진입을 막고 과당경쟁이나 독과점에 따른 폐해를 최소하여 공정한 시장경제를 확립하기 위함이다. 따라서 금융기관을 새로 설립하기 위해서는 민법 및 상법상의 법인요건 이외에 은행법, 자본시장법, 보험업법 등 개별 금융업법에서 요구하는 기본요건을 갖추고 금융위원회의 인가를 받아야 한다. 또한 기존 금융업을 영위하고 있는 기관이 여타 금융기관을 인수·합병하거나 새로운 금융업으로 업종을 전환하고자 할 경우에도 「금융산업의 구조개선에 관한 법률」에 의거 금융위원회의 인가를 받아야 한다.

① 금융기관 신규 설립

금융위원회는 주요검토 사항인 사업계획의 타당성, 자본금 및 주주 구성과 주식 인수자금의 적정성, 경영진의 경영능력과 성실성, 물적 시설과 전문 인력의 구비 여부 등을 심사하여 인허가 여부를 결정한다.

② 금융기관 합병 및 전환

금융위원회는 다음과 같은 사항을 심사하여 인허가 여부를 결정한다.

- 금융산업의 합리화와 금융구조조정의 촉진 등을 위할 것, 금융산업의 효율화와 건전한 신용질서를 저해하지 아니할 것, 금융기관 간 경쟁을 제한하지 아니할 것, 자기자본비율·부채 등이 적절한 수준일 것, 주요 출자자가 충분한 출자능력과 건전한 재무상태를 갖추고 있을 것 등을 심사

설립·합병·인수·업종전환 등에 관한 인허가는 예비인허가와 본인허가로 나뉜다. 예비인허가는 본인허가 전 예비적인 행정행위로서 설립 등 인허가에 대한 사전 심사 행위이며 본인허가는 예비인허가에 대한 전제조건이 실제로 이행되었는지 여부를 심사하여 최종 인허가 여부를 결정하는 절차다. 가장 최근에 은행업 인허가를 받은 곳은 인터넷전문은행인 토스뱅크이며 토스뱅크는 2019년 12월 예비인가를 시작으로 2021년 6월 본인가를 받아 현재 은행업을 영위하고 있다.

2) 금융기관 퇴출

금융위원회는 개별 금융업법 및 「금융산업의 구조개선에 관한 법률」에 의거 금융기관의 자율적인 영업종료 및 행정조치에 의한 강제퇴출과 관련하여 금융기관 퇴출에 관한 업무를 수행한다.

① 금융기관이 영업의 양수도, 합병, 계약이전 또는 해산 등을 통해 자율적인 금융업 영위 종료 시 금융위원회의 사전인가를 받아야 함
　⇨ 이는 갑작스런 금융기관 퇴출로 인해 금융거래가 위축되거나 금융기관 간 경쟁이 과도하게 제한될 수 있으며 이로 인해 금융소비자나 투자자가 부당한 재산상 피해를 입을 수 있기 때문임

② 금융기관이 관련 법규를 위반하거나 재무상태가 기준에 미달할 경우 금융위원회는 행정조치로 영업정지나 인허가 취소 등 강제퇴출 할 수 있음
　⇨ 허위로 영업인허가를 받거나 인허가 내용·조건 또는 금융위원회의 시정명령을 위반하는 등 중대한 법규위반을 한 금융기관에 대해 일정기간

영업을 정지하거나 영업인허가 자체를 취소할 수 있음

⇨ 재무상태가 일정기준에 미달하거나 미달할 것으로 예상되어 적기시정조
치[6]를 받은 금융기관이 필요한 경영개선대책을 이행하지 않거나 이행할
수 없을 것으로 판단되는 경우 영업정지, 영업인허가 취소 및 계약이전
등을 통해 해당 금융기관을 퇴출시킬 수 있음

③ 상호저축은행 및 신용협동조합에 대해서는 예외적으로 경영관리를 할 수 있음

⇨ 경영관리는 금융위원회가 적기시정조치 대신 관리인을 직접 선임하여
상호저축은행 및 신용협동조합을 경영토록 하는 것임

⇨ 이는 금융기관이 불법·부실대출로 자본잠식[7] 우려가 있고 단기간 내에
채권을 회수할 가능성이 없어 자력회생이 불가능하거나 예금자보호를
위해 필요성이 인정될 경우 실시

⇨ 경영관리를 하였으나 결과적으로 경영정상화가 불가능하다고 판단된
경우 금융위원회는 계약이전 또는 청산절차를 통해 해당 금융기관을 퇴
출시킬 수 있음

3) 소유지배구조 규제

금융산업은 시장진입 및 과다경쟁 등이 제한되어 있기 때문에 독과점이 형성되
기 쉽다. 실제로 우리나라 은행업은 오랜 기간 신규진입을 제한함으로써 과점적 형
태를 띠고 있었으며 최근에서야 인터넷전문은행 3곳(K뱅크, 카카오뱅크, 토스뱅크)에 인
가를 내줬다. 이런 문제점을 해소하기 위해 금융위원회는 금융기관 소유지배구조에
대해 규제 하고 있다.

현재 국내 금융기관 소유지배구조 규제는 은행과 은행지주회사에 적용하고 있다.
이는 예금·대출업무와 지급결제서비스 등 금융제도에서 은행이 차지하는 중요성을
감안, 산업자본이 은행을 지배하지 못하도록 하기 위함이다. 과거 우리나라는 정부

---

6 적기시정조치는 자본 충실도와 경영실태평가를 종합적으로 고려하여 금융기관에 내릴
수 있는 조치로 "경영지도 및 관리" 단원에서 확인할 수 있다.
7 자본총계가 납입자본금보다 적은 상태를 말한다.

주도 성장을 위해 관치금융(官治金融)이 있었고 이후 산업이 성장하며 기업이 자회사로 금융기관을 설립, 인수함에 따라 비자금 조성 등 금융기관을 사금고화 한다는 비판이 커지며 산업자본이 은행을 지배하지 못하는 은산분리[8] 제도가 시행되었다.

① 동일인에 대한 은행의 주식보유 한도(의결권 있는 발행주식 총수 기준) 규제
   - 동일인은 은행의 10%(지방은행의 경우 15%)를 초과하여 보유하지 못함
   - 동일인의 은행 주식보유상황 또는 주식보유비율의 변동 상황 확인을 위하여 4% 초과해 보유(지방은행은 제외)할 때, 최대주주가 되었을 때, 보유지분의 1% 이상 변동되었을 때, 4% 초과 보유 경영참여형 사모집합투자기구(PEF, Private Equity Fund, 사모펀드)의 경우 그 사원의 변동이 있을 때, 4% 초과보유 투자목적회사(SPC)의 경우 그 주주 또는 사원의 변동이 있을 때 등에는 관련 내용을 금융위원회에 보고
   - 동일인이 보유한도를 초과하여 은행주식을 보유하고자 하는 경우에는 한도초과 보유 요건(은행업의 효율성과 건전성에 기여할 가능성 등이 인정된 경우)을 충족하여 10%(지방은행 15%), 25% 및 33%를 초과할 때마다 금융위원회의 승인
      * 승인 이후 반기마다 한도초과 보유요건의 충족 여부를 심사
   - 금융위원회 승인 없이 보유 한도가 초과된 경우 동일인은 한도를 초과하는 주식에 대하여는 그 의결권을 행사할 수 없으며 지체 없이 매도 등을 통해 한도에 적합선을 유지
      * 이행하지 않을 시 금융위원회는 6개월 이내의 기간을 정하여 그 한도를 초과하는 주식을 처분할 것을 명할 수 있음

② 산업자본의 은행산업 지배 방지를 위한 규제(은산분리)
   - 산업자본의 은행산업 지배를 방지하기 위해 비금융주력자의 은행주식 보유한도 규제

---

8 산업자본이 금융시장을 잠식하는 것을 막기 위해 산업자본의 은행 의결권을 제한하는 제도이다.

* 비금융주력자는 원칙적으로 일반은행의 의결권 있는 주식을 발행 총수의 4%를 초과하여 보유할 수 없음(지방은행은 15%)
* 다만, 의결권을 행사하지 아니할 조건으로 금융위원회의 승인을 얻은 경우 발행 주식 총수의 10%까지 보유를 허용
- 예외적으로 2년 이내 비금융주력자로부터 벗어나기 위한 전환계획을 금융위원회에 제출하여 승인을 얻었거나 외국인의 주식보유비율 이내에서 주식을 보유한 경우 동일인 주식보유한도만 적용

(2) 건전성 규제

금융위원회는 금융기관의 재무 상태를 기초로 금융기관 건전성 규제(prudential regulation)를 실시한다. 건전성 규제는 목적에 따라 자본적정성 규제, 자산건전성 규제, 유동성 규제, 신용공여 규제, 경영실태평가 및 적기시정조치 등으로 구분하며 금융위원회는 건전성 규제를 통해 금융기관의 부실경영으로부터 야기될 수 있는 사회적 손실을 방지하거나 피해 규모를 줄이는데 중대한 역할을 한다.

1) 자본의 적정성

자본의 적정성은 자본금의 중요성을 근거로 금융기관이 자본금을 충분히 보유하고 있는지를 판단하는 지표다. 통상 자본금은 대차대조표상으로 자기자본금을 의미하며 예상치 못한 외부 충격에 의해 손실이 발생하였을 경우 이에 대한 충격을 줄여줄 수 있는 완충역할을 한다. 또한 자기자본비율(자기자본/총자산)이 높을수록 부도 발생 시 주주들이 부담해야 하는 손실이 크기 때문에 자산 운용에 있어 과도한 위험추구 행위를 견제할 수 있다.

① 은행

금융위원회는 은행의 각종 리스크 측정방법을 승인하며 은행의 자본 적정성과 관련하여 Basel III 협약에 따른 국제결제은행(BIS, Bank for International Settlement)의

자기자본비율규제를 적용하고 있다. BIS 자기자본비율은 자기자본을 위험가중자산으로 나눈 비율이며 8%, 6%, 2%에 미달하는 경우 각각 경영개선권고, 경영개선요구, 경영개선명령 등의 적기시정조치를 발동한다.

$$\text{BIS 자기자본 비율} = \frac{\text{자기자본}}{\text{위험가중자산}} \times 100$$

최근 Basel Ⅲ 도입으로 은행에 대한 자본규제는 보통주자본(Tier 1)의 개념을 도입하여 최소자본비율체계를 보통주자본비율(4.5%), 기본자본비율(6%), 총자본비율(8%)로 개편하였다. 금융위원회는 은행이 직면한 모든 리스크를 점검하여 리스크가 높다고 판단되는 은행에 대해서는 8% 보다 높은 자기자본비율을 요구할 수 있다.

■ 표 6-2 Basel Ⅲ 은행 자기자본 비율

	적기시정조치		
	경영개선권고	경영개선요구	경영개선명령
보통주자본비율	4.5% 미달	3.5% 미달	1.2% 미달
기본자본비율	6.0% 미달	4.5% 미달	1.5% 미달
총자본비율	8.0% 미달	6.0% 미달	2.0% 미달

자기자본규제 이외에도 은행의 자본적정성을 유지를 위해 완충자본(capital buffer) 규제를 하고 있다. 완충자본은 기본 자기자본비율 이외 충격에 대비하기 위해 추가적으로 적립하는 자본으로 충격 발생 시 은행의 손실을 흡수하거나 신용공급 기능을 지속하면서도 최저규제비율 수준 이상으로 자본비율을 유지하기에 충분한 자본량을 의미한다. 완충자본은 자본보전완충자본과 경기대응완충자본으로 구분되며 전자는 충격 발생 시 손실을 흡수하기 위한 목적의 완충자본을 의미하며 후자는 경기침체 시 급격히 수축되는 신용의 충격을 완화하기 위한 완충자본을 뜻한다. 통상경기가 호황기에는 시장 기대 이상으로 신용이 확대되는 반면 침체 시 급격한 신용위축이 발생하는 경기 순응성이 발생한다. 이와 같은 급격한 신용 위축은 실물경제

를 급격히 위축시켜 결국 금융 시스템 리스크로 전이될 수 있기 때문에 완충자본을 통해 이를 보완하고자 하는 것이다. 금융위원회는 완충자본을 준수하지 않은 금융기관에 대해 이익금의 재량적 처분(배당금, 자사주 매입, 임직원 보너스 등)을 제한한다.

또한 은행의 안정적인 유동성을 유지하고 있는지를 판단하기 위해 유동성커버리지 비율과 원화예대율을 규제하고 있다. 유동성커버리지 비율은 고유동성자산을 향후 30일간 순현금유출액으로 나눈 비율로 100% 이상으로 규제하고 있다. 즉, 향후 30일간 순현금유출액보다 많은 고유동성자산을 보유하고 있어야 한다는 의미다. 원화예대율은 원화대출금을 원화예수금으로 나눈 비율로 이 역시 100% 이하로 규제하고 있다. 이는 원화예수금보다 원화대출금이 많아서는 안 된다는 의미다. 유동성 리스크에 대한 장기 복원력을 제고하기 위해 순안정자금조달비율을 규제하고 있으며 이는 안정자금가용금액을 안정자금조달필요금액으로 나눈 비율로 100% 이상으로 규제하고 있다. 이는 은행의 자금운용 측면에서 1년 이상 필요한 안정자금 규모가 조달 측면에서 1년 이상 사용가능한 안정자금 규모보다 커야한다는 의미다. 외화 자금조달 및 운용의 적정성을 규제하기 위해 외화유동성커버리지비율, 외화유동성비율, 중장기 외화자금 조달비율 등을 규제하고 있다.[9]

■ 표 6-3 은행 건전성 규제 기준

건전성 규제 기준	목적	산출방식	규제 비율
유동성커버리지 비율	예금 고객에 인출에 즉각 대응할 수 있는 유동성 확보	$\dfrac{\text{고유동성자산}}{\text{향후 30일간 순현금 유출액}}$	100% 이상
원화예대율		$\dfrac{\text{원화대출금*}}{\text{원화예수금}}$	100% 이하

9 1997년 외환위기 당시 국내 은행들은 해외에서 단기로 차입한 자금을 국내 장기로 대출하는 기간 미스매칭 전략을 실시하였다. 이런 전략은 위기가 발생하지 않을 때는 낮은 이율로 자금을 조달하여 높은 이율로 대출하기 때문에 많은 수익을 낼 수 있지만 위기 발생 시 금융기관의 외환 유동성 문제를 발생시켜 금융 시스템 리스크를 확대시킨다. 따라서 외화유동성 규제는 금융기관 건전성 규제에 있어서 중요한 역할을 한다.

파이낸셜 시스템의 이해

		*기업대출 15%차감, 가계대출 15%가산	
순안정자금조달 비율	유동성 리스크에 대한 장기 복원력	$\dfrac{\text{안정자금가용금액}}{\text{안정자금조달필요금액}}$	100% 이상
단순기본자본 비율	과도한 레버리지 제한	$\dfrac{\text{기본자본}}{\text{총위험노출액}}$	3% 이상
외화유동성 커버리지 비율		$\dfrac{\text{외화 고유동성자산}}{\text{향후 30일간 외환 순현금 유출액}}$	80% 이상
외화유동성비율	외화 자금의 조달, 운영에 대한 적정성	$\dfrac{\text{잔존 만기 3개월 이내 외화자산}}{\text{잔존 만기 3개월 이내 외화부채}}$	85% 이상
		$\dfrac{\text{잔존만기 1개월 이내 외화순자산*}}{\text{총 외화자산}}$ *외화자산−외화부채	−10% 이상
중장기 외화자금 조달 비율		$\dfrac{\text{1년 초과 외화 조달 잔액}}{\text{1년 이상 외화 대출 잔액}}$	100% 이상

* 출처: 한국은행

② 금융투자업자

금융위원회는 금융투자업자가 외부 충격에 의해 손실이 급증하거나 유동성 부족 현상이 발생하여 재무상태가 불안해 질 수 있는 현상을 사전에 예방하고 파산이나 영업이 중지된 경우에도 투자자들의 자산을 차질 없이 변제할 수 있도록 순자본비율을 규제하고 있다.

(a) 1종 금융투자업자(투자매매업자 및 투자중개업자)

1종 금융투자업자는 필요유지 자기자본에 대한 순자본비율을 나타내는 순자본비율을 100% 이상 유지하여야 한다. 1종 금융투자업자는 대표적으로 증권사 등이 있다.

그림 6-2 : 순자본비율(2024년 3월 기준, 단위: %)

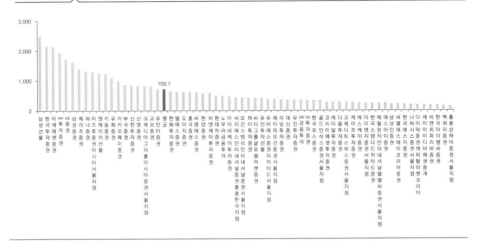

* 순자본비율이 가장 높은 곳은 토스증권으로 4,392.7%, 가장 낮은 곳은 홍콩상하이 서울지점으로 144.1%를 기록하였다. 평균은 709.7% 이었으며 모든 1종 금융투자업자가 규제 비율 보다 높은 수준을 유지하고 있다.

* 출처: 금융투자협회

⒝ 2종 금융투자업자(집합투자업자)

2종 금융투자업자는 자기자본을 최소영업자본액(아래 참조) 이상으로 유지하여야 한다. 2종 금융투자업자에는 자산운용사 등이 있다.

필요유지 자기자본

\+ 고객자산운용 필요자본*

\+ 고유자산운용 필요자본**

―――――――――――

최소영업자본액

* 집합투자재산 및 투자일임재산을 운용하는 과정에서 법령 및 집합투자규약을 위반하여 발생할 수 있는 잠재적 손실을 완충할 수 있는 자본
** 집합투자업자의 고유재산 투자과정에서 시장가격 변동으로 발생할 수 있는 잠재적 손실을 완충할 수 있는 자본

(ⓒ) 3종 금융투자업자(신탁업자)

3종 금융투자업자는 총위험액(아래 참조)에 대한 영업용순자본비율인 영업용순자본비율을 150% 이상 유지하여야 한다. 영업용순자본은 자산총액에서 부채총액을 차감한 순자산액에서 유동성이 낮아 즉시 현금화 할 수 없는 자산 및 평가손실 등을 차감하고 상환 의무가 없거나 자본의 보완적 성격을 지닌 부채를 합산하여 산출한다.

* 총위험액 = 시장위험액 + 신용위험액 + 운영위험액
  - 시장위험액: 주가, 이자, 환율 등 시장가격 변동으로 발생할 수 있는 잠재적
    손실액
  - 신용위험액: 거래 상대방이 계약 불이행 등으로 발생할 수 있는 잠재적
    손실액
  - 운영위험액: 인력 및 시스템의 관리 부실, 외부 사건, 법규나 내규에 어긋난
    내부 절차 등으로 발생할 수 있는 잠재적 손실액

그림 6-3 │ 영업용순자본비율(2024년 3월 기준, 단위: %)

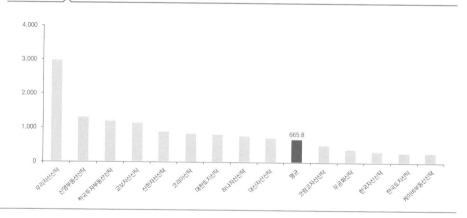

* 영업용순자본비율이 가장 높은 신탁사는 우리자산신탁으로 2,946%였으며 가장 낮은 신탁사는 케이비부동산신탁으로 273%를 기록하였다. 신탁사 평균은 665.8%였으며 모든 신탁사가 규제 비율을 상회하고 있다.

* 출처: 금융투자협회

이상에서 본 바와 같이 1, 2, 3종 금융투자업자들은 각각에서 정하고 있는 자본비율에 미달하는 경우 지체 없이 이를 금융감독원장에게 보고하여야 하며 기준에 충족할 때까지 매월 해당 비율 및 금액 등을 익월 20일까지 금융감독원장에게 보고하여야 한다. 이와 더불어 금융위원회는 위와 같은 상황이 발생하였을 경우 적기시정조치(경영개선권고, 경영개선요구, 경영개선명령)를 발동하게 된다.

③ 보험회사

금융위원회는 보험회사의 건전성 규제로 지급여력비율(RBC, Risk-Based Capital ratio) 규제를 실시하고 있다. 지급여력비율은 순자산(자산-부채+내부유보자산)을 책임준비금으로 나눈 비율로 보험회사는 해당 비율을 100% 이상 유지하여야 한다. 금융위원회는 지급여력비율이 100%, 50%, 0%에 미달할 경우 적기시정조치(경영개선권고, 경영개선요구, 경영개선명령)를 발동하게 된다.

그림 6-4 보험사의 지급여력비율 추이(2023년 말 기준, 단위: %)

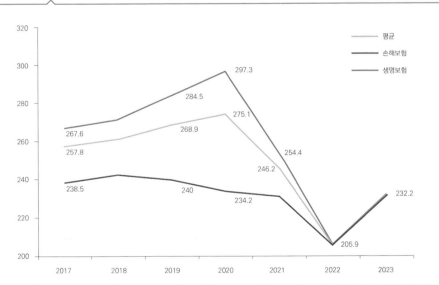

* 2023년 말 기준 국내 보험사의 평균 지급여력비율은 232.2%로 규제 비율인 100%를 초과하고 있다.

                                * 출처: e-나라지표

파이낸셜 시스템의 이해

④ 금융지주회사

금융위원회는 금융지주회사에 대해서도 자본적정성관련 비율을 준수하도록 규제하고 있으며 은행지주회사는 BIS 기준에 따라 보통주자본비율(4.5%), 기본자본비율(6%), 총자본비율(8%) 이상의 비율을 유지하여야 한다. 특히 은행지주회사의 경우에는 손실흡수능력을 높이기 위해서 추가적으로 자본보전확충자본을 포함, 보통주자본비율(7.0%), 기본자본비율(8.5%), 총자본비율(10.5%) 이상의 비율을 유지하도록하고 있다. 이와 더불어 시스템적으로 중요하다고 판단되는 은행지주회사에 대해서는 경기대응완충자본 등 추가 자본을 적립하도록 요구할 수 있다. 반면 비은행지주회사에 대해서는 필요자본 합계액[10] 대비 자기자본 순합계액[11] 비율을 규제한다.

금융위원회는 금융지주회사의 자본적정성이 미달할 경우 아래 표 6−4와 같이 적기시정조치를 발동할 수 있다.

■ 표 6−4 금융지주회사 자본적정성 및 적기시정조치

		적기시정조치		
		경영개선권고	경영개선요구	경영개선명령
은행지주회사	보통주자본비율	4.5% 미달	3.5% 미달	1.2% 미달
	기본자본비율	6.0% 미달	4.5% 미달	1.5% 미달
	총자본비율	8.0% 미달	6.0% 미달	2.0% 미달
	자본보전완충 자본 포함	10.5% 미달	8.5% 미달	7.0% 미달
비은행지주회사	필요자본대비 자기자본비율	100% 미달	50% 미달	0% 미달

⑤ 기타 금융기관

금융위원회는 상호저축은행에 대해서도 BIS 자기자본 비율을 7% 이상 유지하도

---

10 비은행지주회사가 법령에 규정된 자본적정성 기준을 충족하기 위해 보유하여야 하는 최소한의 자기자본
11 각 회사별 자기자본에서 자회사 등에 대한 출자액을 차감한 것

록 하고 있다. 특히 대형 저축은행의 경우 시장에 미치는 파급효과가 크다고 판단하여 BIS 자기자본 비율을 8%로 강하게 규제하고 있다. 금융위원회는 아래 표 6-5와 같이 BIS 자기자본 비율이 미달할 경우 적기시정조치를 발동할 수 있다.

■ 표 6-5 상호저축은행 BIS 자기자본 비율 규제와 적기시정조치

	적기시정조치		
	경영개선권고	경영개선요구	경영개선명령
자기자본비율	7.0% 미달	5.0% 미달	2.0% 미달
대형저축은행 자기자본 비율	8.0% 미달	5.0% 미달	2.0% 미달

그림 6-5 ┊ 저축은행 자기자본 비율 추이(2022년 말 기준, 단위: %)

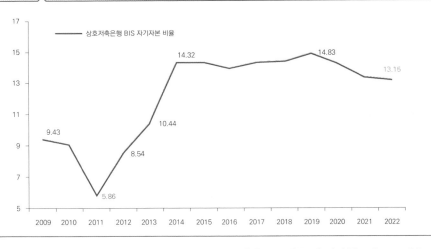

* 2011년 이전 상호저축은행의 BIS 자기자본 비율은 9%대를 유지하였으나 2011년 부산저축은행 사태가 발생하며 5.86%까지 하락하였다. 이후 사태가 안정화되며 2022년 현재는 13.15%로 규제 기준인 7%(대형저축은행 8%)를 상회하고 있다.

* 출처: e-나라지표

또한 금융위원회는 여신전문금융회사에 대해서도 자본적정성 규제를 하고 있다. 여신전문금융회사는 조정총자산[12]에 대한 조정자기자본의 비율인 조정자기자본비율을 7%(신용카드사는 8% 이상) 이상 유지하도록 하고 있다. 금융위원회는 조정자기자본비율이 7%, 4%, 1%(신용카드사는 8%, 6%, 2%)를 미달하게 되면 적기시정조치를 발동할 수 있다.

* 조정자기자본: 기본자본(납입자본금+자본잉여금+자본조정+기타 포괄손익누계액 + 이익잉여금) + 보완자본(정상·요주의 채권에 대한 대손충당금 + 무보증기한부후순위채무) − 공제항목(이연법인세자산, 창업비, 개발비, 환율조정차(외화환산차), 영업권 및 선포인트선급비용 등

그림 6-6 ┊ **신용카드사의 조정자기자본비율 추이(2022년 말 기준, 단위: %)**

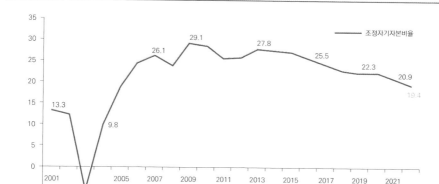

* 2002년 이전 10% 이상의 조정자기자본비율을 유지하던 신용카드사는 2003년 신용카드사태가 발생하며 조정자기자본비율이 −5.5%까지 하락하였다. 당시 신용카드 사태는 지급여력이 없는 대학생을 상대로 신용카드사들이 무분별하게 신용카드를 발급하며 시작되었고 결국 상환능력이 없는 대학생들이 카드 대금을 연체하며 발생하였다. 이후 카드사태가 수습되며 20%대의 높은 조정자기자본비율을 회복하였다. 최근에는

---

12 총자산 − 현금, 담보약정이 없는 단기성 예금, 만기 3개월 이내 국공채 등

해당 비율이 점차 하락하는 추세를 따르고 있지만 금융위원회의 규제 기준은 8%를
여전히 상회하고 있다.

* 출처: e-나라지표

금융위원회는 신용협동조합에 대해서도 순자본비율을 2% 이상 유지하도록 규제
하고 있다. 만약 해당 비율이 각각 2%, −3%, −15%를 하회할 경우 금융위원회는
적기시정조치를 발동할 수 있다.

$$순자본비율 = \frac{총자산 - 총부채 - 출자금 + 후순위\ 차입금 + 대손충당금}{총자산 + 대손충당금} \times 100$$

그림 6-7 | **신용협동조합 순자본비율 추이(2022년 말 기준, 단위: %)**

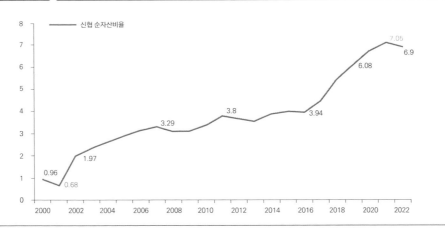

* 2001년 최저점(0.68%)을 기록했던 신용협동조합의 순자본비율은 꾸준히 개선되어
  2021년에는 7.05%까지 상승하였다.

* 출처: e-나라지표

2) 자산건전성 분류 및 대손충당금 적립

자산건전성 분류 제도는 금융기관 보유자산의 신용리스크 정도에 대한 평가를 통해 부실자산 발생을 사전에 예방하고 기 발생한 부실자산의 조기 정상화를 촉진함으로써 금융기관 자산운용의 건전성을 도모하는 데 그 목적이 있다. 자산건전성 분류 제도는 금융위원회와 금융감독원에 의해 운영되고 있다. 우선 금융위원회는 금융기관들이 보유하고 있는 자산을 건전성에 따라 분류하도록 하고 부실자산에 대해서는 일정 비율 이상의 대손충당금[13]을 적립하도록 하고 있다. 그리고 집행기관인 금융감독원은 금융기관들이 자산건전성 분류 및 대손충당금 적립의 적정성 등을 실제 점검하고 적정하지 않다고 판단되는 경우 시정을 요구한다.

자산건전성 분류는 금융기관 차주 보유자산을 연체기간 및 채무상환능력[14] 등에 따라 정상, 요주의, 고정, 회수의문, 추정손실 등 5단계로 분류하는 것이다.[15] 여기에서 차주의 채무상환능력은 과거 원리금 상환실적뿐만 아니라 미래 채무상환 능력까지도 반영하는 FLC(Forward Looking Criteria)방식에 근거한다. FLC방식은 1999년 12월에 처음 도입되어 현재는 대부분의 금융기관 자산건전성 분류기준으로 사용되고 있다.[16]

자산건전성 분류는 채권의 상환 가능성에 따라 5단계로 분류하고 이에 적정한 충당금을 적립하여 금융기관의 충격을 완화하는 데 목적이 있으므로 자산건전성 분류 단계별로 채권에 대한 일정 비율을 대손충당금으로 적립하여야 한다. 이때 모든 금융기관이 자산건전성 분류에 따라 동일한 적립비율을 적용받지는 않는다(업종별 차이는 표 6-6 참조).

---

13 기말까지 미회수된 매출채권 중 회사가 불가능한 것으로 예상되는 금액을 비용처리 하기 위한 계정을 말한다.
14 채무상환능력기준은 산업위험, 영업위험, 경영위험, 재무안정성 및 현금흐름 등에 의한 차주의 채무상환능력 및 신용리스크 평가를 통해 금융회사의 원리금회수 위험 정도에 따라 건전성을 분류하는 것을 의미한다.
15 미국 FDIC(연방예금보험공사)의 경우에는 Normal, Special mention, Substandard, Doubtful, Loan losses로 구분한다. 특히 Loan losses로 구분된 자산에 대하여는 대손충당금을 적립하지 않고 직접 상각처리 한다.
16 신자산건전성 분류라고도 한다.

▶ 대손충당금 적립제도

대손충당금은 대차대조표상 자산의 차감항목으로 표시된다. 이는 미래에 발생할 수 있는 손실에 대한 조정이 이루어지지 않은 상태에서 여신을 은행의 대차대조표에 그대로 표시하는 경우 은행의 건전성과 수익성이 실제보다 과장되어 예금자와 투자자, 그리고 금융감독당국이 은행의 경영상태를 정확히 파악할 수 없기 때문이다. 따라서 대손충당금은 은행의 보유채권으로부터 발생하는 예상손실을 흡수하는 동시에 회계적 측면에서는 대출자산 등을 적정하게 평가하여 수익·비용을 정확히 반영하기 위한 것이기도 하다.

「법인세법」상 손금인정한도는 일반기업보다 높게 설정되었으며 금융감독당국이 정하는 비율까지 인정받을 수 있다.

* 출처: 금융감독원

또한 금융기관 자산건전성 분류 결과 가장 아래 단계인 회수의문, 추정손실로 자산이 부실자산으로 분류된 경우 자산의 건전화 유도 및 자산의 과대계상 방지 등을 위하여 조기에 대손상각 처리하여야 한다. 대손상각이란 특정 채권이 회수가 불가능할 때 이 채권을 회계상 손실(대차대조표상의 장부가액에서 제외), 즉 비용으로 처리하는 것을 말한다. 대손상각 처리는 금융기관이 금융감독원에 대손인정을 신청하여 금융감독원이 인정하거나 금융감독원이 요구하는 경우에 처리된다. 대손인정 신청은 일반은행, 특수은행, 금융투자업자, 보험회사, 상호저축은행, 종합금융회사 및 여신전문금융회사 등이 할 수 있는 반면 금융감독원의 대손상각 요구는 일반은행에 한정된다.

■ 표 6-6 금융기관별 대손충당금 적립 비율(2022년 기준, 단위: %)

대상기관	분류대상	자산건전성 분류 기준				
		정상	요주의	고정	회수의문	추정손실
은행	가계대출금	1	10	20	55	100
	기업대출금	0.85~0.9①	7	20	50	100

	카드대출·리볼빙자산	2.5	50	65	75	100
	신용카드 신용판매	1.1	40	60	75	100
	부동산PF대출	0.9	7	20	50	100
금융투자 업자	일반자산②	0.5	2	20	50	100
	부동산PF대출	0.5~2	7~10	30	75	100
보험회사	일반자산③	0.5	2	20	50	100
	가계대출	1	10	20	55	100
	부동산PF대출	0.9	7	20	50	100
금융지주 회사	일반자산④	0.5	2	20	50	100
상호저축 은행	일반자산⑤	1	10	20	55	100
	기업대출	0.85	7	20	50	100
	부동산PF대출	2~3	10	30	50	100
여신전문 금융회사	일반자산⑥	0.5	1	20	75	100
	신용판매	1.1	40	60	75	100
	카드대출	2.5	50	65	75	100
	가계대출 개인할부	1	10	20	75	100
	부동산PF대출	2~3	10	30	75	100
신용협동 조합	일반자산⑦	1	10	20	55	100
종합금융 회사	일반자산	0.5	2	20	50	100
상호금융	부동산PF대출	1	10	20	55	100

① 건설업, 도매 및 소매업, 숙박 및 음식점업, 부동산 및 임대업의 경우 0.9

② 대출채권, 가지급금, 미수금, 미수수익 등

③ 대출채권, 유가증권, 보험미수금, 미수금, 미수수익, 가지급금, 발행어음, 부도어음 등

④ 대출채권, 확정지급보증, 유가증권, 선급금, 미수금, 미수수익 등

⑤ 대출채권, 유가증권, 가지급금, 미수금, 확정지급보증 등

⑥ 채권 및 리스자산, 여신성가지급금, 미수이자 등

⑦ 대출채권, 가지급금, 신용카드채권, 미수금 등

* 출처: 금융감독원

첨부) 은행 자산별 건전성 분류 및 대손충당금 설정 여부

B/S상 자산 (난외계정 포함)	자산 건전성	대손 충당금 등	비고
1. 현금	×	×	부실화위험 없음
2. 외국통화	×	×	부실화위험 없음
3. 원화예치금	×	×	부실화 가능성 희소
〈비통화은행예치금〉중 종금사 발행어음 및 표지어음	○	△	요주의 이하에만 충당금 적립
4. 외화예치금(역외포함)	×	×	〃
5. 유가증권 〈원가법 등 적용〉 〈시가, 지분법 적용〉	○ ○	× ×	평가손익을 장부가액에서 직접 조정하므로 대손충당금 적립 불요
6. 대여유가증권	○	×	
7. 원화대출금 〈은행간대여금〉	○ ○	○ △	요주의 이하에만 충당금 적립
8. 외화대출금(역외포함)	○	○	
9. 은행간외화대여금	○	△	요주의 이하에만 충당금 적립
10. 외화차관자금대출금	○	○	대출채권
11. 내국수입유산스	○	○	
12. 콜론	○	△	요주의 이하에만 충당금 적립
13. 매입어음 〈내국신용장어음매입〉 〈원화수출환어음매입〉	○ ○ ○	○ ○ △	대출채권 요주의 이하에만 충당금 적립 대출채권

〈CP 매입〉	○	○	대출채권
〈기타 매입어음〉	○	○	
14. 매입외환	○	○	
15. 지급보증대지급금	○	○	
16. 신용카드채권	○	○	
17. 직불카드채권	○	○	대출채권
18. 환매조건부채권 매수	○	△	요주의 이하에만 충당금 적립
19. 사모사채	○	○	
20. 팩토링채권	○	○	대출채권
21. 출자전환채권	○	○	대출채권
22. 금대출	○	○	대출채권
23. 업무용고정자산	×	×	분류실익없음
24. 비업무용고정자산	×	×	분류실익없음
25. 기타자산			여신성가지급금만 충당금 적립
〈가지급금〉	○	△	
〈미수금(매입외환대체분 등)〉	○	△	
〈미수이자〉	○	○	
〈기타〉	×	×	취급실적 및 부실화 경우 희소
26. 자산처분미수금	×	×	취급실적 및 부실화 경우 희소
27. 미회수내국환채권	×	×	
28. 본지점계정	×	×	
29. 역외외화본지점	×	×	
30. 대리점	×	×	
31. 지급보증(배서어음 포함)	○	○	지급보증충당금 적립
32. 미사용약정	○	○	미사용약정충당금 적립

* 출처: 금융감독원

금융당국 "자본건전성 높여라" … 저축은행 구조조정 속도

자본 확충해 금융불안 방지
6900억 넘는 고정여신 충당금
자기자본서 일부 제외될 가능성
채권성격 강한 우선주도
자기자본 인정 요건 깐깐하게
저축은행 M&A 활성화 위해
BIS 비율 규제 완화도 검토

9일 금융권에 따르면 금감원은 저축은행의 자본 규정을 은행 수준으로 강화하는 방안을 추진하고 있으며, 우선 저축은행의 현재 대손충당금 중에서 자본(보완자본)으로 인정받고 있는 '고정여신(정상-요주의-고정-회수의문-추정손실 중 3단계 부실채권)'을 은행처럼 제외하는 방안이다. 기존에 은행은 정상 · 요주의를, 저축은행은 정상 · 요주의 · 고정을 자본으로 인정받아 왔다.

이 방안이 시행되면 저축은행은 자본 확충 압박을 받게 될 것으로 보인다. 매일경제가 올 1분기 말을 기준으로 SBI · OK 등 자산 규모 상위 10개 저축은행의 재무 현황을 검토해본 결과 '고정'으로 분류된 자산에 대한 대손충당금은 6923억원을 웃돈다. 이는 10대 저축은행에서 대손충당금의 18.4%에 달한다. 다만 시행세칙 개정안의 구체적 방안이 달라질 수 있기 때문에 고정으로 분류된 대손충당금 모두가 자기자본에서 빠져나간다고 단정할 것은 아니다. 현재 보완자본으로 인정받을 수 있는 규모는 총위험가중자산(대출 등 자산별 위험을 고려한 총액)의 1.25% 이내이다.

* 출처: 매일경제

3) 경영지도 및 관리

① 경영실태평가

경영실태평가는 각 금융회사의 경영실적, 경영의 건전성, 경영진의 경영능력, 법규준수 상황 및 리스크 관리실태 등 다양한 평가부문을 종합적이고 통일된 방식에 따라 일정한 등급으로 평가하여 금융회사의 경영 상태를 체계적이고 객관적으로

확인하는 평가 방법이다. 경영실태평가 결과를 통해 금융위원회는 적기시정조치를 발동한다.

경영실태평가는 1996년 우리나라가 BIS와 OECD에 가입하면서 금융회사에 대한 감독·검사업무의 체계를 선진국 수준으로 맞추고자 1996년 10월 은행에 도입하면서 다음과 같이 다른 금융회사에도 확대 적용 되었다.

○ 1999년 1월 증권회사 → 2000년 1월 보험회사, 여신전문회사 및 신용협동 조합(농·수협 및 산림조합은 2001년 1월부터) → 2000년 4월 종금사 → 2000 년 7월 상호저축은행 → 2000년 8월 특수은행 → 2000년 12월 금융지주회 사 → 2001년 4월 자산운용사(2015년 4월 폐지) → 2004년 신협중앙회

경영실태평가의 평가대상은 은행의 경우 일반은행(시중 및 지방은행), 특수은행(산업은행, 기업은행, 수출입은행, 농협은행, 수협은행), 국내은행의 해외점포(현지법인, 국외지점) 및 외국은행 국내지점이고, 해당 은행의 특성을 감안하여 평가대상 기관별로 평가 부문을 달리하여 적용하고 있다.

일반은행 본점 및 현지법인에 대해서는 2012년 4분기부터 CAMEL-R 방식을 평가하고 있으며 이는 자본적정성(Capital Adequacy), 자산건전성(Asset Quality), 경영관리 적정성(Management), 수익성(Earnings), 유동성(Liquidity), 리스크 관리(Risk Management) 등 6개 평가 부분으로 구성된다. 특수은행(본점 및 현지법인)은 CACREL 방식에 따라 경영실태를 평가하고 있으며 이는 자본적정성(Capital Adequacy), 자산건전성(Asset Quality), 법규준수(Compliance), 위험관리(Risk Management), 수익성 (Earnings), 유동성 (Liquidity) 등 6개 부문으로 구성되어 있다. 또한 외은지점 및 국내 일반은행 국외지점은 지점의 영업활동 과정에서 발생하는 다양한 리스크를 식별, 측정, 통제하는 리스크관리체계의 구축 여부 및 리스크관리의 적정성 등을 평가하는 데 목적이 있으므로 ROCA방식으로 평가하고 있으며 이는 리스크관리(Risk Management), 경영관리 및 내부통제(Operational Controls), 법규준수(Compliance), 자산건전성(Asset Quality) 등 4개 부문으로 구성되어 있다. 반면 비은행금융회사[17]의 경우 CAMEL방식으로 평가하며 이는 CAMEL-R에서 리스크 관리(Risk Management)를 뺀 나머지 5개 평가 부

---

17 상호저축은행, 여신전문금융회사, 신용협동조합 등.

분으로 구성되어 있다.

금융투자업자에 대하여는 「자본시장법」 시행(2009년 2월 4일)으로 모든 금융투자업자(전업 투자자문·일임사는 제외)에 공통적으로 적용될 수 있는 경영실태 평가제도로 개편하여 2009년 4월부터 적용하고 있다. 다만, 집합투자업자에 대한 경영실태평가는 업권에 대한 특성을 반영하여 2015년 4월 폐지되었다. 금융투자업자의 경영실태평가는 모든 금융투자업자가 동일하게 적용되는 공통부분(60%)과 각 업종별로 적용되는 업종평가부분(40%)으로 나눠져 있다. 공통부분은 자본적정성, 수익성, 경영관리 등 3개 평가부문으로 구성되어 있으며 업종평가부분은 영위업종에 따라 부문별 가중치, 평가항목을 달리 적용하며 유동성, 자산건전성 등 2개 평가부문으로 구성 되어 있다.

보험회사의 경우 2012년 4분기부터 경영실태평가제도를 CAMEL 방식에서 RAAS (risk assessment application system) 방식의 위험기준 경영실태평가제도로 전환하였다. 과거에는 보험회사에 대해서도 CAMEL 방식으로 경영실태평가를 실시하였으나, CAMEL 방식으로는 보험회사의 주요 리스크인 보험리스크와 금리(ALM)리스크를 적절히 평가하기 어렵다는 문제점이 있어 이를 보완하기 위하여 2007년 4월 리스크평가제도(RAAS, Risk Assessment Application System)를 도입하여 운영해 오다가, 경영실태평가제도와 리스크평가제도를 통합한 위험기준 경영실태평가제도를 2012년 4분기 시행하여 현재에 이르게 되었다. 위험기준 경영실태평가제도는 보험회사의 리스크 및 경영부실요인을 체계적·종합적으로 평가하기 위해 경영관리리스크, 보험리스크, 금리리스크, 투자리스크, 유동성리스크, 자본적정성, 수익성의 7개 평가부문으로 나누고 각 부문별로 계량평가와 비계량평가를 실시하여 종합리스크 등급을 산정하는 제도이다.

금융지주회사의 경우에는 그간 6개 부문(LOPECM)으로 구분하여 평가하던 방식을 2008년 1월부터 RFI(리스크관리, 재무상태, 잠재적 충격)로 변경하여 시행하고 있다. 금융 지주회사 그룹의 국내 금융산업 내 비중이 확대됨에 따라 지주회사 그룹 리스크의 평가를 강화하는 방향으로 경영실태평가제도를 개편한 것이다. 부문별로는 리스크관리부문(Risk Management), 재무상태(Financial Condition), 잠재적 충격(Impact) 등으로 구분하고 각 부문별 평가항목을 세분화·상세화하여 평가의 객관성을 제고토록 하고 있다.

경영실태의 평가등급은 각 부문별로 평가등급을 확정한 다음 이를 바탕으로 종합평가등급을 결정하는 형태로 이뤄진다. 각 부문별 평가등급 및 종합평가등급은 1등급(우수: Strong), 2등급(양호:Satisfactory), 3등급(보통:Less than satisfactory), 4등급(취약 :Deficient), 5등급(위험:Critically deficient)의 5단계로 구분된다.

■ 표 6-7 금융기관의 경영실태평가 기준

금융기관		기준
은 행	일반은행 본점 및 해외현지법인	• CAMEL-R방식 ① 자본적정성 ② 자산건전성 ③ 경영관리 적정성 ④ 수익성 ⑤ 유동성 ⑥ 리스크관리
	외국인행 국내지점 및 일반은행 국외지점	• ROCA 방식 ① 리스크관리 ② 경영관리 및 내부통제 ③ 법규준수 ④ 자산건전성
	특수은행 (본점 및 현지법인)	• CACREL 방식 ① 자본적정성 ② 자산건전성 ③ 법규준수 ④ 위험관리 ⑤ 수익성 ⑥ 유동성
금 융 투 자 업 자	비은행금융회사	• CAMEL 방식 ① 자본적정성 ② 자산건전성 ③ 경영관리 적정성 ④ 수익성 ⑤ 유동성
	투자매매 · 중개업자	• 공통평가부문(60%) ① 자본적정성 ② 수익성 ③ 경영관리 • 업종평가부문(40%) ① 유동성 ② 자산건전성
	보험회사	• RAAS방식 ① 경영관리리스크 ② 보험리스크 ③ 금리리스크 ④ 투자리스크 ⑤ 유동성리스크 ⑥ 자본적정성 ⑦ 수익성
	금융지주회사	• RFI방식 ① 리스크관리 ② 재무상태 ③ 잠재적 충격

* 출처: 금융감독원

■ 표 6-8 은행 본점, 은행 국외현지법인에 대한 경영실태평가 항목

평가부문	계량지표	비계량 평가항목	평가비중
자본 적정성	• 총자기자본비율 • 기본자본비율[1] • 보통주자본비율[1] • 단순기본자본비율	• 경영지도기준 충족 여부 • 리스크의 성격 및 규모 등을 감안한 자본규모의 적정성 • 자본구성의 적정성 및 향후 자본증식 가능성 • 경영진의 자본적정성 유지정책의 타당성	20%
자산 건전성	• 손실위험도가중여신비율 • 고정이하여신비율 • 연체대출채권비율 (계절조정연체율 기준) • 대손충당금적립률	• 신용리스크 관리의 적정성 • 신용리스크 인식 · 측정 · 평가 • 여신정책의 적정성 • 자산건전성 류의 적정성 • 충당금 적립의 적정성 • 여신관리의 적정성[10] • 문제여신 판별 및 관리실태	25%
경영 관리의 적정성		• 경영지배구조의 안정성 • 경영정책수립 및 집행기능의 적정성 • 성과보상체계운영의 적정성 • 경영효율성 및 경영개선추진실태 • 내부통제제도 및 운영실태 • 법규, 정책 및 검사지적사항의 이행실태 • 사회적 책임 이행실태	15%
수익성	• 총자산순이익률[2] • 총자산경비율[2] • 이익경비율 • 위험조정자본이익률[3]	• 수익의 규모 및 내용에 영향을 미치는 리스크의 수준 등 • 수익구조의 적정성 • 비용구조의 적정성 • 경영합리화 및 미래수익창출능력	10%
유동성	• 유동성커버리지비율[4] • 외화 유동성커버리지비율[5] • 외화유동성비율[6] • 원화예대율[7] • 중장기외화자금조달비율[8] • 순안정자금조달비율[9]	• 유동성리스크 관리의 적정성 • 유동성 변동요인의 적정성 • 자금조달 및 운용구조의 합리성 • 유동성 위기상황분석(Stress-Test) 운용의 적정성	15%
리스크		• 리스크 지배구조 및 관리정책의	15%

| 관리 | | 적정성
• 리스크 관리절차 및 통제실태
• 리스크 인식 · 측정 · 평가의
적정성 | |

1) 「은행업 감독규정」 제102조에 따라 인터넷전문은행은 2019.12.31.까지 적용배제,
   2020년부터 적용

2) 은행 자산규모가 10조원 이상인 경우와 10조원 미만인 경우로 구분하여 평가

3), 4), 5), 7), 8) 은행의 국외현지법인은 적용배제

5) 직전반기 종료일 현재 외화부채 규모가 5억달러 미만이고 총부채 대비 외화부채 비중이
   100분의 5 미만인 은행은 적용배제

6) 외화자산이 은행계정 총자산 대비 5% 이하인 은행 또는 외화 유동성커버리지비율
   적용은행 본점은 적용배제

7) 직전 분지중 분기말월 기준 원화대출금 2조 원 미만인 은행은 적용배제

8) 외화대출잔액이 미화 50백만 불 미만인 은행은 적용배제

9) 인터넷전문은행은 2020년부터 적용

10) "차주기업의 외환리스크관리 적정성" 포함

* 출처: 금융감독원

② 적기시정조치

　적기시정조치(Prompt Corrective Action) 제도란 금융회사의 건전성을 자본충실
도, 경영실태평가 결과 등 경영상태를 기준으로 몇 단계의 등급으로 나누어 경영상
태가 악화된 금융회사에 대해 금융감독당국이 단계적으로 시정조치를 부과해 나가
는 제도다. 적기시정조치는 부실화 징후가 있는 금융회사에 대하여 적기에 경영개
선을 유도하거나 강제함으로써 금융회사의 부실화를 예방하고 경영 취약부문의 정
상화를 도모하는 건전성감독 수단으로서의 성격을 지니고 있다. 그러나 적기시정조
치는 강행규정[18]이므로 정상화 가능성이 없는 금융회사를 조기에 퇴출시킴으로써
금융소비자의 피해 및 예금보험기금의 고갈 등 금융회사의 부실화에 따른 사회적

---

18 금융기관의 경영상태가 적기시정조치 발동요건에 해당하는 경우 무차별적으로 시행조치
　를 강행한다.

비용을 경감시키고 금융 시스템의 안정성을 도모하기 위한 행정적 퇴출수단이기도 하다. 적기시정조치는 시장규율의 강화를 통해 금융회사의 부실화 및 도산가능성을 축소시키고 자구노력을 촉발하여 부실금융회사 처리비용을 경감시키는 한편, 재무 건전성 위주의 객관적 평가를 통하여 대형 및 소형 금융회사 간의 공정경쟁여건(level playing field)을 조성하는 효과도 있다.

적기시정조치제도는 1974년 덴마크의 「상업은행 및 저축은행법(CBSBA)」 제정 때 최초로 도입되었다. 미국은 1980년대 초 시작된 금융회사 도산 및 예금보험기금 고갈사태가 발발하며 이를 해결하기 위해 덴마크의 제도를 차용, 1992년 「연방예금보험공사 개혁법(FDICIA)」 제정으로 도입하였고 이로 인해 적기시정조치는 국제적 주목을 받기 시작하였다. 우리나라에는 1992년 7월 은행권에 최초로 도입되었으며, 은행의 자기자본비율이 기준에 미달하는 정도에 따라 경영개선권고, 경영개선요구, 경영개선명령의 3단계로 구분하여 경영개선조치를 취하도록 하였다. 1998년 6월 「금산법」이 제정·공표되면서 적기시정조치제도를 은행 및 종금사 이외의 여타 금융권역에도 적용할 수 있는 근거가 마련되었다. 이에 1999년 4월 상호저축은행, 증권회사(금융투자업자) 및 보험회사에 동 제도가 도입되었으며, 이후 전 금융권역으로 확산되어 현재에는 금융위원회 등록대상인 일부 금융회사를 제외하고는 거의 모든 금융회사에 적용되고 있다.

우리나라의 적기시정조치제도는 주요 선진국과 마찬가지로 경영개선권고, 경영개선요구, 경영개선명령의 3단계로 구분하여 운용되고 있다. 앞서 설명한대로 규정 형식상 일정 요건(발동요건)이 되면 금융감독원장 또는 금융위원회가 반드시 조치하여야 하는 강행규정이나, 자본의 확충 또는 자산의 매각 등으로 발동요건을 벗어날 것이 확실시되거나 단기간에 벗어날 수 있다고 판단되는 경우 또는 이에 준하는 사유가 있다고 인정되는 경우에 한하여 일정 기간 조치를 유예할 수도 있다.

적기시정조치의 발동요건은 크게 자본충실도 지표와 경영실태평가 결과(아래 표 6-9 참조)로 구분되며, 적기시정조치의 조치내용은 인력·조직 운영에 대한 개선권고에서부터 영업양도·합병 명령에 이르기까지 범위와 강도가 매우 다양하다. 적기시정조치 대상에 해당되는 것으로 판단되면 조치권자는 금융회사에 동 사실을 사전 통지하고 사전의견제출(경영개선계획 포함) 기회를 부여해야 한다. 조치권자는 금융회사가 제출한 경영개선계획에 대해 승인여부를 결정한 후 적기시정조치를 부과하거나 적기시정조치 유예를 할 수 있다. 적기시정조치를 받은 금융회사는 이행계획을 제출하고 주기적으로 이행실적을 제출해야 하며, 적기시정조치 이행기간 내에 조치 내용을 이행하여야 한다.

■ 표 6-9 우리나라 적기시정조치 제도의 주요 내용(2022년 말 기준)

구분			적기시정조치		
			경영개선권고	경영개선요구	경영개선명령
발동	자본충실도	비은행지주회사 / 필요자본 대비 자기자본비율	100%미만	75%미만	25%미만
		은행은행지주회사 / 총자본비율	8%미만	6%미만	2%미만
		기본자본비율	6%미만	4.5%미만	1.5%미만
		보통주자본비율	4.5%미만	3.5%미만	1.2%미만
		금융투자 / 순자본비율[3]	100%미만	50%미만	0%미만
		최소영업자본액[4]	자기자본이 최소영업자본액에 미달	자기자본이 필요유지자기자본과 고객·고유자산 운용 필요자본의 50%를 합산한 금액에 미달	자기자본이 필요유지자기자본에 미달
		영업용순[5]자본비율	150%미만	120%미만	100%미만
		보험 / 지급여력비율	100%미만	50%미만	0%미만
		종금 / BIS비율	8%미만	6%미만	2%미만
		저축은행 / BIS비율[6]	7%(8%)미만	5%미만	2%미만
		신협 / 순자본비율	2%미만	△3%미만	△15%미만
		여전 / 조정자기자본비율	7%미만	4%미만	1%미만
		카드	8%미만	6%미만	2%미만

요건	경영실태평가	금융지주회사		종합등급 3등급 및 재무상태부문 4등급 이하	종합등급 4등급 이하	–
		권역 공통7)		종합등급 3등급 및 자본적정성 또는 자산건전성 부문 4등급 이하	종합등급 4등급 이하	–
		여전		종합등급 4등급으로서 자산건전성 또는 자본적정성 3등급 이상	종합등급 4등급으로서 자산 건전성 또는 자본적정성 4등급 이하	종합등급 5등급
			신용카드	종합등급 1~3등급 및 자산건전성 또는 자본적정성 4등급 이하	종합등급 4등급 이하	—
조치내용 (권역 공통)				조직 · 인력 운용의 개선, 자본금의 증액 또는 감액, 신규업무 진출 제한 등	점포 폐쇄 및 신설 제한, 임원진 교체 요구, 영업의 일부정지 등	주식소각, 영업양도, 외부관리인 선임, 합병 및 계약이전 등
적기시정조치 처리절차 (권역 공통)				미이행 시 경영개선 요구 발동	미이행 시 경영개선 명령 발동	–

1) 금융지주회사, 은행, 금융투자, 보험, 종금, 상호저축은행의 경우 경영개선명령 발동 시 '자본충실도' 및 '경영 실태평가' 요건 외에 '부실금융회사지정' 요건 포함, 신협은 '경영 관리' 요건임

2) 거액의 금융사고 또는 부실채권의 발생으로 금융회사가 자본충실도 및 경영실태평가

결과상 발동요건에 해당될 것이 명백하다고 판단되는 경우 포함

3) 투자매매 · 투자중개업자

4) 집합투자업자

5) 신탁업자

6) 2018.1.1.부터 자산총액 1조원 이상인 저축은행은 8%를 적용

7) 금융지주회사, 여신전문회사, 집합투자업자를 제외하고 권역공통

그림 6-8 ┊ 적기시정조치 제도의 흐름도

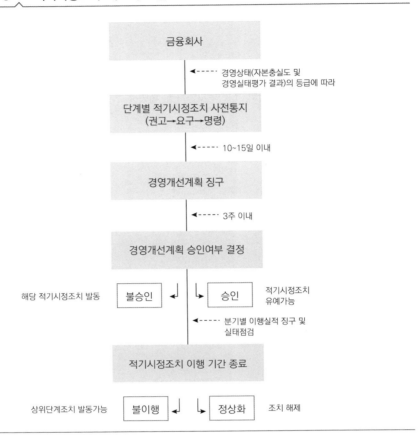

```
                        금융회사

                           ◄----- 경영상태(자본충실도 및
                                  경영실태평가 결과)의 등급에 따라

              단계별 적기시정조치 사전통지
                   (권고→요구→명령)

                           ◄----- 10~15일 이내

                   경영개선계획 징구

                           ◄----- 3주 이내

              경영개선계획 승인여부 결정

                      ┌─────┴─────┐
해당 적기시정조치 발동   불승인        승인    적기시정조치
                                          유예가능

                           ◄----- 분기별 이행실적 징구 및
                                  실태점검

              적기시정조치 이행 기간 종료

                      ┌─────┴─────┐
상위단계조치 발동가능     불이행        정상화   조치 해제
```

* 출처: 금감원

첨부) 적기시정조치관련 기사

금감원, 부실 심각 캐피탈사 현장점검 나선다

1분기 5곳 중 1곳 연체율 10% 초과... 상황 추후 더 악화
이번 주 현장점검... 건전성 미흡 시 현장지도

  부실 징후가 심각한 것으로 알려진 캐피탈사에 대해 금융감독원이 이번주 현장점검에
돌입한다. 리스와 할부금융 등을 주 사업으로 하는 캐피탈사는 고금리 장기화에 따른 차

주 부실로 5곳 중 1곳은 연체율이 두 자릿수를 기록했고 이후 계속되는 유동성 위기로 상황은 더욱 심각할 것으로 예상되는 상황이다.

금감원 관계자는 11일 "전체 캐피탈사 연체율은 6월 말 기준 전반적으로 떨어지기는 했지만, 일부 중소형사를 중심으로 연체율이 굉장히 높고 유동성 상황이 조금 안 좋은 상황"이라며 "이에 캐피탈사들에 대해 전반적인 현장점검에 나설 예정"이라고 말했다. 특히 중소형사 중 부동산 프로젝트파이낸싱(PF) 대출 연체율이 6월 말 기준 30% 내지 50%까지 치솟은 경우가 있다는 게 당국의 시각이다. 금감원 경영통계정보시스템에 따르면 51개 캐피탈사 중 11곳은 연체율이 3월 말 기준 10%를 넘어섰다. 자산규모가 열위한 업체들의 경우 체율이 20%대(2곳), 30%(1곳)를 넘어 88.9%까지 치솟은 경우도 있다.

* 출처: 스트레이트뉴스

(3) 영업행위 규제

영업행위 규제는 금융기관의 투명성, 공시 및 투자자 보호를 통해 이뤄지며 목적은 금융소비자 및 투자자 보호에 있다. 이는 앞선 금융기관 건전성 감시와는 다른 규제 방식이다. 통상 리스크를 기반으로 투자 상품을 설계하는 증권관련 상품이 영업행위 규제 대상으로 여겨졌으며 이를 중심으로 영업행위 규제 기준이 발전해 왔다. 최근 겸업주의가 주를 이루고 있는 가운데 은행들이 고유 업무 이외에 투자 업무의 비중을 확대하며 리스크 기반의 투자상품을 리테일 창구를 통해 적극적으로 판매하고 있어 은행에 대한 감독업무 중 영업행위 규제의 중요성이 크게 부각되고 있다.

1) 경영공시

경영정보 공시는 고객, 주주 등 이해관계인은 물론 불특정 다수에게 금융기관의 경영현황에 관한 정보를 제공하는 것으로 금융회사의 불공정행위나 부실로부터 금융소비자를 보호하고 나아가 이해관계인에 의한 시장규율을 강화함으로써 금융회사의 건전경영 및 책임경영체제 정착을 유도함에 목적이 있다. 따라서 금융감독원장은 금융기관이 경영정보와 관련된 정기공시, 수시공시 사항에 대해 허위 공시하거나 중요한 사항을 누락하는 등 불성실하게 공시한 경우 해당 금융기관에 정정공시 또는 재공시를 요구한다.

그림 6-9 ┆ DART 전자공시 시스템

금융감독원은 2001년 1월부터 전자공시제도를 도입, 시행하고 있으며 이는 상장기업 등 공시의무자가 금융감독원이 개발·운영하는 전자공시시스템(DART, Data Analysis Retrieval and Transfer System)을 통하여 공시서류를 전자문서로 작성하여 제출함으로써 일반이용자가 인터넷을 통하여 공시서류를 열람할 수 있게 하는 제도다.

한편 공시의 가장 중요한 부분 중에 하나가 재무정보이기 때문에 공시규제에는 회계감독이 포함되어 있다. 따라서 금융감독당국은 공시 대상이 되는 기업들의 재무정보에 대한 정확성 및 신뢰성이 제고 될 수 있도록 감독하고 있다. 이를 통해 금융소비자나 투자자, 이해관계자를 보호하고 자본시장의 건전한 발전을 도모할 수 있다.

① 은행의 경영공시

⇨ 은행은 예금자 및 투자자의 보호를 위하여 재무 및 손익에 관한 사항, 자금의 조달 및 운용에 관한 사항, 적기시정조치에 관한 사항, 기타 예금자 및 투자자의 보호를 위하여 공시가 필요하다고 인정되는 사항 등을 공시하여야 한다.

② 비은행금융회사 경영공시

⇨ 비은행금융회사의 경우 은행의 현행 공시관련 규제내용과 그 규제적 틀이 동일하다고 할 수 있다. 저축은행의 경우 대주주가 발행한 주식을 일정금액(자기자본의 1만분의 10 또는 10억 원 중 적은 금액) 이상 취득한 때에는 인터넷홈페이지 등을 이용하여 공시하여야 하며, 여전사 역시 일정금액(자기자본의 1만분의 10 또는 10억 원 중 적은 금액) 이상으로 대주주가 발행한 주식을 취득하거나 대주주에게 신용공여를 할 경우 인터넷 홈페이지 등을 이용하여 공시하여야 한다.

③ 금융투자업자의 경영공시

⇨ 금융투자업자는 매 사업연도 개시일부터 3개월, 6개월, 9개월 및 12개월간의 업무보고서를 작성하여 그 기간 경과 후 45일 이내에 금융위원회에 제출하여야 하며, 그 제출한 날부터 1년간 그 업무보고서 중 중요사항을 발췌한 공시서류("영업보고서")를 본점과 지점, 그 밖의 영업소에 비치하고, 인터넷 홈페이지 등을 이용하여 공시하여야 한다. 다만, 금융투자업자가 「자본시장법」 제160조에 따라 반기보고서와 분기보고서를 제출한 경우에는 그 분기의 영업보고서를 공시한 것으로 본다.

④ 보험회사의 경영공시

⇨ 보험회사는 보험계약자 보호를 위하여 결산일로부터 3월 이내에 i) 재무 및 손익, 자금 조달 및 운영, 조직 및 인력 상황 ii) 안정성, 수익성, 생산성 등의 경영지표에 관한 사항 등에 대해 점포 및 인터넷 홈페이지에 공시하도록 되어 있다. 회계연도 정기결산 외에도 분기별 임시결산의 경우는 임시결산일로부터 2월 이내에 공시하여야 한다.

2) 금융거래조건 공시 및 설명

금융거래조건 공시는 이자(대출가산금리), 부대비용, 계약해지, 거래제한, 예금자보호에 관한 사항 등을 금융기관 홈페이지 등에 공시하는 것을 의미한다. 금융위원회와 금융감독원은 금융회사가 금융상품과 관련해 공시할 내용 및 방법, 정보 및 자료의 제공방법, 제공할 자료의 형식 등을 정하고 있다. 또한 계약 체결 또는 이를 권유하는 경우 위 사항들을 이용자에게 제공하고 내용을 설명하여야 한다. 그리고 이를 이해하였음을 서명, 기명날인, 녹취 등의 방법으로 확인을 받아 이를 유지·관리하여야 한다.[19] 최근 들어 금융상품의 구조가 복잡하고 다양해지면서 금융소비자 및 투자자들이 명칭만으로 상품의 내용 및 거래조건을 파악하는 것이 어려워짐에 따라 공시 및 설명의 필요성이 더욱 커지고 있다.

3) 약관심사

약관이란 금융회사가 고객과 금융상품 관련 계약을 체결하기 위해 미리 작성한 계약내용을 말한다. 금융기관은 불특정 다수의 고객과 대량의 금융거래를 하여 매 거래계약마다 계약내용을 협의하는 것이 비효율적이므로 신속한 거래를 위해 약관을 두고 있으며 금융회사가 제시한 약관에 고객이 동의하면 금융거래계약은 체결된 것으로 간주된다.

금융회사는 금융거래약관 및 투자설명서 등을 제정 또는 변경하고자 하는 경우에는 사전에 금융감독원장에 제출하여야 한다. 금융감독원장은 약관을 심사한 결과 내용의 변경이 필요하다고 판단되는 경우 약관내용의 변경을 권고할 수 있다.

① 은행의 약관변경

⇨ 은행은 금융거래와 관련된 약관을 제정 또는 변경하고자 하는 경우 금융위원회에 약관 제정 또는 변경 후 10일 이내에 보고하여야 한다. 다만, 이용자의 권리나 의무에 중대한 영향을 미칠 우려가 있는 경우로서 대통령령으로 정하는 경우에는

---

19 만약 위와 같은 금융거래조건을 공시, 설명하지 아니하고 금융상품을 판매하는 경우 "불완전판매"에 해당된다.

파이낸셜 시스템의 이해

제정 또는 변경 전에 미리 금융위원회에 신고하여야 한다(「은행법」§ 52①).

② 저축은행 및 여신전문금융회사의 약관 변경

⇨ 저축은행·여신전문금융회사가 금융거래와 관련된 약관을 제정 또는 개정하고자 하는 경우 제정 또는 개정 후 10일 이내에 금융위원회에 보고하여야 한다. 다만, 이용자의 권리나 의무에 중대한 영향을 미칠 우려가 있는 경우로서 대통령령으로 정하는 경우 및 저축은행 중앙회·여신금융협회가 표준약관을 제정 또는 개정하고자 하는 경우에는 금융위원회에 미리 신고하여야 한다(「상호저축은행법」§ 18의3① · ④, 「여전법」§ 54의3① · ④).

③ 금융투자업자의 약관변경

⇨ 개정전 「자본시장법」§56에 따르면, 금융투자업자는 금융투자업의 영위와 관련하여 약관을 제정 또는 변경하고자 하는 경우에는 미리 금융위원회에 신고하는 것이 원칙이었다. 그러나, 2018년 12월 31일 「자본시장법」 일부개정으로 인하여 금융투자업자의 약관 제정·변경방식을 원칙적으로 사전신고에서 사후보고로 전환하고 7일 이내에 금융위원회 및 협회에 보고하도록 하되, 투자자의 권리나 의무에 중대한 영향을 미칠 우려가 있는 경우 미리 금융위원회에 신고하도록 개정되었다. 또한, 「자본시장법」§56⑤를 신설하여 금융위원회가 금융투자업자의 약관 또는 금융투자협회의 표준약관 관련 신고를 받은 경우 그 내용을 검토하여 적법한 경우 신고를 수리하도록 명시하였다.

4) 광고사항

금융감독당국은 금융상품을 광고하는 경우 이자율, 가입조건, 부대비용, 그 밖의 금융상품 이용자의 권리의무에 중대한 영향을 미치는 사항 등을 광고사항에 포함하도록 규제한다. 또한 절대보장, 최고수익, 유일성을 나타내는 표현, 분쟁의 소지가 있는 표현, 거래상대방 등에 따라 거래조건이 달리 적용될 수 있음에도 확정적인 것으로 표시하거나 누구에게나 적용되는 것으로 오해를 유발 하는 표현 등 오해 또는 분쟁을 야기할 우려가 있는 문구는 사용을 금지하고 있다. 금융감독원장은 이 외에 광고방법, 절차 등에 관하여 필요한 세부사항을 정할 수 있다. 금융회사들은 통상 1차적으로 금융상품 광고에 대해 사내 준법감시팀(컴플라이언스팀)에 사전 승인을 받는다. 이후 2차적으로 협회(증권사는 금융투자협회, 보험사는 보험협회, 은행은 은행연합회)에 금융상품에 대한 승인을 받는다.

5) 금융분쟁조정

금융분쟁조정이란 예금자, 보험가입자, 증권위탁자 등 금융소비자가 금융관련 회사의 금융업무 등과 관련하여 권리·의무 또는 이해관계가 발생함에 따라 금융관련 회사를 상대로 제기하는 분쟁에 대하여 금융감독원 내 금융분쟁조정위원회에 조정신청을 받아 당사자의 주장과 사실관계를 조사·확인하고 이에 대한 합리적인 분쟁 해결방안이나 조정안을 제시하여 당사자 간 합의를 유도함으로써 소송을 통하지 않고 분쟁을 원만히 해결하는 자주적 분쟁해결 방식의 하나이다.

▶ 금융분쟁조정위원회

　금융분쟁조정위원회는 금융분쟁을 신속·공정하게 해결하기 위해 금융감독원에 설치된 분쟁조정기구로서 위원장 1인을 포함하여 소비자단체, 법조계, 금융계, 학계, 의료계 등 35인 이내의 위원으로 구성된다. 위원회 회의는 회부 안건의 내용에 따라 은행·중소서민, 금융투자, 보험 분야별로 개최되며, 매 회의는 위원장이 지명하는 6인 이상 10인 이하의 위원으로 구성되고, 구성원 과반수의 출석과 출석위원의 과반수의 찬성으로 의결한다.

금융분쟁조정위원회의 조정대상은 금융감독원의 검사를 받는 모든 금융회사이며, 금융소비자 등은 금융업무와 관련하여 분쟁이 발생한 경우 서면(우편), 팩스, 인터넷 등의 방법으로 당사자의 성명, 주소와 분쟁조정신청 취지 및 이유를 기재한 분쟁조정신청서를 금융감독원장에게 제출하여 금융분쟁조정을 신청할 수 있다. 금융분쟁조정 신청이 접수되면 금융감독원은 신청서를 검토한 후 필요한 경우에는 해당 금융기관에 조정신청에 대한 의견서 또는 답변서와 관련 자료의 제출을 요구하고, 신청인에게 상당기간을 정해 조정신청 사안에 대한 보완을 요구할 수 있으며, 필요 시 당사자에 대하여 사실의 확인 또는 자료제출 등을 요구할 수 있다. 금융감독원은 분쟁의 원활한 해결을 위해 금융분쟁조정 신청에 대한 사실관계의 조사·확인 등을 거친 후 합의 권고가 바람직하다고 판단되는 경우 당사자에게 합의안을 제시하여 합의를 권고할 수 있다. 금융분쟁조정 신청을 접수한 날로부터 30일 이내에 당사자간 합의가 이루어지지 아니하거나 금융감독원의 직접 처리, 해당 금융기관으로의 이첩 처리 또는 합의권고가 부적당한 경우 금융분쟁조정위원회에 회부하여 처리한다. 분쟁조정위원회에 회부되면 당사자는 위원회 위원 중 공정을 기대하기 어려운 사유가 있는 위원에 대해 기피신청을 할 수 있고, 위원회는 안건이 회부된 날로부터 60일 이내 이를 심의하여 조정안을 작성하여야 하며, 당사자의 주장이 상이하거나 증거채택이 어려워 사실 관계의 확정이 곤란한 경우 등 위원회의 조정의 실익이 없는 경우에는 각하결정을 할 수 있다. 양 당사자가 금융분쟁조정위원회의 조정결정 내용을 수락하여 조정이 성립되면 금융분쟁조정위원회 결정은 재판상 화해와 동일한 효력을 갖는다. 조정 성립 후에 어느 일방이 조정결정의 내용을 이행하지 않을 경우 별도의 소송절차 없이 조정서를 근거로 강제집행이 가능하게 된다.

그림 6-10 금융분쟁조정 처리절차

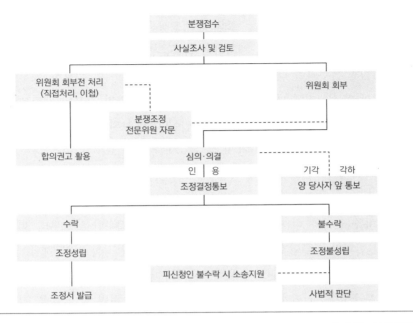

* 출처: 금융감독원

그림 6-11 금융분쟁조정 절차

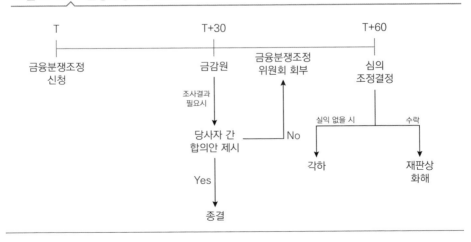

(4) 검사[20]

금융감독원은 금융회사의 건전경영 확보 및 경쟁적이고 공정한 금융거래질서 유지를 위해 금융회사에 대한 검사를 실시한다. 금융감독은 사전 예방적인 감독활동과 사후 교정적인 검사활동으로 구분할 수 있다. 일반적으로 감독은 금융회사의 건전경영을 유도하기 위하여 기준을 설정하고 이를 준수하도록 지도하는 행위를 말한다. 이에 반해 검사는 금융회사의 업무활동과 경영상태를 분석, 평가하고 금융회사가 취급한 업무가 관계법규에 위배되지 않았는지를 확인, 점검하여 적절한 조치를 취하는 활동으로서, 감독정책이 시장에서 제대로 작동하는지 감시하는 역할뿐만 아니라, 검사결과 도출된 제반정보를 감독정책에 반영(Feedback)하여 보다 실효성 있는 금융감독 정책을 수립할 수 있도록 지원하는 기능도 담당한다. 또한 검사업무는 운영방식에 따라 종합검사와 부분검사로, 검사 실시방법에 따라 현장검사와 서면검사로 구분할 수 있다.

■ 표 6-10 검사 운용 방식

구분		내용
운용 방식	종합 검사	• 연간 검사계획 수립 시 금융회사의 업무전반 및 재산상황에 대하여 실시하는 검사이며 금융회사 본점 종합검사 시 통상적으로 경영실태평가를 실시
	부분 검사	• 금융사고 예방, 금융질서 확립, 기타 금융감독 정책상 필요에 따라 금융회사의 특정부문에 대해 실시
실시 방법	현장 검사	• 검사원이 금융회사에 가서 현물, 장부, 전표, 기타 검사자료와 관계서류를 확인·점검
	서면 검사	• 검사원이 금융회사에 가지 않고 필요한 자료를 제출받아 실시하는데 결과의 처리는 현장검사와 동일

* 연간 검사계획 수립 시 검사방향, 예상 검사 실시 점포수 및 연인원 등 부분검사에 대한 기본 검사방침을 정하고 검사대상 금융회사 또는 점포의 선정, 검사 부문의 채택 등 구체적인 사항은 분기별 검사계획 수립 시 확정한다.

---

20 검사는 「금융위원회의 설치 등에 관한 법률」 §37 및 개별 금융법령에 따라 이루어지고 있다. 검사업무에 대한 일반적인 원칙과 절차는 「금융기관 검사 및 제재에 관한 규정」 및 동 「시행세칙」에 명시되어 있다.

2008년 글로벌 금융위기 이후에는 금융회사 및 금융시장의 잠재적 위험에 선제적으로 대응하여 위기의 발생을 억제하는 사전 예방적 검사의 중요성이 강조되어 금융 시스템에 영향이 큰 대형 금융회사에 대한 현장검사 강화 및 상시감시활동, 금융회사 자체 내부감사, 내부통제 활동이 강화되었다.

상시감시는 평상시 금융회사 재무상태 관련 보고서 및 영업실태 분석, 경영실태 계량평가, 금융회사 임직원 면담, 자료 및 정보의 수집·분석을 통하여 취약부문을 조기에 감지하고 필요시 현장검사를 실시하도록 하거나 경영진과 면담하는 등 적절한 조치를 취하는 활동이다. 따라서 상시감시 활동이 충분히 이루어지면 현장검사의 부담을 줄이고 검사의 효율성을 제고하는 효과를 얻을 수 있다.

다음으로 현장검사 시 금융감독원은 ① 검사계획 수립, ② 검사 사전준비, ③ 검사 실시, ④ 검사결과 보고 및 조치, ⑤ 검사결과 사후관리 순으로 업무 프로세스를 따른다.

① 검사계획 수립: 금융환경 변화 및 검사업무 수행 상 역점을 두어야 할 사항과 검사의 종류, 검사 대상 금융회사 또는 점포 및 그 수, 실시 시기, 투입인원 등을 종합적으로 감안하여 연간으로 행해지며 이에 따라 분기별 세부검사계획이 수립된다.

② 검사 사전준비: 검사 실시 전에 상시감시 결과 및 경영실태평가 등을 위해 징구한 검사 자료 등을 활용하여 검사대상 금융회사의 경영과 관련한 제반정보를 파악하는 것이다. 이때 검사대상 금융회사에 대하여 검사 사전예고를 실시하고 필요한 최소한의 범위 내에서 검사 사전자료를 징구할 수 있다.

③ 검사 실시: 금융회사에 대해 현장검사를 실시하는 경우에는 검사목적 및 검사기간 등이 포함된 검사 사전예고통지서를 당해 금융회사에 검사착수일 1주일 전(종합검사의 경우 1개월 전)까지 통지하여야 한다. 금융회사의 업무처리 내용의 적정 여부를 확인하기 위해 사전징구자료 외에 검사업무 수행 상 필요한 검사자료를 요구한다. 검사 실시 중 금융회사 또는 금융회사 임직원의 위법·부당행위가 발견된 경우 문서 및 장표의 사본 등과 같은 입증자료를 징구한다.

  * 만약 금융법규상 위법, 부당행위가 특가법(특정경제범죄 가중처벌)에 해당하거나 벌칙적용대상 행위 등을 위반하였다고 인정되는 경우 이를 금융감

독원은 수사기관에 고발(통보)한다(「시행세칙」§ 32).

④ 검사결과 보고 및 조치: 검사종료 후 귀임보고를 하고 빠른 시일 내에 검사결과를 종합 정리한 검사서 및 조치 안을 작성한다. 금융회사 검사결과에 대한 신뢰성 및 공정성을 확보하기 위하여 제재심의위원회가 검사서 및 조치내용이 적정한지 여부를 심의한다. 이런 심의절차가 완료되면 금융감독원은 금융위원회 보고 또는 의결을 거쳐 해당 금융회사에 통보하고 합당한 조치를 요구한다.[21] 이때 제재[22]를 받은 금융회사 또는 그 임직원은 제재처분 또는 조치요구가 위법 또는 부당하다고 인정하는 경우 이의를 신청할 수 있다.

⑤ 검사결과 사후관리: 경영유의·문책·변상·개선 및 시정사항 등 조치요구사항의 실행여부를 체계적이고 종합적으로 심사·분석하여 적절한 대응조치를 취하는 것으로 개선·시정이 필요한 사항에 대하여는 적기 정리를 유도한다.

---

21 금융위원회 또는 금융감독원장이 검사결과 조치내용을 결정하면 관련 검사서를 해당 금융회사에 통보한다. 금융회사 및 임직원에 대한 제재가 부과되는 경우에는 이를 검사서에 기재하여 금융회사에 통보하고, 한국은행·예금보험공사와의 공동검사 혹은 검사요구사항이 있는 경우에는 당해 유관기관에도 검사서 사본을 송부한다.

22 제재(sanctioning)는 금융회사 또는 그 임직원에게 영업상, 신분상, 금전상의 불이익을 부과함으로써 금융회사 경영의 건전성 확보 및 금융제도의 안정성 도모 등 금융회사 감독목적의 실효성을 확보하기 위한 사후적 감독수단이다.

그림 6-12   감사업무 흐름도절차

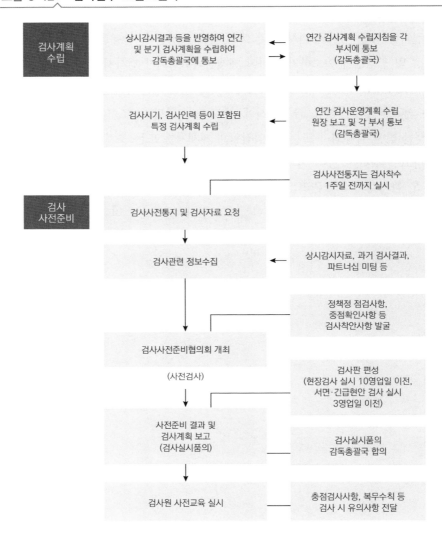

파이낸셜 시스템의 이해

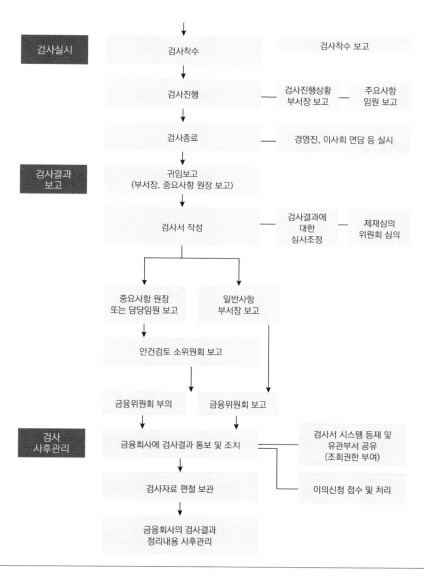

검사실시	검사착수	검사착수 보고

검사진행 ── 검사진행상황 부서장 보고 ── 주요사항 임원 보고

검사종료 ── 경영진, 이사회 면담 등 실시

검사결과 보고 귀임보고 (부서장, 중요사항 원장 보고)

검사서 작성 ── 검사결과에 대한 심사조정 ── 제재심의 위원회 심의

중요사항 원장 또는 담당임원 보고   일반사항 부서장 보고

안건검토 소위원회 보고

금융위원회 부의   금융위원회 보고

검사 사후관리 금융회사에 검사결과 통보 및 조치 ── 검사서 시스템 등재 및 유관부서 공유 (조회권한 부여)

검사자료 편철 보관 ── 이의신청 접수 및 처리

금융회사의 검사결과 정리내용 사후관리

* 출처: 금융감독원

1. 금융감독은 개별 금융기관의 설립을 (   )하고 금융기관 업무 수행 시 지켜야 할 각종 (   )을 (   )하며 이의 준수 여부를 (   )하는 것을 의미한다.

2. 금융감독은 금융기관 경영에 대한 일종의 규제라는 점에서(, regulation) 와 (, supervision)을 포괄하는 의미로 해석할 수 있다.

3. 우리나라 금융감독제도의 연도별 체계에 대해 틀린 것은?
① 1960년대에는 은행이 거의 유일한 금융기관이었기 때문에 금융관계법령 의 제·개정을 담당하는 재무부와 은행업 인가, 건전성 규제, 검사 및 제 재 등 은행감독업무를 담당하는 한국은행으로 나뉘어 있었다.
② 1970년대에는 감독기능을 각각의 업무별로 분리하여 증권관리위원회, 증권감독원, 보험감독원, 신용관리기금 등을 설립하였다.
③ 1990년대 4개 감독기관을 통합하여 금융감독위원회와 집행기관인 금융감 독원을 설립하였다.
④ 2008년 「금융위원회의 설치 등에 관한 법률」이 개정됨에 따라 금융위원 장과 금융감독원장 겸임이 가능해졌다.

4. 금융위원회는 합의제 행정기관으로 (   )인의 임명직 위원과 (   )인의 당 연직 위원 등 총 (   )인의 위원으로 구성된다.

5. 금융위원회는 회의 안건에 대해서는 재적위원 (   )의 출석과 출석위원
   (   )의 찬성 시 의결된다.

6. 금융위원회의 증권선물위원회의 업무에 대해서 설명해 보시오.

7. 금융감독원에 대한 설명으로 틀린 것은?
   ① 금융감독원은 무자본 특수법인으로서 특정한 공공사무를 담당하는 특수
      공법인의 성격을 지니고 있다.
   ② 원장은 금융위원회의 의결을 거쳐 금융위원장의 제청으로 대통령이 임명
      하고 부원장은 원장의 제청으로 금융위원회에서 임명한다.
   ③ 원장, 부원장, 부원장보 및 감사의 임기는 모두 3년이며 한 차례 연임할
      수 있다.
   ④ 금융감독원은 금융위원회 또는 증권선물위원회의 지도 · 감독을 받아 금융
      기관에 대한 실질적인 검사 · 감독업무 등을 수행한다.
   ⑤ 검사대상 금융기관은 금융지주, 은행에 한정한다.

8. 금융위원회는 설립 · 합병 · 인수 · 업종전환 등에 관한 인허가를 결정하며
   이들의 인허가는 예비인허가와 본인허가로 나뉜다. 최근 토스뱅크의 사례를
   통해 예비인허가와 본인허가에 대해서 설명해 보시오.

9. 금융위원회는 금융기관의 퇴출에 관한 업무를 수행하고 있다. 퇴출은 ① 자율적인 금융업 종료 ② 법규 위반이나 재무상태 기준미달 등에 해당할 때 이뤄지며 각각의 경우 어떤 프로세스에 의해 퇴출되는지 설명해 보시오.

10. 금융산업은 시장진입 및 과다경쟁 등이 제한되어 있기 때문에 독과점이 형성되기 쉽다. 따라서 금융규제당국은 소유지배구조 규제를 하고 있다. 이에 대표적인 규제가 ① 동일인에 대한 은행의 주식보유 한도(의결권 있는 발행주식 총수 기준) 규제, ② 산업자본의 은행산업 지배 방지를 위한 규제(은산분리)이다. 각각의 규제에 대해서 자세히 설명해 보시오.

11. 은행은 자본의 적정성을 위해 BIS자기자본비율 규제를 실시하고 있다. Basel Ⅲ를 기준으로 보통주자본비율, 기본자본비율, 총자본비율이 각각 어느 수준에 미달할 때 적기시정조치가 발동하는지 설명해 보시오(표 6-2 참조).

12. 은행이 유동성 확보를 위해 유동성커버리지 비율과 원화예대율 규제를 하고 있다. 또한 외화 자금에 대한 유동성을 위해 외화유동성커버리지 비율 및 외화유동성 비율을 규제하고 있다. 각각의 규제 기준은 무엇인지 설명해 보시오.

13. 다음 중 금융기관의 건전성 규제에 대한 설명 중 틀린 것은?
    ① 은행은 총자본비율이 8%에 미달할 경우 적기시정조치인 경영개선권고가 발동한다.

② 투자매매업자 및 투자중개업자는 순자본비율이 100%에 미달할 경우 적기
　시정조치가 발동한다.

③ 집합투자업자는 자기자본을 최소영업자본액 이상으로 유지하여야 한다.

④ 신탁업자는 영업용순자본비율을 100% 이상 유지하여야 한다.

⑤ 보험회사는 지급여력비율을 100% 이상 유지하여야 한다.

⑥ 상호저축은행은 자기자본비율을 7% 이상 유지하여야 한다.

⑦ 신용협동조합은 순자본비율을 2% 이상 유지하여야 한다.

14. 자산건정성 분류제도에 대해서 설명해 보시오.

15. 자산건전성 분류는 금융기관 차주 보유자산을 연체기간 및 채무상환능력
등에 따라 (　　　　), (　　　　), (　　　　), (　　　　), (　　　　) 등 5단계로
분류하는 것이다.

16. 자산건전성 분류는 채권의 상환 가능성에 따라 5단계로 분류하고 이에 적정
한 충당금을 적립하여 금융기관의 충격을 완화하는 데 목적이 있으므로 자산
건전성 분류 단계별로 채권에 대한 일정 비율을 (　　　　　　　　)으로
적립하여야 한다.

17. 대손상각이란 특정 채권이 회수가 불가능할 때 이 채권을 회계상 손실(대차대
조표상의 장부가액에서 제외), 즉 비용으로 처리하는 것을 말한다. 금융기관별
분류대상에 따라 대손충당금 적립 비율이 어떻게 되는지 표 6-6을 보고
설명해 보시오.

18. 경영실태평가는 각 금융회사의 경영실적, 경영의 건전성, 경영진의 경영능력, 법규준수 상황 및 리스크 관리실태 등 다양한 평가부문을 종합적이고 통일적인 방식에 따라 일정한 등급으로 평가하여 금융회사의 경영 상태를 체계적이고 객관적으로 확인하는 평가 방법이다. 경영실태평가의 경우 은행은 CAMEL-R 방식, 특수은행은 CACREL 방식, 외은지점 및 국내 일반은행 국외지점은 ROCA방식, 비은행금융회사의 경우 CAMEL방식을 따르고 있다. 또한 보험회사는 RAAS방식, 금융지주회사는 RFI방식을 따르고 있다. 각각의 방식에 대해서 설명해 보시오.

19. 금융투자업자의 경영실태평가는 모든 금융투자업자가 동일하게 적용되는 공통부분(%)과 각 업종별로 적용되는 업종평가부분(%)으로 나눠져 있다. 공통부분은 (   ), (   ), (   ) 등 3개 평가부문으로 구성되어 있으며 업종평가부분은 영위업종에 따라 부문별 가중치, 평가항목을 달리 적용하며 (   ), (   ) 등 2개 평가부문으로 구성 되어 있다.

20. 경영실태의 평가등급 및 종합평가등급은 1등급(우수: Strong), 2등급(양호: Satisfactory), 3등급(보통: Less than satisfactory), 4등급(취약: Deficient), 5등급(위험: Critically deficient)의 5단계로 구분된다. 이를 이용하여 적기시정조치가 발동되는 기준을 설명해 보시오.

21. 적기시정조치 제도에 대해서 설명해 보시오.

22. 적기시정조치제도는 (　　　　　　　　　　　), (　　　　　　　　　　　), (　　　　　　　　　　　)의 3단계로 구분하여 운용되고 있다.

23. 경영공시 제도의 목적은 무엇인지 설명해 보시오.

24. (　　　　　　　)이란 금융회사가 고객과 금융상품 관련 계약을 체결하기 위해 미리 작성한 계약내용을 말한다.

25. 은행, 저축은행 및 여신전문금융회사, 금융투자업자 등이 약관변경을 하고자 할 경우 어떤 절차를 따라야 하는지 설명해 보시오.

26. 금융감독당국은 금융상품을 광고하는 경우 이자율, 가입조건, 부대비용, 그 밖의 금융상품 이용자의 권리의무에 중대한 영향을 미치는 사항 등을 광고사항에 포함하도록 규제한다. 금융소비자가 오해할 수 있는 표현은 어떤 것들이 있는지 찾아보시오.

27. 그림 6-11을 보고 금융분쟁조정 절차 프로세스에 대해서 설명해 보시오.

28. 금융감독은 사전 예방적인 (　　　　　　)과 사후 교정적인 (　　　　　　)으로 구분할 수 있다.

29. 금융감독원의 현장검사 프로세스에 대해서 설명해 보시오.

제 **7** 장

_____

기타 금융하부구조
담당기관

제 7 장

기타 금융하부구조 담당기관

1 신용평가회사

신용평가업이란 금융투자상품, 기업·집합투자기구 그 밖에 대통령령으로 정하는 것에 대한 신용평가를 하고 그 결과에 대하여 기호, 숫자 등을 통해 표시한 신용등급을 부여하여 그 신용등급을 증권의 발행인, 인수인, 투자자 그 밖의 이해관계자에게 제공하거나 열람하게 하는 행위를 영업으로 하는 것을 말한다.[1] 우리나라의 신용평가제도는 기업어음에 대한 신용평가제도가 1985년 9월 도입되며 시작되었고 이어서 1986년 3월 무보증채권 평가제도가 도입되었다. 현재 신용평가업을 영위하기 위해서는 「자본시장법」에 의거하여 금융위원회 인가를 받아야 한다. 2023년 말 현재 신용평가업을 인가받아 영업을 하고 있는 회사는 한국기업평가, 한국신용평가, NICE신용평가 및 서울신용평가 등 총 4개사이다.

(1) 주요 업무

신용평가사의 주업무는 유가증권, 채무발행 기업 및 보증기관에 대한 평가 업무

---

1 "한국의 금융제도" 한국은행, 2018

이며 부수업무로 보험금지급능력 평가, PF(Project Financing) 원리금 상환능력 평가, 주식가치 평가, 기업의 사업성 평가 등이 있다.

신용평가사가 주업무로 하는 유가증권 평가는 기관 등이 발행하는 기업어음(CP, Commercial Paper), 무보증채권(Bond), 자산유동화증권(ABS, Asset Backed Securites) 등을 신용평가 하는 업무다. 여기서 CP는 기업이 단기자금 조달을 목적으로 자체 신용도로 발행하는 유가증권을 말한다. 따라서 CP를 발행하고자 하는 기업은 2개 이상의 신용평가사로부터 B등급 이상의 신용등급을 받아야 한다. 구체적으로 종합 금융회사를 통해 CP를 매출하거나 증권회사가 장외시장에서 CP를 매매, 중개 또는 대리할 경우, 2개 이상의 신용평가사로부터 B등급 이상의 등급을 받은 CP만을 거래할 수 있다. 다음으로 무보증사채는 기업이 채권을 발행함에 있어 담보물 없이 발행하는 채권으로 발행사의 신용이 무엇보다 중요한 요소가 된다. 따라서 무보증 사채도 CP와 마찬가지로 2개 이상의 신용평가사에서 신용등급을 받은 무보증사채 만 금융기관 인수 및 은행의 신탁자산 등에 편입될 수 있다. 마지막으로 자산유동 화증권은 자산을 기초로 증권을 발행하는 것으로 유동화가 어려운 자산을 현금화시 키기 위한 목적으로 활용된다. 예를 들어 부동산 자산의 경우 거래 단위와 금액이 크기 때문에 유동화가 쉽지 않다. 이 경우 부동산을 기초자산으로 ABS를 발행하여 일반 투자자에게 매각하면 부동산 자산을 유동화 시킬 수 있다. 이 과정에서 자산 유동화전문회사(SPC, Special Purpose Company)는 기초자산을 근거로 증권을 발행하 게 되므로 신용평가사로부터 신용등급을 받아야 하는 것이다.

신용등급은 만기가 1년 미만의 CP 등 단기금융사채의 경우 표 7－1과 같이 가장 높은 A에서 가장 낮은 D까지 6등급으로 이뤄져 있으며 A2에서 B까지는 동일 등급 내 우열을 가리기 위해 +, －를 부과한다.[2] 통상 A등급(A1~A3 까지)은 적기상환능력 을 인정받는 투자 적격 등급으로 분류하며 B등급부터 C등급까지는 주변 환경변화 에 따라 적기상환능력이 영향을 받을 수 있는 투기등급으로 분류된다. D등급은 상환불가능 상태를 나타낸다. 실제 투자에서는 B+등급까지를 투자적격 등급으로 분

---

2 예를 들어 B등급하에서도 양호한 상환능력을 보이면 B+를, 이보다 상환리스크가 높다고 판단되면 B-를 부여한다. 실제 투자에서 B+까지를 투자적격 등급으로 취급하는 경우가 많아 같은 B등급이라고 하더라도 상반된 조건이 붙기도 한다.

류하는 경우가 많으며 B-부터 C-까지를 정크본드(Junk bond)로 분류하기도 한다.

■ 표 7-1 단기금융사채 신용도

등급		등급 내용
A1		적기상환능력이 좋으며 상환능력이 안정성도 높음
A2	+	적기상환능력이 좋음
	−	
A3	+	적기상환능력이 양호
	−	
B	+	적기상환능력은 양호하지만, 단기적인 여건 변화에 따라 투기적인 요소가 내포
	−	
C		적기상환능력 및 안정성에 투기적 요소가 큼
D		상환 불가능 상태

　신용등급은 또한 만기가 1년 이상을 초과하는 채권 등 장기금융채무의 경우 표 7-2와 같이 AAA[3]부터 D까지 10단계로 구분하고 있다. 장기금융채무 역시 AAA에서 BBB까지를 원리금 상환능력이 안정적인 투자적격등급으로 분류하고 BB에서 C까지를 상환능력이 환경 변화에 따라 크게 영향을 받을 수 있는 투기등급으로 분류한다. D등급은 상환불능상태를 나타낸다. 채권 역시 BB부터 C까지를 정크본드(Junk bond)라 부른다. 장기금융채무도 앞선 단기금융사채와 같이 동일 등급 내 우열을 가리기 위해 AA에서 B까지 +, − 부호를 부과한다. 자산유동화증권(ABS)의 신용등급은 채권의 신용등급과 동일하다.

---

3 A가 3개 있는 AAA 등급을 "triple A"라고 부르며 2개 있는 AA 등급을 "double A", 1개 있는 A 등급을 "single A"라고 부른다. B 등급과 C 등급도 동일한 방식으로 부른다.

국내		내용	해외	
			무디스	S&P
AAA	AAA	원리금 지급이 확실, 투자위험도 극히 낮음	Aaa	AAA
AA	AA+ AA AA−	원리금 지급이 확실, 투자위험도가 낮지만 AAA 등급에 비해 다소 높음	Aa1 Aa2 Aa3	AA+ AA AA−
A	A+ A A−	원리금 지급이 확실, 투자위험도가 낮지만 장래 환경 변화에 다소 영향을 받을 수 있음	A1 A2 A3	A+ A A−
BBB	BBB+ BBB BBB−	원리금 지급 능력이 안정되있지만 장래 환경 변화에 따라 지급 불확실성이 높아질 수 있음	Baa1 Baa2 Baa3	BBB+ BBB BBB−
BB	BB+ BB BB−	현재 원리금 지급 능력에 문제는 없으나 장래 안정성 면에서 투기적 요소가 있음	Ba1 Ba2 Ba3	BB+ BB BB−
B	B+ B B−	원리금 지급 능력이 부족하여 투기적이며 장래 안정성 면에서 현 상태유지 불투명	B1 B2 B3	B+ B B−
CCC	CCC	채무불이행 가능성 있고 투기적임	Caa	CCC
CC	CC	채무불이행 가능성 있고 불안 요소도 존재	Ca	CC
C	C	채무불이행 가능성이 높고 회복될 가능성도 낮음	C	C
D	D	원금과 이자 지급불능 상태	D	D

신용평가사는 주업무로 채권발행 기업 및 보증기관에 대한 평가 업무도 수행한다. 채권발행 기업에 대한 평가를 기업신용평가(issuer rating)라 하며 기업의 모든 금융 채무에 대해 채무상환능력을 평가하여 해당 기업 신용등급을 부여하는 것을 말한다. 다음으로 보증평가는 보증을 하는 금융기관의 사업 위험, 재무 위험 등을 평가하여 보증 채무에 대한 지급능력을 신용등급으로 표시한 것을 말한다. 통상 지급보증을 받은 채권만 신탁에 편입하여 운용할 수 있기 때문에 채권에 대한 보증을 하고자 하는 금융기관은 신용평가를 받아야 한다.

그림 7-1 | 신용평가사의 신용등급 평가(NICE신용평가)

기업신용평가

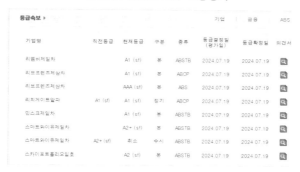

자산유동화증권(ABS) 신용평가

금융신용평가

* 첨부) 기업 신용등급

기업에 대한 신용등급 평가

Corporate

한국지역난방공사 KOREA DISTRICT HEATING CORPORATION

선임연구원 신석호 02.2014.6367 seokho@nicerating.com 기업평가2실장 최재호 02.2014.6286 jaehochoi@nicerating.com

평가등급

AAA/Stable

평가내역		유효등급	
평가대상	제 65-1, 65-2, 65-3 회 선순위 무보증사채	기업신용등급(원화/외화)	AAA/Stable
평가종류	본평가	선순위 무보증 회사채	AAA/Stable
등급확정일	2024.07.15	신종자본증권	AA+/Stable
		단기신용등급	A1

PROFILE

공기업 형태	시장형 공기업
주주 지분율(%) (2024년 3월말)	정부(34.6%), 한국전력공사(19.6%), 한국에너지공단(10.5%)
설립근거 법규	집단에너지사업법

평가등급 추이

금융기관에 대한 신용평가

Financial Institutions

대신증권㈜ Daishin Securities Co., LTD.

수석연구원 윤재성 02.2014.6271 jyoon@nicerating.com 금융평가 1 실장 송기홍 02.2014.6225 song72@nicerating.com

평가등급

AA-/Stable

평가내역		유효등급	
평가대상	제 736 회 외 주가연계파생결합사채	무보증채권 (선순위)	AA-/Stable
평가종류	본평가	무보증채권 (후순위)	A+/Stable
등급확정일	2024.07.19	상환전환우선주 (RCPS)	A/Stable
		단기신용등급	A1

PROFILE

구 분	실 적	전 망
사업위험	AA	AA
재무위험	A	AA
전망/기타 고려요인	→ 0	-
계열관계요인	0	

평가등급 추이

자산유동화증권 신용 평가

Structured Finance

리브프렌즈제삼차㈜

선임연구원 전주영 02.2014.6343 jyjeon@nicerating.com SF평가1실장 황상윤 02.2014.6238 hsw@nicerating.com

평가등급

2024년 7월 19일 유동화사채/유동화기업어음 본평가

구 분		발행금액(억 원)	발행일	만기일	평가등급
제2-1회	ABCP	2,300	2024.07.19	2025.07.18	A1 (sf)
제2-2회	ABS	12.08	2024.07.19	2026.01.08	AAA (sf)

주1) 제2-1회 유동화기업어음의 신용등급은 회사가 발행하는 유동화기업어음에 대한 신용등급이며, 회사의 단기채무 상환능력과는 무관하다.

유동화개요

유동화구조	정기예금 유동화(CDO)
기초자산	㈜국민은행의 정기예금으로 운용되는 특정금전신탁 수익권
업무수탁자	㈜BNK투자증권
자산관리자	한양증권㈜
주관회사	한양증권㈜
법무자문기관	법무법인 서린
주요 위험요소 및 통제방안	
기초자산 신용위험	정기예금 원리금 상환 의무자인 ㈜국민은행의 신용도 수준으로 통제

주) 정보제공처: 주관회사

* 출처: NICE신용평가

파이낸셜 시스템의 이해

연/습/문/제

1. 신용평가업에 대해서 설명해 보시오.

2. 2023년 말 현재 신용평가업을 인가받아 영업을 하고 있는 회사는 (   ),
   (   ), (   ) 및 (   ) 등 총 4개사 이다.

3. 신용평가사의 주업무 및 부수업무가 아닌 것은?
   ① 유가증권, 채무발행 기업 및 보증기관에 대한 평가
   ② 보험금지급능력 평가
   ③ PF(Project Financing) 원리금 상환능력 평가
   ④ 주식가치 평가
   ⑤ 일반기업의 임직원 평가

4. 종합금융회사를 통해 CP를 매출하거나 증권회사가 장외시장에서 CP를 매매,
   중개 또는 대리할 경우 (   )개 이상의 신용평가사로부터 (   )등급
   이상의 등급을 받아야 한다. 또한 무보증사채를 발행하여 금융기관 인수, 은
   행에 신탁자산에 편입하고자 하는 경우에는 (   )개 이상의 신용평가사에서
   신용등급을 받아야 한다.

5. 단기금융사채의 신용등급은 (   )에서 가장 낮은 (   )까지
   (   )등급으로 이뤄져 있다. 또한 (   )에서 (   )까지는 동일
   등급 내 우열을 가리기 위해 +, −를 부과한다.

6. 장기금융채무의 신용등급은 (   )부터 (   )까지 (   )단계
   로 구분하고 있다. 또한 동일 등급 내 우열을 가리기 위해 (   )에서
   (   )까지 +, - 부호를 부과한다.

7. 기업신용평가가 무엇인지 설명하고 실제 신용평가사 홈페이지를 방문하여
   독자가 관심있는 회사의 신용평가 등급을 확인해 보시오.

제 8 장

한국의 금융제도

제 8 장

한국의 금융제도

1 1950년대 한국의 금융제도 확립기

우리나라의 근대 은행제도는 1878년 6월 일본 제일국립은행 부산지점이 개설되며 시작되었다. 이후 민족자본계 은행인 조선은행(1896년), 한성은행(1897년), 대한천일은행(1899년) 등이 설립되며 발전해 나갔다. 그러나 이후 일본에게 자주권이 상실되어 일본 통치하에 놓이게 됨으로써 자주적인 금융제도 확립은 사실상 어려워졌다.

이후 1945년 일본으로부터 해방되었으나 정치, 사회적 혼란 속에 물가가 급등하는 등 신용질서 및 금융조직체계의 불안정이 계속되었다. 하지만 다행스럽게도 1948년 대한민국 정부가 수립되며 서둘러 금융제도 개편에 착수하였고 1950년 5월 「한국은행법」과 「은행법」을 제정 공포하며 같은 해 6월 한국은행을 설립하였다. 하지만 같은 해 6월 북한의 남침으로 한국전쟁이 발발하며 「은행법」에 대한 시행이 유보되고 금융제도의 정비는 뒤로 미뤄졌다.

한국전쟁이 3년간 이어진 가운데 1953년 휴전협정이 체결되며 다시 금융제도에 대한 정비가 이뤄지기 시작하였다. 당시 금융제도는 전후 경제재건을 원활히 지원하고 자주적 금융제도를 정비함에 주안점을 두었다. 이를 구체화하기 위해 1954년 「은행법」이 시행되었다. 다만 당시 자주적 금융제도 확립을 위해 은행의 민영화가 추진되었는데 이 과정에서 정부 소유의 은행 의결권(주식)이 소수 재벌에게 넘어가며 은행이 대기업의 사금고화가 되고 이는 정치자금의 공급원이 되는 등 부작용이 발생하기도 하였다.

　이와 함께 1954년 전쟁 피해에 대한 산업복구 자원을 집중 지원하기 위해 특수은
행인 한국산업은행[1]이 설립되었다. 또한 농업제도의 정비에 대한 필요성이 부각되
며 1956년 농업은행이 설립되었고 자본시장의 기반을 구축하기 위해 1956년 대한
증권거래소가 설립되며 한국의 금융제도의 기반이 구축되었다.

그림 8-1 ┊　1890년대 일본제일국립은행 부산지점

---

1 한국산업은행은 식산은행으로부터 개편 설립되었다.

2 1960~1970년대 개발금융체제의 구축기

1960년대에 들어서며 「경제개발 5개년 계획」이 수립됨에 따라 정부주도의 강력한 경제 활성화 정책을 효율적으로 지원하기 위한 성장금융체제로 금융제도가 변화하였다. 우선 1950년대 후반, 은행의 민영화가 소수 재벌에 의해 주도되며 발생한 부정자금을 부정축재재산 환수처리의 일환으로 정부에 귀속시켰으며 1962년 「한국은행법」이 전면 개정[2]됨으로써 금융기관에 대한 정부의 영향력이 대폭 강화되었다. 또한 각 산업별 개발자금의 원활한 지원을 목적으로 1961년 농업협동조합(농업 지원), 1961년 중소기업은행(중소기업 지원), 1963년 국민은행(일반 국민), 1967년 한국외환은행(환율 안정), 1969년 한국주택은행(주택자금 지원) 등 특수은행들이 대거 설립되었다. 이와 함께 지역 경제개발에 필요한 민간자본 동원체제와 효율적인 자금 지원을 위해 1967년 대구은행, 부산은행 등의 지방은행이 설립되었다.

■ 표 8-1 지방은행 현황(2024년 기준)

현존 및 폐지 유무	은행명	현황
현존	부산은행	부산지역 영업구역. BNK 금융지주 자회사
	경남은행	경상남도, 울산광역시 영업구역. BNK 금융지주 자회사
	광주은행	전라남도, 광주광역시 영업구역. JB금융지주 자회사
	전북은행	전북특별자치도 영업구역. JB금융지주 자회사
	제주은행	제주특별자치도 영업구역. 신한금융지주 자회사
폐지	경기은행	경기도, 인천광역시 영업구역. 1998년 한미은행 흡수 합병
	충청은행	충청남도, 대전광역시 영업구역. 1998년 하나은행 흡수 합병

2 1962년 「한국은행법」 개정을 통해 금융통화위원회는 금융통화운영위원회로 변경되었으며 위원장에 재무부장관을 비롯하여 정부 추천 위원이 대거 진입하는 등 정부의 영향력이 확대 되었다. (제5장 "중앙은행제도" 참고)

	충북은행	충청북도 영업구역. 1999년 조흥은행에 흡수 합병
	강원은행	강원도를 영업구역. 1999년 조흥은행에 흡수 합병
시중은행 전환	대구은행	경상북도, 대구광역시 영업구역. 2024년 5월 16일 시중은행으로 전환인가. 2024년 6월 5일 시중은행 전환. iM뱅크로 행명 변경

1960년대는 고도성장을 하였지만 이에 대한 부작용으로 기업의 재무구조가 악화되고 인플레이션에 대한 압박이 높아지며 1970년 초반 성장률이 급락하는 등 위기가 찾아왔다. 이와 함께 세계경제의 급격한 변화로 국제경제 여건이 악화되며 어려움이 가중되었다. 2차 세계대전 이후 성장을 거듭하던 미국 경제는 60년대 후반부터 서유럽과 일본의 급격한 성장으로 정체기에 접어든 가운데 달러 약세와 베트남 전쟁 참전으로 엄청난 경제 부담이 가중되며 경제 불황이 발생하였다. 이에 미국에 대한 수출의존도가 상당히 높았던 한국은 국제수지 적자가 확대되는 등 경제적으로 큰 어려움에 직면하게 되었다.

당시 국내 경제에 가장 큰 문제점은 우리나라 기업들이 대부분의 자금을 사채시장에 의존하고 있었다는 점이다. 이는 1960년대 「경제개발 5개년 계획」에 의해 경제가 발전하며 기업 수가 기하급수적으로 늘어난 것과는 반대로 제도권 금융기관에 축적된 자금 자체가 미미하여 기업의 자금수요에 대응할 수 없었기 때문이다.[3] 하지만 이런 사채시장은 부실기업이 속출(1969년 5월 83개의 기업 중 45개사가 부실기업으로 분류)하며 표면화되었고 이런 부실기업은 제도권 금융에 대한 사용을 더욱 어렵게 만들며 다시 사채시장에 의존하는 악순환으로 이어진 가운데 사채를 빌려준 사람들의 상환 요구와 압력까지 겹치며 상황은 더욱 악화되었다. 이에 정부는 1972년 8.3 경제긴급조치(경제의 안정과 성장에 관한 긴급명령)[4]를 단행하여 사금융제도의 제도금융화와 금융구조의 다원화를 추진하였다. 구체적으로 8.3 경제긴급조치는 제도

---

3 당시 은행보다 사채가 각광을 받았던 이유는 제도권 금융기관이 건실하지 못했고, 사채 금리가 은행금리에 비해 10~20% 이상 높았기 때문이다. 이런 연유로 기업들은 약 30%의 자금을 사채시장에 의존하였다.
4 8.3 경제긴급조치는 1971년 6월 전국경제인연합회가 정부에 기업의 어려운 상황을 설명하고 도와줄 것을 요청하여 정부가 기업의 사채 문제를 해결할 방안으로 발표한 것이다.

권 금융을 잠식하고 있던 지하금융(세금을 내지 않는), 사채시장을 제도권 금융으로 흡수하기 위한 긴급명령 형태로 집행된 금융제도 정책이다. 해당 조치는 기존 사채들을 동결하며 채권자들에게 돈의 출처를 밝히는 것을 통해 지하금융을 제도권 금융으로 흡수하려는 것이었다.[5] 8·3 경제긴급조치로 인해 단기적으로 기업들의 자금 숨통이 트였지만 반대로 사채시장이 위축되며 또 다른 자금난을 만들었다. 이에 지하자금을 제도권으로 이전하여 산업화할 목적으로 추가적인 조치인 「단기금융업법」, 「상호신용금고법」, 「신용협동조합법」 등 이른바 사금융양성화 3법을 통해 비은행권 금융회사 설립을 허용하며 상호신용금고(현재 저축은행), 신용협동조합(신협), 투자금융회사[6] 등이 설립되었다. 또한 1975년 「종합금융회사에 관한 법률」이 제정되어 1976년 국제 단기자금 주선과 지급보증 등의 업무를 취급하는 종합금융회사(종금사)[7]가 설립되었다.

그림 8-2 ┊ "8·3" 경제긴급조치

8·3 긴급경제조치 발표 현장　　　　　"빠짐없는 사채신고로 나라번영 이룩하자"

---

5 당시 5일 동안 신고된 사채는 40,677건으로 총 3,466억 원에 달했으며 이는 당시 전체 통화량의 약 80%이자 한국 여신 잔액의 34%에 달하는 수준이었다.
6 투자금융회사는 직접 채권을 발행하거나 회사채를 인수한 뒤 은행보다 높은 금리로 판매하는 등 사채시장의 자금을 모집하며 급성장하였다. 이런 투자금융회사의 형태는 한국만 존재하는 특수한 형태였다.
7 종금사는 20년 이상 단기자금조달 창구이자 사채업자들의 이용창구로 중추적인 역할을 하였으나 국내 외환위기의 발생 원인으로 지목되며 대부분 퇴출되고 전업 종금사는 현재 1개사(우리종합금융)만 존재한다.

이와 함께 직접금융시장의 활성화 등을 목적으로 증권시장의 정비도 이뤄졌다. 우선 기업공개와 주식의 분산소유를 촉진하기 위해 1972년 「기업공개촉진법」을 제정하였으며 증권투자신탁의 전문회사인 한국투자신탁을 1974년 설립하였다. 또한 증권시장의 감독 및 관리체계 정립을 위해 증권관리위원회와 증권감독원을 1977년 설치 운영하였다.[8]

3 1980년대 시장자율체제로의 전환

1980년대 경제정책 및 금융제도의 주요 변화 방향은 성장에서 안정으로의 전환이었다. 이와 함께 경제운영방식도 시장기능을 존중하는 방향으로 전개되며 금융자율화와 개방화 시책 등이 추진되었다. 이는 1980년대 만성적인 인플레이션과 고도성장에 중점을 둔 산업정책이 실물경제 및 금융산업 내 구조적 문제 등을 유발하며 여러 문제점들이 표면화되었기 때문이다. 해당 기간 금융제도 변화는 다음과 같다.

우선 은행은 자율경영제체 확립을 위한 민영화와 금융기관 간 경쟁 촉진을 위해 금융시장 진입을 완화하였다. 실제로 1981~1983년 사이 시중은행들을 모두 민영화하였으며 은행의 내부경영 자율성을 제약하는 각종 규제를 축소하고 정비하였다. 금융기관 신규 진입은 1982~1983년과 1988~1989년 사이 나눠 진행되었다. 우선 1982~1983년 중에는 신한은행과 한미은행 등 2개 시중은행이 새로 설립되었고 12개의 투자금융회사, 58개의 상호신용금고 및 1개 투자신탁회사가 새롭게 설립되었다. 다음으로 1988~1989년 중에는 동화은행과 중소기업전문은행인 동남은행, 대동은행이 새롭게 설립되었으며 비은행금융기관으로서는 5개의 지방 투자신탁회사, 11개의 지방 리스회사 등이 추가 설립되었다.

다음으로 금융 자유화에 발맞추어 금융기관의 취급 업무 또한 확대되었다. 우선 은행의 경우 신용카드업무, 상업어음일반매출, 환매조건부채권매도(RP, Repurchase

---

8 "한국의 금융제도", 한국은행, 2018

Agreement), 양도성예금증서(CD, Certificates of Deposit)가 도입되었으며 상호부금 및 신탁에 관한 업무도 점진적으로 허용되었다. 이어서 투자금융회사 및 증권사의 경우 팩토링(factoring)[9], 신종기업어음(CP, Commercial Paper), 어음관리계좌(CMA, Cash Management Account)[10], 통화채권펀드(BMF, Bond Management Fund) 등 신종금융상품들이 도입되었다.

시장기능의 존중과 금융 자유화는 통화관리와 금리체제에서도 변화를 일으켰다. 우선 통화관리체제는 기존의 직접규제방식을 탈피하여 간접규제방식으로 점차 이행되었으며 다음으로 금리체제는 금리자유화[11][12]의 기초를 조성하였다. 이에 대한 일환으로 1980년대 초반 정책금리와 일반금융 금리의 격차를 축소하였고 은행 대출 금리의 차등금리제를 도입하였으며 일반 금융시장상품의 발행금리 자유화를 취하였다. 특히 1988년 2월에 정책금융을 제외한 모든 여신금리와 금융기관의 장기 수신금리(만기 2년 이상) 대한 최고 이율규제를 철폐하는 등 광범위한 금리자유화 조치를 취하였다. 그러나 급격히 진행된 금리자유화로 규제 금리와 자유화 금리 간 격차가 지나치게 확대되고 물가 변동성이 확대되는 등 부작용이 나타나기 시작하였다. 이로 인해 1980년대 금리자유화는 별다른 성과를 이루지 못하였다.[13]

---

9 팩토링은 금융기관들이 기업으로부터 상업어음·외상매출증서 등 매출채권을 매입, 이를 바탕으로 자금을 빌려주는 제도이다. 팩토링과 어음할인(discounting of bills)은 유사한 면이 있으나 다음과 같은 면에서 차이가 있다. 팩토링은 대상 채권이 외상 매출채권이기 때문에 현금흐름을 계속 관리해줘야 하는데 반해 어음할인은 대상 채권이 어음이기 때문에 현금흐름을 관리해 줄 필요가 없다.
10 현재 CMA(Cash management Account)는 자산관리계좌로 증권사가 투자자로부터 예탁금을 받아 안정성이 높은 국공채나 CD, 단기 회사채, 발행어음 등에 운용하여 수익을 배분해주며 최근에는 공과금 납입도 가능하다.
11 금리자유화란 금리규제를 철폐함으로써 금융시장의 가격 지표인 금리가 시장의 자금수급에 따라 자유로이 결정되는 것을 말한다. 역사적으로 미국 등 다수의 국가에서 금리 제한이 금융 불안을 반복시킨다는 것을 확인함에 따라 금융안정 도모를 위해 도입된 금융규제 중 하나이다.
12 1970년대부터 시작하여 1980년대까지 세계적으로 인플레이션이 심화된 반면 금리에 대한 규제는 여전히 존재함에 따라 자금이 단기 금융시장으로 몰리는(규제를 받는 금융 중개기관의 이자율보다 단기금융시장이 이자율이 높아졌기 때문) 디스인터미에이션(disintermediation)이 발생하며 은행의 자금중개가 위축되는 현상이 발생하였다. 이로 인해 금리에 대한 규제를 단계적으로 철폐하는 금리자유화가 실행되었다.
13 첨부 "금리자유화 4단계" 참조.

마지막으로 1980년대는 금융 개방화로 인해 금융시장의 대외개방도 점진적으로 확대되었다. 대표적으로 1980년대에는 외국은행의 국내지점 증설이 허용되었고 외국생명보험회사의 지점설치 및 합작회사 또는 현지 법인 설립 등이 이뤄졌다. 또한 외국인전용수익증권, 외국투자전용회사 등을 통한 외국인의 국내증권의 간접 투자도 허용되었다.

4 1990년대 금융 자유화, 개방화 추진

1980년대 시장자율체제로의 전환 노력에도 불구하고 금융에 대한 정부의 규제와 간섭은 1990년 초에도 지속되었다. 이로 인해 금융산업의 구조적 문제가 해소되지 않아 경쟁력과 효율성은 계속 저하되었다. 이런 국내 상황과는 반대로 미국 등 선진국으로부터 금융시장 개방에 대한 압력이 거세지며 국내 금융산업의 경쟁력 강화 등에 압박이 커졌다. 따라서 정부는 아래와 같이 금융자율화 및 개방화 추진을 서둘러 진행하였다.

■ 표 8-2 금융자율화 및 개정사항

연도	개정사항
1991년 3월	• 「금융기관의 합병 및 전환에 관한 법률」을 제정하여 금융기관의 합병 전환 절차를 간소하게 하였음. 그 결과 8개의 금융투자회사 중 3개의 회사는 2개*의 시중은행(하나은행, 보람은행)으로 전환하였고, 5개 회사는 증권회사 **로 전환 * 한국투자금융회사는 하나은행으로 전환하였고 금성투자금융회사와 한양 투자금융회사가 합병하여 보람은행으로 전환 ** 한일, 고려, 동부, 서울, 한성 투자금융회사가 증권회사로 전환
1995년 4월	• "할부금융제도" 도입 - 고가의 내구재, 주택, 기계, 설비 등을 구입하고자 하는 경제주체에게 자금을 대여해 주고 이를 분할 상환토록 하는 금융제도
1995년 12월	• 「종합금융회사에 관한 법률」을 개정하여 종합금융회사의 업무범위에 어음중개업무, 유가증권의 매매·위탁매매·매매의 중개 또는 대리업무 등을 추가

1995년 12월	• 「증권투자신탁업법」을 개정하여 증권회사와 투자신탁회사에 대하여 자회사 방식을 통한 상호 진출을 허용하였고 투자신탁업이 장기적으로 종합자산운용업으로 발전할 수 있도록 자산운용업무와 판매업무를 분리 – 해당 법령으로 신설되는 회사에 대해서는 자산운용업만 전담하는 투자신탁운용회사로 설립하고 수익증권 판매는 증권사에 위탁하도록 하였음. 반면 기존 투자신탁회사에 대해서는 운용업과 판매업 분리 여부를 자율적으로 선택하게 하고 분리 시에는 본체는 증권사로 전환하고 투자신탁운용회사를 자회사로 설립하도록 하였음.
1996년 7월	• 15개 투자금융회사를 종합금융회사로 전환* * 서울 투자금융회사(대한, 동양, 중앙, 제일, 신한, 삼삼, 동아, 삼희) 8개사, 지방 투자금융회사(대구, 항도, 울산, 신세계, 경일, 인천, 충북투금) 7개 사가 나라종금, 한화종금, 쌍용종금, 청솔종금 등으로 각각 전환

■ 표 8-3 금융기관 업무범위 확대

금융기관	업무범위
은행	• 신종환매조건부채권매도, 표지어음매출, 국공채창구판매, 금융채(일반은행) 발행 등 추가
증권회사	• 외화입출금, 환전, 외화매입, 외화차입 등의 외국환업무가 제한된 범위 내에서 단계적으로 허용
보험사	• 국공채 창구판매업무 취급
투자신탁회사	• 머니마켓펀드(MMF, Money Market Fund)[14]의 취급
상호신용금고	• 지역밀착형 금융기관으로서 역할 강화를 위해 적금 등 일부 은행업무 취급이 허용
기타	• 1994년 11월 증권회사와 은행에 국한되던 금융기관 간 환매조건부채권 매매(RP) 업무가 콜시장에 참여하는 모든 금융기관으로 확대

1990년대에는 1980년대 이루지 못한 금리자유화도 재추진되었다. 1991년 8월 정부는 4단계로 구성된 금리자유화 추진계획(첨부 참고)을 발표하였고 해당 자유화 조치를 1단계에서 3단계까지 시행한 결과 1997년에는 재정자금 대출금리를 제외한

---

14 투자신탁회사(현 자산운용사)가 단기금융상품(국공채, 만기가 짧은 CP, CD, 콜 등)에 투자하여 얻은 수익률을 배분하는 실적배당상품, 운용기관에 따라 MMDA, MMT, MMW 등이 있다.

은행의 요구불예금 등 대부분의 금리가 자유화 되었다. 금리자유화는 예금의 경우 장기예금금리에서 단기예금금리로, 대출의 경우 당좌대월, 상업어음할인 등 단기대출에서 장기정책금융금리로 단계적인 자유화가 진행되었다. 반면 제2 금융권 상품의 경우 거액CD, CP 등 단기상품이 1단계에서 자율화 되었고 해당 상품의 최저금액, 만기구조 제한이 3단계에서 완화되어 단기금융상품에 대한 금리자유화 폭이 더욱 확대되었다.

1980년대에 이어 1990년대에도 금융시장에 대한 대외개방은 지속적으로 확대되었다. 그 결과 1992년 1월부터 일정 범위 한도 내에서 국내 주식을 외국인이 직접 투자 할 수 있도록 허용하는 등 주식시장의 개방이 확대되었다.

마지막으로 1990년대 국내 금융시장의 대변혁 이라고 부를 수 있는 금융실명제 (Real-Name Financial System, 金融實名制)[15]가 시행되었다. 금융실명제는 「금융실명거래 및 비밀보장에 관한 긴급재정경제명령」에 의해 1993년 3월 전격 실시되었으며 이로 인해 모든 금융기관과 거래할 때 실명 사용이 의무화 되었다.

5 1990년대 후반의 외환위기와 2000년대 초반 금융개혁

1990년대 금융자유화 및 개방화 등 금융제도 면에서 다양한 개선을 추진하였으나 큰 성과를 보지 못한 채 1997년 우리나라는 외환위기(currency crisis)를 맞았다. 당시 외환위기는 동남아시아에서 시작된 외환위기가 전이되는 과정에서 금융하부구조가 적절히 갖춰져 있지 못한 국내 금융시장에 급하게 실시한 금융자유화 및 개방화로 인해 금융기관 간 과당경쟁이 발생하며 금융기관들이 해외 단기자본을 무분별하게 들여와 국내 기업들에 장기 대출하는 과정에서 관련 금융기관들의 부실이 커지며 발생하였다. 외환위기는 한국 경제를 국가 부도위기까지 몰아넣었으나 국민들의 노력으로 빠른 안정을 찾으며 1998년 이후에는 금융기관의 경영건전성을 조기

---

15 금융실명제의 실시 목적은 금융거래 시 본인의 실지명의를 사용하도록 강제하여 금융거래의 투명성 제고, 조세 형평성의 제고, 사회 부조리 제거 등에 있다.

에 회복하고 금융하부구조를 개선하는 데 금융개혁의 초점이 맞춰졌다. 또한 앞서 이루지 못한 금융자유화와 개방화 추진도 계속 이어졌다.

▶ 외환위기

국내 외환위기는 세계적으로 우리나라서만 발생한 위기로 알고 있는 경우가 종종 있는데 이는 사실과 다르다. 당시 국내 외환위기가 발생하기 전 1997년 여름, 태국으로부터 시작한 외환위기는 말레이시아, 인도네시아 등 동남아시아로 확대되었고 이는 결국 우리나라까지 확대 전이되었다. 결국 외환위기는 동남아시아를 거쳐 우리나라에까지 확대 전이된 것이기 때문에 우리나라만의 고유한 위기라 할 수는 없다.

통상 외환위기는 중앙은행 외환보유고에 고정환율을 유지할 수 있을 정도의 외환보유고가 없다는 의심이 드는 상황에서 출발한다. 또한 이와 동시에 환투기 세력이 가담할 때 외환위기가 발생한다. 실제로 외환위기 전인 1997년 초, 우리나라는 관리변동환율제도[16]하에서 1달러에 800원대를 유지하고 있었고 통화당국은 해당 환율을 유지하기 위해 시장의 외화를 조절하고 있었다. 예를 들어 국내 달러가 대거 유입될 때는 달러 가치 하락을 막기 위해 달러를 매입해 주고 반대의 경우에는 달러를 매도해 환율을 유지하는 것이다. 당시 우리나라는 주변국가와 달리 단기 외채가 매우 많은 상황에서 외환보유고가 터무니없이 부족했기 때문에 환투기 세력의 공격을 받았다. 이로 인해 환율의 변동성이 크게 상승하며 결국 우리나라에 단기로 대출해 준 해외 금융기관들이 만기를 연장해 주지 않고 상환을 요구함에 따라 고정환율을 지키지 못하게 된 것이다. 당시 우리나라는 외환 위기를 겪은 다른 나라와 달리 단기 외채가 매우 높다는 특징이 있었다. 이는 국내 은행이 외국에서 낮은 이율로 단기자금을 차입하여 국내 기업에 높은 이율로 대출해주는 미스매칭(mismatching) 전략을 쓰고 있었기 때문이다. 이런 사회적 배경을 근거로 국내 대기업들은 과도한 부채를 끌어다 몸집 불리기에 나섰으며 이에 대표적인 기업이 대우그룹(부채비율은 400% 넘음)이었다. 이와 같은 미스매칭 전략은 경제가 완만히 성장할 때는 크게 표면화되지 않지만 일단 외부 충격으로 리스크 요인이 들어나게 되면 연쇄적인 파산이 일어날 수 있다. 즉, 이미 해외에서 단기로 차입한 자금이 장기대출로 기업에 흘

---

16 관리변동환율제도는 환율 변동폭에 대한 일정한 범위를 설정하고 해당 범위 안에서 환율에 움직일 수 있도록 하는 환율제도로 사실 상 자율변동환율제도 보다는 고정환율제도에 가깝다.

러 들어간 만큼 해외 금융기관이 만기를 연장해 주지 않는다면 국내 은행은 상환자금을 마련할 수 없으므로 부도가 발생하게 되는 것이다. 당시 외환위기로 인해 달러 당 800원 하던 환율은 2,000원까지 치솟았으며 결국 거래가 정지되었다. 이후 국제통화기금(IMF, International Monetary Fund)에 구제금융을 신청하였고 약 1년 동안 IMF의 강제 이행 사항을 이행하였다.

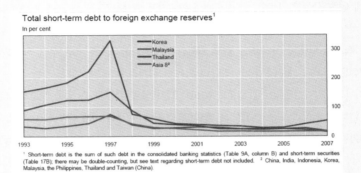

Total short-term debt to foreign exchange reserves[1]
In per cent

Korea
Malaysia
Thailand
Asia 8[2]

[1] Short-term debt is the sum of such debt in the consolidated banking statistics (Table 9A, column B) and short-term securities (Table 17B); there may be double-counting, but see text regarding short-term debt not included.　[2] China, India, Indonesia, Korea, Malaysia, the Philippines, Thailand and Taiwan (China).

Sources: IMF; BIS; authors' calculations.

① 부실금융기관 정리

금융위기 발생하자 생존 가능성을 판단하여 인수·합병, 퇴출 등의 방법으로 대거 부실금융기관을 정리하였다. 그 결과 33개에 달하던 은행은 2005년 말 19개로 축소되었고 30개에 달하던 종합금융회사는 대부분 퇴출되어 2005년 말 2개사만 생존하였다. 서민금융기관도 대거 퇴출되었다. 236개였던 저축은행은 2006년 9월 110개로 줄었으며 신용협동조합은 1,671개에서 1,030개로 줄었다. 금융기관 정리과정에서 정부는 160조 원의 공적자금을 조성·투입 하였으며 공적자금 회수는 지금도 여전히 진행 중이다.

② 금융자유화 및 개방화 추진

금융개방을 위해 1997년 12월 관리변동환율제도에서 자유변동환율제도로 변경하고 대외 송금을 전면 자유화하였다. 또한 외국인주식투자 한도를 1998년 5월 폐지하였다. 다만, 이런 금융개방화는 국내 자율적인 금융제도 개선에 따른 결과가 아닌 외환위기로 인한 외부 결정에 의한 결과였다.

③ 규제완화 및 업무영역 확대

외환위기 이후 국내 금융기관은 업무영역을 확대하고 금융자유화 추진 등 규제완화에 힘썼다. 우선 국내 금융기관의 경쟁력을 강화하기 위해 금융기관 업무영역에 대한 규제를 대폭 완화하여 다음 표와 같이 다양한 금융상품을 취급할 수 있도록 하였다.

■ 표 8-4 규제완화 및 금융서비스 취급 확대

연도	규제완화 및 금융서비스 취급 내용
1998년 9월	• 은행의 수익증권 판매 허용 * 은행에서 펀드 가입 허용
2000년	• 「금융지주회사법」 제정
2003년 8월	• 방카슈랑스 도입 * "Bank + Insurance"의 합성어로 은행에서 보험 판매 허용
2004년 1월	• 「간접투자자산운용업법」 제정하여 간접투자증권 판매를 활성화하고 간접투자기구의 자산운용을 확대 * 펀드 판매 활성화, 펀드 종류의 급성장 시기 • 보험회사, 증권회사 등 금융기관의 설립기준을 완화, 자산운용 및 점포에 대한 규제를 완화
2004년 12월	• 요구불예금에 대한 금리규제를 폐지 * 금리자유화계획 4단계 완성

④ 금융기관 경영건전성에 대한 규제 강화[17]

외환위기 당시 은행 등 금융기관이 대거 부실에 빠지며 이에 대한 재발을 방지하기 위해 금융기관 경영건전성에 대한 규제를 아래 표와 같이 강화하였다.

■ 표 8–5 경영건전성 규제 강화

연도	경영건전성 규제
1998년 4월	• 적기시정조치 제도*를 은행, 종합금융회사, 증권사를 시작으로 1998년 6월 보험사, 1999년 12월 상호저축은행, 2003년 12월 신용협동조합 등으로 점차 확대 * 적기시정조치는 자본 충실도와 경영실태평가를 종합적으로 고려하여 금융기관에 내릴 수 있는 조치로 경영개선권고, 경영개선요구, 경영개선명령 등이 있다.
1998년 7월	• 금융기관의 자산건전성* 분류기준을 강화 – (요주의 자산) 6개월 이상 연체 시 → 3개월 이상 연체 시로 변경 * 자산건전성 분류는 금융기관 차주 보유자산을 연체기간 및 채무상환능력 등에 따라 정상, 요주의, 고정, 회수의문, 추정손실 등 5단계로 분류하는 것
1999년 12월	• 차주의 채무상환능력은 과거 원리금 상환실적 뿐만 아니라 미래 채무상환능력까지도 반영하는 FLC(Forward Looking Criteria)방식 적용 – 2000년 6월 종합금융회사, 2000년 9월 보험회사에 확대 적용

⑤ 경영의 투명성 제고 및 책임경영체제 확립

금융위기 이후 투명하지 않았던 경영의 투명성을 제고하고 책임경영체제를 확립하기 위해 금융기관의 회계 및 공시제도를 다음 표와 같이 강화하였다.

■ 표 8–6 투명성 제고 및 책임경영체제 확립

년도	투명성 및 책임경영체제
1998년 11월	• (회계제도 신뢰성 제고) 금융기관 보유 유가증권에 대한 가치평가를 시가평가 방식으로 전환

---

17 제6장 "금융감독제도" 참고

2000년 1월	• (공시주기 단축) 회계정보 및 경영관련 보고서 공시주기를 반기에서 분기 로 단축 - 2004년 1월 자산운용사로 확대실시
2005년 1월	• (집단소송제도 도입) 공시서류의 허위기재, 미공개 정보의 이용, 시세조작 등으로 인한 피해 구제를 위해 증권관련 집단소송제도를 도입

⑥ 금융기관 소유·지배구조 개선

외환위기 이후 금융기관의 건전한 금융자본 출현을 유도하고 금융기관의 책임경영을
촉진하기 위해 금융기관의 소유·지배구조 개선을 다음 표와 같이 추진하였다.

■ 표 8-7 금융기관 소유·지배구조 개선

연도	소유·지배구조 개선
1999년	• 대주주의 부당한 영향력 행사를 금지하기 위해 대주주와의 거래 및 신용 공여에 대한 규제를 강화하고 금융기관의 주요 출자자 요건 및 최저자본금 등을 명시
2000년 1월	• 외부감사제도의 충실화를 위해 은행, 종합금융회사 및 일정 규모 이상의 증권회사, 보험사, 자산운용사 등에 대해 사외이사 중심의 이사회 제도를 도입하고 감사위원회의 설치를 의무화
2002년 4월	• 「은행법」 및 「금융지주회사법」을 개정하여 은행 및 은행지주회사의 의결권 있는 주식에 대한 동일인 보유한도를 4%에서 10%로 확대하는 등 금융기 관의 소유제한을 완화

⑦ 자본시장 효율화를 위한 제도 개선

외환위기 이후 자본시장의 효율화를 위해 거래소 통합 및 금융제도 개선 등을 다음
표와 같이 추진하였다.

■ 표 8-8 자본시장 효율화

연도	자본시장 효율화
1998년 9월	• 직접금융시장을 통한 자금조달 활성화를 위해 자산유동화제도가 시행

	– 이후 1998년 12월 회사형 투자수익증권제도, 1999년 4월 모기지론 제도 등이 도입
1999년 4월	• 선물거래소 설립
2000년 3월	• 장외주식호가중개시장(제3시장) 개설 – 증권거래소와 코스닥시장에서 거래되지 않는 주식을 대상으로 거래
2001년 12월	• 전자장외증권중개시장(ECN시장) 개설 – 거래소와 코스닥시장에서 거래되는 250개 종목을 대상으로 정규 시장 종료 이후 거래
2005년 1월	• 증권거래소, 코스닥, 선물거래소 등을 통합 한국증권선물거래소 출범 – 2009년 2월 한국거래소로 명칭 변경(현행 유지)

6 2000년대 중반 자본시장 및 금융투자업 활성화와 규제 개편

　　정부는 외환위기를 빠른시간에 수습하고 이후 금융구조조정, 금융개방, 금융규제 완화, 금융하부구조 개선 등을 꾸준히 추진한 결과 금융시장 안정, 대외신인도 향상, 금융기관 경영건전성 제고 등 금융시장의 황금기를 맞이하였다. 정부는 금융업이 높은 부가가치와 양질의 고용 창출을 할 수 있는 성장산업으로 육성하기 위해 2000년도 중반부터 적극 금융제도 개선을 추진하였다.[18]

> ▶ 「자본시장법」제정과 목적
> 　2000년대 중반 자본시장의 가장 큰 변화는 기존의 금융업법을 통합하여 「자본시장법」을 제정하였다는 것이다. 실제로 2007년 8월 종전의 「증권거래법」, 「간접투자자산운용업법」, 「신탁업법」, 「선물거래법」, 「종합금융회사에 관한 법률」, 「한국증권선물거래소법

18 당시 정부는 "아시아의 금융 허브"를 슬로건으로 한국의 금융산업을 세계적인 수준으로 도약시키기 위해 노력하였다. 이에 대학생 취업 선호도의 상위권을 모두 증권사가 차지하기도 하였다.

」 등 자본시장 관련 6개 법률을 통합한 「자본시장과 금융투자업에 관한 법률」(2009년 2월 시행, 「자본시장법」)이 제정되었다. 자본시장법 제정의 주목적은 자본시장과 금융투자업에 대한 규제를 완화하는 방향으로 재편하여 금융 혁신과 경쟁을 촉진하는 데 있다. 또한 대형 투자은행 육성과 자본시장 활성화 등을 통해 직접금융시장의 기반을 확충하여 기존 은행중심의 간접금융시장의 한계를 넘어서는 데 있다. 자본시장법상 금융투자업[19]은 투자매매업·투자중개업·집합투자업·신탁업·투자일임업·투자자문업 등 6개로 구분되며 금융투자업을 영위하는 자는 해당 업무에 대해 표 8-9와 같이 인가를 받거나 등록후 금융투자업을 영위할 수 있다. 또한 금융투자업은 복수의 인허가를 받을 수 있으며이 경우에는 여러 금융투자업을 병행하여 업을 영위할 수 있다. 하지만 이와 같이 인허가를 받아 금융투자업을 복수로 영위할 수 있기 때문에 이해상충에 대한 문제가 발생할가능성이 높으므로 금융투자업자 간에는 매매에 관한 정보제공을 금지하고 임직원의 겸직을 제한하고 있다. 또한 사무이용 공간을 공동으로 사용하는 것에 대한 제한[20] 등을의무화하고 있다. 이와 함께 고유자산이 2조 원 이상이거나 운용자산이 6조 원 이상인금융투자업자의 경우에는 의무적으로 사회이사를 선임하고 감사위원회 설치를 의무화하고 있다.

■ 표 8-9 금융투자업자의 인가 및 등록대상

구분	해당 금융투자업자
인가대상	투자매매업, 투자중개업, 집합투자업, 신탁업
등록대상	투자일임업, 투자자문업

19 금융투자업은 직접금융시장의 대표적인 금융업으로 간접금융시장의 상업은행업과 대비된다. 금융수단을 통해 각각을 비교할 경우 은행업은 비금융투자상품으로 원금 손실가능성이 없는 상품을 말하며 금융투자업은 금융투자상품으로 원금손실 가능성이 있는상품을 말한다.
20 차이니즈 월(Chinese Wall)이라고 하며, 만리장성을 설치한 것과 같이 각각의 사무실을분리하는 조치를 말한다. 이로 인해 증권회사의 운용부서는 별도의 장소에 입출입을제한하는 경우가 많다.

자본시장법은 포괄주의에 입각하여 금융투자상품을 원금손실이 발생할 수 있는 모든 금융상품으로 정의하고 있다. 또한 금융투자상품 내에서 원금 초과손실 가능성 여부에 따라 증권과 파생상품으로 구분하며 거래소 거래 유무에 따라 장내파생상품과 장외파생상품으로 구분하고 있다.

그림 8-3 │ 금융투자상품의 분류 기준

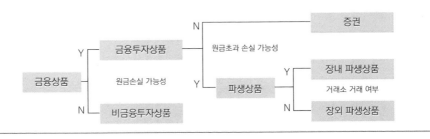

* 출처: 한국인의 금융 기초(최남진, 박영사, 2022)

자본시장법 제정 및 정부의 금융투자업 육성 정책 등으로 제도 정비 및 자본시장이 확대되며 2000년대 중반 이후부터 증권관련 기관이 크게 증가하였다. 구체적으로 2005년에서 2010년 사이 금융투자매매업자(증권사)는 11개가 신설되고 4개가 통합되었으며 집합투자업자(자산운용사)는 39개가 신설되고 6개가 통합되었다. 또한 같은 기간 금융기관의 업무영역 확대 노력의 일환으로 금융지주사 설립 역시 크게 증가하였다. 2001년 은행을 중심으로 한 금융지주회사가 신설되었으며 2010년까지 7개의 은행지주회사와 2개의 비은행지주회사가 설립되었다.[21] 이와 함께 외환위기 이후 부실금융기관 정리 및 은행 인수합병 과정으로 인해 서민 생활자금 등을 취급하는 금융기관이 크게 감소함에 따라 이 자리를 대부업체들이 채웠다. 정부는 이런 이유로 대부업체가 크게 증가하자 미등록 사채업자 및 대부업자들의 고율이자, 불법 영업, 추심 행위 등으로부터 저신용 서민들을 보호하기 위해 관련제도를 정비

---

21 2024년 6월 현재 국내 금융지주회사는 총 10개사이며 은행지주회사는 농협금융지주, 신한금융지주, 우리금융지주, 케이비금융지주, 하나금융지주, BNK금융지주, JB금융지주, 디지비금융지주 등이 있으며 비은행금융지주는 메리츠금융지주, 한국투자금융지주 등이 있다.

하였다. 대표적으로 미등록 사채업자 등으로부터 저신용 서민들을 보호하기 위해 1998년 폐지하였던 「이자제한법」을 2007년 다시 제정하였다. 또한 서민들의 금융접근성을 높이기 위해 미소금융(微小金融, micro-credit)[22] 활성화 방안도 적극 추진하였다.

■ 표 8-10 금융기관[1) 수의 변화

	1997년 말	1998~2004년			2005~2010년			2010년 말
		신설	합병[2)]	퇴출[3)]	신설	합병[2)]	퇴출[3)]	
금융지주회사	–	3	–	–	6	–	–	9
은행	33	–	9	5	–	1	–	18
종합금융회사	30	1	7	22	–	1	–	1
증권회사[4)]	36	19	4	8	11	4	–	50
자산운용회사[4)]	31	24	2	6	36	6	–	80
생명보험회사[5)]	31	4	5	9	1	–	–	22
손해보험회사	14	4	1	2	1	1	–	16
상호저축은행	231	13	28	103	6	1	13	106
신용협동조합	1,666	9	107	502	5	39	69	962
계	2,072	77	163	657	69	53	82	1,264

1) 외국금융기관 국내지점 제외
2) 합병으로 소멸된 금융기관 수
3) 인가 취소(신청), 파산, 해산 포함
4) 자본시장법상 금융투자업자
5) 우체국보험 제외

* 자료: 금융감독원

---

22 미소금융은 제도권 금융회사 이용이 곤란한 금융소외계층을 대상으로 창업·운영자금 등 자활자금을 무담보·무보증으로 지원하는 소액대출사업이다. 창업 시 사업타당성 분석 및 경영컨설팅 지원, 채무불이행자에 대한 부채상담 및 채무조정 연계지원, 취업정보 연계제공 등 금융사각지대를 해소하고 금융소외계층이 사회·경제적으로 자립할 수 있는 기반을 마련해 주기 위한 자활지원사업이다. 한국형 마이크로크레딧이라 할 수 있다.

7 2008년 글로벌 금융위기와 금융규제 및 소비자보호 강화

2000년대 중반 이후 금융기관의 업무영역 확대 및 외형확장은 자본시장의 발달을 이끌었다. 그러나 2008년 글로벌 금융위기가 발생하며 국내 금융제도는 다시한 번 변화의 길에 들어서게 되었다. 2008년 글로벌 금융위기는 미국의 서브프라임 모기지 사태에서 출발하여 미국 내 금융시장 불안 및 금융기관의 연쇄 파산을 일으켰다. 그리고 그 여파는 전 세계 금융시장과 실물경제로 급속히 퍼져나갔다. 이에전 세계는 시스템 리스크를 억제하기 위해 금융규제를 강화하기 시작하였으며 이런전 세계적 흐름에 우리나라 역시 바젤III를 중심으로 금융규제를 강화하였다. 이와함께 2011년 국내 저축은행 부실 사태가 발생하며 금융제도의 정비는 계속되었다.[23]

① 은행의 건전성 강화

2013년 12월부터 바젤III에 따른 자본규제를 은행 건전성 강화를 목적으로 국내은행들에 대하여 단계적으로 도입하고 시행하고 있다.[24]

- 은행이 위험가중자산과 관련하여 보유해야 하는 자본의 최저규모를 보통주자본 4.5%, 기본자본 6.0%, 총자본 8.0%로 세분화하고 자본의 유형별(보통주자본, 기타 기본자본, 보완자본, 공제항목)로 자본인정요건을 강화
- 2015년에는 유동성커버리지비율(LCR), 2016년에는 자본보전 완충자본 및 국내 시스템적으로 중요한 은행(D-SIBs, Domestic Systemically Important Banks)에 대한 추가 자본 적립을 시행
- 2018년부터는 순안정자금조달비율(NSFR) 및 레버리지 비율 규제를 시행

---

23 "저축은행부실사태" 첨부 참조
24 제1장 "금융 시스템의 이해" 참조

② 금융지배구조 확립

금융위기 이후 금융지배구조에 대한 중요성이 부각되며 관련 제도가 정립되었다.

- 2015년 7월 「금융회사의 지배구조에 관한 법률」을 제정하여 금융건전성 유도
  - 은행, 금융투자업자, 보험회사, 상호저축은행, 여신전문금융회사, 금융지주회사 등 금융회사의 임원 자격요건, 이사회의 구성 및 운영, 내부통제제도 등 금융회사의 지배구조에 관한 기본적인 사항을 정함
- 2013년 8월 「은행법」 및 「금융지주회사법」을 개정하여 금산분리 강화
  - 비금융주력자(산업자본)의 은행 및 금융지주회사에 대한 주식보유한도를 의결권 있는 발행주식 총수의 9%에서 4%로 축소[25]
  - 경제력 집중, 이해상충 문제 등의 부작용을 방지하기 위하여 금산분리 강화

③ 금융소비자 보호 강화

글로벌 금융위기는 금융소비자들에 막대한 피해를 발생시킴에 따라 금융소비자 보호에 대한 중요성이 부각되며 국내를 비롯한 전 세계 금융소비자 보호 체계가 강화되었다.

- 2012년 5월 금융감독원은 감독 · 검사부문으로부터 금융소비자보호 부문을 분리하여 금융소비자보호처를 설치
  - 금융소비자에게 불리한 금융상품 조사, 분쟁조정 사례, 금융거래 유의사항 등의 정보를 제공함으로써 금융소비자의 피해를 사전 차단
  - 집단 분쟁조정제도 도입 등 소비자피해 구제를 강화하고 금융소비자보호협의회를 운영하여 소비자보호와 건전성 감독의 조정 기능을 수행
  - 금융소비자보호 모범규준을 4차례 개정하여 소비자의 권익 향상을 도모
- 2013년에는 금융회사 내 금융소비자보호 총괄책임자 지정, 금융상품의 개발 · 판매 ·

---

25 하지만 금산분리 등에 대한 제약은 최근 핀테크 및 인터넷전문은행 등의 금융 혁신에 걸림돌이 된다는 주장도 있다.

사후관리 단계별 금융소비자보호 체계 구축을 주된 내용으로 하는 모범규준 개정안을 마련

- 2014년 금융취약계층 보호 모범규준 개정
- 2016년 3월 소비자보호실태평가 시행을 중심으로 모범규준을 개정
- 2016년 9월부터 금융소비자정보 포털사이트 파인(FINE)을 개시하여 금융상품 비교검색, 금융거래내역 조회, 금융정보, 금융통계 및 기업공시 정보 확인 등의 서비스를 이용 가능
- 2016년 12월에는 금융회사 임직원의 인센티브 체계를 정비하여 불완전 판매를 방지 하고 금융소비자의 분쟁조정 시 금융회사 자료에 대한 포괄적 열람권을 허용

첨부) 금리자유화 4단계

단계	시행일자	적용 대상	조치내용
1단계	1991.11.21	예금	• 은행: CD, 거액RP, 거액상업어음 및 거액무역어음 일반매출, 3년 만기 정기예금(신설) • 제2 금융권: 투금사의 거액기업어음(CP), 3년 이상 예금 등(상호신용금고는 2년 이상)
		대출	• 은행: 당좌대출, 상업어음할인(한은 재할인 대상 제외), 연체 대출 • 제2 금융권: 상업어음할인(신탁, 상호신용금고, 보험), 투금사의 기업어음 할인 및 무역어음 할인 등
		채권	2년 이상 회사채
2단계	1993.11.1	예금	• 은행: 2년 이상 정기예금, 3년 이상 적금(정기적금, 상호부금 등) • 제2 금융권: 2년 이상 정기예금, 3년 이상 적금 (정기적금, 상호부금 등) – 상호신용금고: 1년 이상 예금, 2년 이상 적금 등
		대출	• 1, 2금융권 모든 여신(재정 및 한은지원대상 대출 제외)
		채권	• 2년 미만 회사채, 금융채 및 국공채

파이낸셜 시스템의 이해

3단계	1994.7.18	단기 자금	• CD, CP, RP의 최단 만기 단축(91일→60일), 은행 표지어음 발행 허용
	1994.12.1	예금	• 1년 이상 2년 미만 예금, 2년 이상 3년 미만 적금
		대출	• 한은 총액한도 대출관련 자금금리를 우대금리 범위 내에서 자유화
	1995.7.24	예금	• 6개월 이상 1년 미만 예금, 1년 이상 2년 미만 적금, 단기시장성 상품 자유화 폭 확대(최단 만기단축 및 최저발행 금액 인하)
		대출	한은총액한도대출 관련자금 금리
	1995.11.20	예금	• 6개월 미만 예금(적금 등 1년 미만), 3개월 이상 예치 자유저축예금, 기업자유예금, 단기시장성 상품 자유화폭 확대(최저발행 금액 인하)
4단계	1997.7.7	예금	• (은행) 저축예금, 자유저축예금(3개월 미만 MMDA), 기업자유예금(3개월 미만 MMDA) • (종금사) 발행어음(1개월 미만), 기업어음(거액 CP는 이미 자유화) • (투신사) 신탁형 증권저축 • (상호신용금고, 상호금융, 신협, 새마을금고) 보통 부금예수금, 자립예탁금, 자유저축예탁금(3개월 미만) • 단기시장성 상품(CD, RP, CP 등)의 만기와 최저금액 제한폐지, 투신사의 중도환매 수수료 자율화 • 기한부 예금의 만기 후 이율 등에 대한 규제 폐지 등의 조치 포함

첨부) 저축은행 부실 사태

▶ 2011년 대규모 저축은행 부실사태 발생(국내 충격)

2011년에 발생한 국내 대규모 저축은행 부실사태는 글로벌 금융위기와는 다르게 국내에서만 발생한 금융 충격으로 당시 국내 저축은행들은 수익성 개선을 목적으로 부동산 PF(Project Financing)를 대폭 늘리며 촉발되었다.

* 부동산 PF는 부동산 개발 초기 토지 매입 등을 위해 단기로 자금을 차입하는 브릿지론(Bridge loan)과 실제 부동산 개발 사업이 착공되며 받는 본PF가 있다. 부동산 개발 사업은 초기 위험(Risk)이 높아 제2 금융권을 통해 고금리 단기 브릿지론으로 조달하는 경우가 많으며 사업이 진행되고 자산가치와 사업성이 좋아지면 1금융권을 통해 저금리로 본PF를 받는다.
* 저축은행들은 개인고객을 상대로 한 예대마진보다 높은 브릿지론을 부동산 개발 업자들에게 대출한 것이다.

하지만 건설경기 침체가 발생하며 부동산 개발 사업이 중간에 파행을 맞는 일이 빈번해 지자 저축은행도 부실여신이 크게 증가하며 부도위기를 맞게 되었다. 이는 저축은행이 본래의 취지(서민금융)를 벗어나 과도한 위험 추구 투자행위를 한 결과이며 2011년 1월 삼화저축은행 영업정지를 시작으로 2011년에만 16개의 저축은행이 영업정지 되었다. 결국 2010년 말 106개 였던 저축은행은 2023년 말 79개로 크게 축소되었다. 당시 영업정지 된 저축은행들은 대부분 금융지주사나 증권사 등에 P&A 방식으로 인수되거나 예금보험 기금 산하 가교저축은행에 매각되었다.

* P&A(Purchase & Assumption)는 부실금융기관의 자산과 부채를 우량 금융기관에 인수시키는 방식이다.
  − 당시 P&A 방식으로 인수되어 현재 운영 중인 저축은행은 대신, 신한, 키움YES, 하나, KB, 한국투자 저축은행 등이 있다.

저축은행 부실 사태를 계기로 예금보험공사는 부실저축은행에 대한 자금지원을 관리하기 위하여 「예금자보호법」을 개정하여 2011년 4월부터 상호저축은행 구조조정 특별계정을 별도로 설치·운영하고 있다. 또한 2011년 11월에 상호저축은행 감독규정을 제정하여 투자제한을 받지 않는 유가증권의 범위에 타 저축은행 주식을 제외하여 저축은행 간 인수를 제한하였다. 특히 저축은행 부실의 발단이 된 부동산·특별자산펀드, 해외유가증권 등 고위험자산에 대한 투자를 제한하였다.

이와 함께 다음과 같이 저축은행의 건전성 규제도 강화하였다. 우선 저축은행의 BIS비율을 기존 5%에서 저축은행 자산규모에 따라 단계적으로 조정하여 현재 최고 8%까지 상향 조정하였다.[26] 다음으로 연체기간에 따른 자산건전성 분류기준 및 대손충당금 적립기준을 은행과 동일한 수준으로 강화하였다. 마지막으로 2017년 10월에는 저축은행의 부실대출 방지를 위해 여신업무 세부기준 및 위반 시 제재 근거를 마련하고 금융사고에 대한 금융위원회 보고의무를 신설하였다.

▸ **저축은행 현황(2023년 기준)**

서울			인천/경기	부산/경남	대구/경북/강원	호남	충청
대신	조은	공평	영진	고려	강원	대한	대명
더케이	키움YES	금화	융창	국제	구미	더블	세종
동부	푸른	남양	인성	동원제일	대백	동양	아산
민국	하나	모아	인천	솔브레인	대아	삼호	아주
삼보	한신	부림	키움	우리	대원	센트럴	오투
스카이	현대	삼정	페퍼	조흥	드림	스마트	청주
신안	HK	세람	평택	진주	삼일	스타	한성
신한	JT친애	안국	한국투자	흥국	엠에스		
예가람	KB	안양	한화	BNK	오성		
웰컴	NH		JT	DH	유니온		
	OK			IBK	참		
	OSB			S&T			
	SBI						

▸ 해당은행을 클릭하시면 홈페이지로 이동합니다

CLOSE ✕

▸ **저축은행 부실 사태**

▶ 2023년 말 기준 저축은행 BIS비율(단위: %)

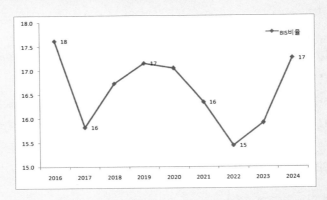

---

26 통상 저축은행은 BIS비율을 단계적으로 7%까지 상향하였으며 자산규모가 1조 원이 넘는
저축은행의 경우에만 8%로 규정하고 있다.

저자소개

최남진 교수

저자는 대학교 졸업 후 교보증권 공채에 응시해 사회 첫 발을 내디뎠다. 교보증권에서 본사 인력지원실, 신탁팀(신탁전문운용인력(Fund Manager)) 등에 근무하며 경제와 금융 투자에 대한 전반적인 실무경험을 쌓았고 서강대학교에서 경제학 석사학위를 취득 후 준정 부기관인 우체국금융개발원으로 자리를 옮겼다. 해당 기관에서는 경제와 금융에 대한 연구 총괄 업무를 수행하였고 한양대학교에서 경제학 박사학위를 취득한 후 강남대학교 경제학 과 외래교수와 초당대학교 교수를 거쳐 현재 원광대학교 경제학부(경제금융학과) 교수로 재 직 중이다.

최근 저자는 폭넓은 경제, 금융 관련 대내외 활동을 하고 있으며 대표적으로 한국은행 자문교수, 한국개발연구원 경제전문가 패널, 국민연금공단 인사위위원회 위원, 공무원시험 출제위원 및 면접위원, 충남개발공사 기술자문위원 등 지자체 다수 위원회 활동을 비롯하 여 국토연구원 등 국책연구소의 자문위원으로도 활동 중이며 MBC시사토론 패널, KBS라 디오 패널, 전북일보 경제칼럼 및 경제포커스 경제칼럼 필진으로도 활동 중이다.

본서 이외에 『한국인의 경제학 기초(박영사, 제3판)』, 『한국인의 금융 기초(박영사)』, 『금 융과 경제(박영사)』, 『유동성이 주택시장에 미치는 영향과 정책연구(국토연구원, 공저)』등의 저서를 발간하였다.

주요 논문
- 가계부채 및 부채의 변동성이 소비 및 성장률에 미치는 영향, 금융지식연구, 제14권 1호
- 중국 경제가 국내 실물경제에 미치는 영향, 동북아경제연구, 제28권, 2호
- 미국의 통화정책이 아시아 실물경제에 미치는 영향, 국제지역연구, 제20권 2호
- 미국의 금리정책과 한국 · 일본 주식시장 변동성 간의 관계 분석, 경영경제연구, 38권 2호
- 환율 변동성이 국내 경제에 미치는 영향, 경영경제연구, 40권, 1호
- 아시아 주요국가 환율변동성 및 실물시장과의 관계에 대한 연구, 국제지역연구, 제 23권 2호
- 통화량의 변동성이 주택가격 변동성에 미치는 영향, 부동산분석, 제5권 3호
- 경제주체의 불확실성과 통화정책 실효성 간의 관계 분석, 국제지역연구, 제25권 3호
- 환율변동성 요인 분석 및 환율 변동성이 실물경제 미치는 영향, 동북아경제연구, 34권 2호
- 인플레이션 발생 원인에 대한 서울 아파트 자산 헤지 효과에 관한 연구, 부동산연구, 33권 1호
- 초과 유동성과 전국 아파트 가격 간의 관계에 대한 연구, 부동산분석, 9권 1호
- 통화 긴축기 가계부채 경로를 통한 실물경제 반응 분석, 국제지역연구, 28권 1호

파이낸셜 시스템의 이해

초판발행	2025년 3월 7일
지은이	최남진
삽 화	이현아·최 혁
펴낸이	안종만·안상준
편 집	소다인
기획/마케팅	최동인
표지디자인	BEN STORY
제 작	고철민·김원표
펴낸곳	(주)박영사
	서울특별시 금천구 가산디지털2로 53, 210호(가산동, 한라시그마밸리)
	등록 1959. 3. 11. 제300-1959-1호(倫)
전 화	02)733-6771
f a x	02)736-4818
e-mail	pys@pybook.co.kr
homepage	www.pybook.co.kr
ISBN	979-11-303-2178-3 93320

정 가   23,000원